中国

修订版

历史常识

Basic
Knowledge
of
Chinese History

吴晗 ◎ 主编

· 下 ·

新世界出版社
NEW WORLD PRESS

图书在版编目（CIP）数据

中国历史常识：全2册 / 吴晗主编. -- 修订版. --
北京：新世界出版社，2023.11
ISBN 978-7-5104-7687-7

Ⅰ.①中… Ⅱ.①吴… Ⅲ.①中国历史—通俗读物
Ⅳ.① K209

中国国家版本馆CIP数据核字（2023）第 161957 号

中国历史常识（修订版）

主　　编：吴　晗
责任编辑：丁　鼎
责任校对：宣　慧　张杰楠
责任印制：王宝根
出　　版：新世界出版社
网　　址：http://www.nwp.com.cn
社　　址：北京西城区百万庄大街 24 号（100037）
发 行 部：(010)6899 5968（电话）　(010)6899 0635（电话）
总 编 室：(010)6899 5424（电话）　(010)6832 6679（传真）
版 权 部：+8610 6899 6306（电话）　nwpcd@sina.com（电邮）
印　　刷：天津旭丰源印刷有限公司
经　　销：新华书店
开　　本：710mm×1000mm　1/16　尺寸：170mm×240mm
字　　数：670 千字　　　　　　　印张：49
版　　次：2023 年 11 月第 1 版　　2023 年 11 月第 1 次印刷
书　　号：ISBN 978-7-5104-7687-7
定　　价：118.00 元（全 2 册）

〔清〕郎世宁《威弧获鹿图》

　　这幅画描绘的是乾隆皇帝在木兰围场狩猎时飞马射箭的情形。弓箭是一种利用弹力由弓、弦和箭组合而成的较复杂的工具。弓箭的发明和使用，极大地提高了狩猎的效率。

〔清〕王翚、杨晋《康熙南巡图》

　　这幅图描绘的是康熙皇帝南巡途中浩浩荡荡的官兵队伍的情景。清初的兵制是"八旗"兵。最初，一旗就是一个部落，八旗就是满族的部落联盟。八旗兵就是满族的部落兵。八旗制是清太祖努尔哈赤时逐步建立起来的。清军入关后又有"绿营兵"，绿营兵是以汉人为基础组成的军队。

［金］杨微《二骏图》

　　这幅画描绘了驯马者套马时惊心动魄的画面。马原是野生动物，后来被人驯化。马能负重，挽力强，役用价值很高，所以以前被列为六畜之首。起初人们用它拉车，后来用来骑乘，它在古代交通中占有很重要的地位。

［明］文徵明《惠山茶会图》（局部）

　　这幅图描绘的是文徵明与好友到无锡惠山游览，在二泉亭品茗赋诗的"茶会"情景。茶桌上摆放着各种精致茶具，桌边方形竹炉上置有茶壶似在烹泉。元明清诸朝，饮茶风尚十分流行。

［元］赵孟頫《斗茶图》

　　这幅图描绘中国元代斗茶的情形。斗茶兴起于中国唐代，称为"茗战"，宋朝始称"斗茶"，是一种民风民俗。参与者烹制、品评茶叶品质，比较茶艺的高下。说明在古代，饮茶风气极为盛行。

〔五代十国〕顾闳中《韩熙载夜宴图》

这幅图描绘了官员韩熙载家设夜宴载歌行乐的场面。画中可以看到当时的家具已很齐备，有椅子、鼓凳、桌子、矮几、大床、屏风等。

［清］郎世宁、王致诚、艾启蒙等《万树园赐宴图》（局部）

　　这幅图中描绘了乾隆皇帝在承德避暑山庄的万树园内设宴招待蒙古族首领的情景。被接见的蒙古族首领则跪着迎接皇帝的到来，反映了封建等级制度和上下尊卑的礼节。

〔明〕余士、吴钺《徐显卿宦迹图》（局部）

这幅图是古代官僚集团的真实写照。官僚政治是伴随着封建专制的中央集权国家的兴起而出现的，形成于秦，在秦以后两千多年的封建社会里，一直在继续不断地发展与加强。

［五代十国］周文矩《合乐图》

　　这幅画主要描绘皇室贵族在庭院里欣赏女乐演奏的场景。画卷右半部是演奏的乐队，画中的乐器主要有：琵琶、竖箜篌、筝、方响、笙、细腰鼓、横笛、筚篥、尺八、拍板、建鼓等。可见在五代十国，音乐已成为皇室官宦人家的常备娱乐和宴席助兴节目。

[清] 永瑢手书《二十一种救度佛母赞》

　　《二十一种救度佛母赞》是藏文古籍中较有特色的一部文献。藏文是我国少数民族文字的一种，产生于 7 世纪，是一种拼音文字，共有三十个辅音字母和四个元音符号，书写有楷书及草书两种。

第五编

中国近代史的开端

　　中国近代史是从1840年开始的，在这以前，中国社会是一个封建社会；在这以后，中国社会发生了一个很大的变化，一步一步地变成了半殖民地半封建社会。

　　1840年这一年，英国发动了侵略中国的"鸦片战争"，在这次战争以后，资本—帝国主义又接连不断地发动了很多次侵略中国的战争，像1857年的英法联军战争，1884年的中法战争，1894年的中日战争，1900年的英、美、德、法、俄、日、意、奥八国联军对中国的战争，等等。这些侵略者在用战争打败中国之后，强迫中国签订了许多不平等条约，侵占了中国许多领土，取得了很多经济、政治和军事的特权，任意在中国驻扎军队，开办工厂、银行，控制中国的海关、对外贸易、通商口岸，随便传教、办报纸、办学校以及进行其他文化侵略，等等。为了压制中国人民的反抗，侵略者还和中国反动的封建统治者勾结起来，使中国的封建地主阶级变为他们统治中国的支柱。就这样，中国从一个独立的国家，逐步地变成了一个半殖民地的国家。一部中国近代史，也就是帝国主义侵略中国、奴役中国人民的血腥历史。

　　在中国的封建社会中，小农业和手工业相结合的自给自足的经济占主要地位。那时，农民不但生产自己需要的农产品，而且生产自己需要的大部分手工业品，商品经济是不发达的。鸦片战争以后，封建经济在外国资本主义的冲击下，受到了破坏，农民和手工业者大批地破产，商品经济有了发展；在封建经济受到破坏的同时，又出现了一种新的经济关系，就是资本主义的经济关系。随着资本主义经济的产生和初步发展，中国社会里除了原先的地主阶级和农民阶级之外，又出现了两个新的阶级：资产阶级和无产阶级。中国社会已经不是一个完整的封建社会，而是半封建社会了。可是，帝国主义侵略中国的目的，是要把中国变成一个殖民地，而不是要把中国变成一个资本主义的国家。它们和封建势力勾结在一起，极力压迫和阻碍中国资本主义的发展。所以这时在中国社会里，地主阶级对农民的封建剥削仍然保存着，封建生产关系仍旧占着显著的优势。在帝国主义和封建势力的双重压迫下，中国的经济和政治始终得不到发展和进步，中国人民特别是农民一天天更加贫困。他们过着饥寒交迫的生活，政治上没有丝毫的权利。

鸦片战争以后的中国，就是这样从一个独立自主的封建国家，变成了中国封建势力统治下的半殖民地半封建国家，并且一天天走上了殖民地化的道路。

从外国侵略者向中国发动武装进攻的时候起，英勇不屈的中国人民也就同时开始了反抗外国侵略者及封建势力的斗争。鸦片战争、太平天国运动、中法战争、中日战争、戊戌变法、义和团运动以及辛亥革命，都是中国近代史上反抗外国侵略的光辉斗争，表现了中国人民伟大的反帝反封建的英勇斗争精神。所以，中国近代史，又是中国人民不屈不挠地反抗帝国主义侵略和封建主义统治的光辉历史。

（汝　丰）

鸦片战争

在19世纪初期，英国是当时世界上最发达的资本主义国家。英国资产阶级不但剥削和压迫本国人民，而且通过种种卑鄙恶毒的手段，剥削和压迫经济落后的国家的人民。他们占有很多殖民地，是殖民主义侵略强盗。

英国资本主义发展越快，它国内被剥削的广大人民就越贫困。生产出来的大量商品卖不出去，经济上就出现了危机。这种经济危机，从1825年开始，几乎每隔八年到十二年就要发生一次，这对英国资产阶级是非常严重的威胁。在这种情况下，他们迫切地需要在国外扩大商品推销市场，掠夺新的殖民地。地大物博、人口众多的中国，就成为英国侵略者眼中一块鲜美的肥肉。

早在清朝乾隆五十八年（1793），英国就曾经派了一个名叫马戛尔尼的特使到中国来，他向中国政府提出了开放通商口岸、割让岛屿、减低关税等无理要求，企图打开中国的大门，达到侵略中国的目的。这种严重损害中国主权的侵略要求遭到了拒绝。此后，在嘉庆二十一年（1816），英国又派了一个名叫阿美士德的人来到中国，重弹二十多年前马戛尔尼的老调，也同样被拒绝了。

英国侵略者要"文"的花招没有行通，又使出了"武"的手段。早在

1808年，英国政府就曾经把它的十三艘兵舰开到我国广东海面，劫掠澳门，闯入虎门，后来被中国水师击退。阿美士德到中国来的时候，护送他的英国舰队也曾经在广东海面轰击中国炮台和船只。道光十二年（1832），英国东印度公司的雇员、在中国刺探情报的传教士郭士立，甚至狂妄地扬言"全中国的一千只师船，不堪一只兵舰的一击"，气焰十分嚣张。到了1833年，英国派出的第一任驻华商务监督律劳卑到达中国，他为了执行英国资产阶级的侵略意志，竟指挥兵舰侵入虎门要塞，发炮攻击，只是由于中国军队的反击，才狼狈退出。这些例子都表明了英国侵略者处心积虑地企图用一切手段打开中国门户的野心。

各种各样的办法都试过了，但中国的门户还没有被打开。怎么办呢？英国资产阶级最后竟然利用鸦片来作为掠夺和侵略中国的工具，把鸦片运到中国大量推销。1800年，输入中国的鸦片是4570箱；到了1838年，也就是鸦片战争爆发前两年，已经激增到40 200箱了。这样，英国资产阶级得到了惊人的暴利，而中国人民则严重地受到了鸦片带来的祸害。

鸦片是一种毒品，俗名大烟，它含有大量吗啡和尼古丁，毒性很强，会使吸食者受到严重的摧残。吸食鸦片的人，中了毒以后，慢慢就变得身体虚弱，骨瘦如柴，精神萎靡；而且吸了就会上瘾，一旦不吸，就浑身瘫软，涕泪横流，像生了重病一样。所以，英国资产阶级在中国大量推销鸦片，是非常卑鄙恶毒的，它利用这种毒品一方面残害中国人民的身体健康；另一方面勾引吸食者上瘾，不断增大销售量，来攫取暴利。结果，不但使得中国人民日益衰弱和贫困，城市工商业和农村生产力遭到很大的破坏，而且使中国的货币（白银）大量地外流，国家的财政经济也出现了严重的危机。这种情况，引起了广大人民对鸦片贸易的激烈反对，清朝统治者为了维护自己的封建统治利益，才被迫进行了反对鸦片的斗争。

1838年底，清朝政府任命林则徐为钦差大臣到广州禁烟。林则徐禁烟十分坚决，他在人民的支持下，查缴和烧毁了运到中国的鸦片，并且要外国侵略者保证永远不再贩卖鸦片。禁烟斗争取得了很大的胜利。鸦片贸易是英国资产阶级侵略中国的重要手段，又是英国政府财政收入的重要来源，中国严禁鸦片，沉重地打击了他们。他们不肯善罢甘休，在千方百计地破坏禁烟失败后，就不顾一切地使用武力来实行侵略了。1840年6月，大批英国军队开到了中国，发动了武装进攻。为了保卫国家民族利益，林则徐在人民群众的支持下奋起抵抗，中英战争就这样爆发了。这次战争从1840年6月开始，到1842年8月结束。因为战争的爆发是由鸦片问题直接引起的，所以叫作鸦片战争。

这次战争，中国进行的是反侵略的民族自卫正义战争，英国侵略者遭受到沉重的打击。但是，当时的清朝封建统治者极端腐朽，他们被外国侵略者的洋枪大炮吓破了胆，最后向外国侵略者投降求和，中国因此失败了。清朝政府还和英国侵略者签订了屈辱的《南京条约》，出卖了国家民族的主权和利益。从此以后，中国人民在外国侵略者和本国封建势力的双重压迫之下，灾难更加深重了。

（汝　丰）

林则徐　虎门销烟

　　林则徐（1785—1850）是鸦片战争时期反抗外国侵略的民族英雄，一个伟大的爱国者。他是福建侯官（今闽侯）人，为官清廉，办事公正认真，深得老百姓的爱戴。

　　1837年至1838年他担任湖广总督时（总督是清朝的地方政府最高长官。湖广总督管辖湖北、湖南两省），正是英国侵略者肆无忌惮地在中国贩卖鸦片的时候，鸦片贸易不但遍及沿海各省，就是在湖北、湖南这样的内地省份也非常猖獗。烟毒泛滥的祸害使人触目惊心。当时广大人民强烈地要求严禁鸦片，清朝政府中的一部分爱国官员，也纷纷提出禁烟的主张，林则徐就是其中最著名的一个。他在他所管辖的湖北、湖南两省雷厉风行地实行禁烟，大大地打击了吸毒者和贩毒者，得到了老百姓的热烈拥护。

　　但是，禁烟并不是一件简单的事情，这是一场尖锐复杂的反侵略斗争。它不仅受到英国侵略者的抗拒和破坏，而且还受到许多当权的大官僚的反对和阻挠。林则徐和许多主张禁烟的官员一起，与反对禁烟的反动官僚集团进行了斗争。他大声疾呼："如果不把鸦片严加禁绝，将来国家不但无人可以当兵，而且也将无钱维持财政开支。"林则徐是从维护封建统治利益出发而说这些话的；但禁烟的正义主张，反映了广大人民的要求，符合民族的利益，因而深得人心。清朝皇帝也不能不考虑，如果不禁鸦片，那么皇帝的宝座也将被鸦片冲垮，最后，不得不接受林则徐的主张，并且任命他为钦差大臣，到广州禁烟。林则徐深知在满朝贪污腐败的一片黑暗之中，禁烟会遇到很大的困难，但他以国家民族利益为重，勇敢地承担了这一重大而艰巨的使命。他向自己的师友们表示："祸福死生，早已置之度外"，定要尽一切努力，为国家除掉鸦片这一毒患。

道光十九年正月（1839年3月），林则徐到达广州，以禁烟为中心的反侵略斗争，从此进入了更加尖锐的新阶段。

广州是外国侵略者进行贩毒活动的中心，人民群众反对鸦片的斗争也最强烈。1838年底，广州当局曾经处决了一个中国的鸦片贩子，当时英美烟贩竟纠众阻拦，从事破坏，激起了群众的愤怒，有一万多人举行了示威，并且用石块把这些气焰嚣张的侵略分子赶走了。人民群众高昂的反抗精神，对林则徐是巨大的鼓舞。他到了广州后，庄严地向外国侵略者宣布了自己坚定不移的禁烟决心。他说："鸦片一天不禁绝，我就一天不回去，一定要全始全终，决不半途而废。"

在禁烟斗争中，林则徐做了很仔细的调查和准备工作。到广州以前，他对广东鸦片走私的地点及鸦片贩子的姓名，都已大致调查清楚。到广州后，他一面加紧整顿防务，一面严办烟犯。他向外国烟贩宣布，必须在三天内把鸦片全部交出，并且要写下永远不再贩烟的书面保证，否则，查出来了，不但鸦片全部没收，贩毒者也要依法处死。这种严正不苟的态度，使外国侵略者十分害怕，但这些老奸巨猾的家伙仍然想尽种种办法，企图狡赖顽抗。英国商务监督查理·义律还特别赶到广州，亲自策划破坏。林则徐看穿了他们的阴谋，采取了断然措施。他一方面立即把企图潜逃的英国最大的鸦片贩子颠地截回，另一方面又派兵把外国毒贩的大本营——商馆封锁，把商馆与海上的交通也截断，还派水师在海面巡逻，严密监视外国船只的行动。同时，他又严峻地宣布外国侵略者违抗了禁烟命令，再一次通知他们把鸦片全部交出，否则就立即依法惩办。

在林则徐的坚决斗争下，外国侵略者的反抗和破坏被粉碎了！他们被迫交出了两万余箱鸦片，一共重2 376 254斤。1839年6月3日，林则徐下令把这些鸦片集中在虎门海滩销毁，一连烧了二十多天，才把所有的鸦片全部烧毁。这就是震惊世界，使外国侵略者胆寒的"虎门销烟"。

"虎门销烟"是一件惊天动地的壮举，它不仅是禁烟斗争的一个大胜利，也是中国人民反侵略斗争史上的第一个大胜利。它长了中国人民的革命斗志，灭了敌人的侵略威风。猖狂一时的侵略者万万没有想到会遭受这样沉重的打击，他们不得不暂时低下头来。

但是，贪得无厌的英国强盗是绝不甘心失败的。他们在进行了种种破坏和挑衅失败后，就不顾一切地采取武装侵略的手段了。

1840年6月，英国派出的舰队到达广州海面，向中国军队发动了进攻，鸦片战争爆发了。

在洋枪洋炮面前，林则徐承受着严峻的考验。他并没有被侵略者的武力吓倒。在战争爆发前，他一直认真备战，严密防守。这时，他又在各个要塞增添兵力，加强守卫，并且坐镇虎门，亲自指挥。他看到广大人民反侵略的意志十分坚定，相信"民心可用"，因此，他不但把沿海村庄的老百姓组织起来，加以训练，而且公开宣布，在外国侵略者进犯时，"准许人人持刀痛杀"，这就大大地鼓舞了广大人民奋起抗战的革命热情，也使他自己得到了最广泛、最有力的支持。

正是这样，进犯广东的英国侵略军在爱国军民的铜墙铁壁面前，一点办法也没有，到处碰得头破血流。特别是沿海渔民组成的突击队，常常趁月黑潮退，出其不意地乘着小船，用火箭、火罐、喷筒等火攻，使英国强盗吃尽了苦头。他们只好每天东漂西泊，不定行踪，夜里也不敢停下来，恐怕被火船突然袭击。最后，他们看到在广东占不到便宜，只好放弃进攻广东，而去侵犯福建、浙江。

可是，腐朽的清朝统治阶级，不但不敢发动人民群众，就对林则徐这样的爱国者，也不加以信任和支持。当英国侵略军沿海北上，一直打到天津海口后，他们被洋枪洋炮吓破了胆，原来反对禁烟、主张妥协投降的那些反动大官僚又重新嚣张起来，硬说英国侵略者的进攻，是林则徐禁烟闯下的大祸，说什么只有惩办林则徐，才能避免战祸，等等。这时，昏庸无能的道光皇帝也吓坏了，他竟不分青红皂白，把林则徐的官职革掉，而把主张投降妥协最卖力气的直隶（今河北省）总督琦善，派去代替林则徐。鸦片战争终于因为清朝政府的腐败和妥协而失败了！

（汝　丰）

关天培　陈化成

关天培和陈化成都是当兵出身的清军名将，在鸦片战争中，他们都在抵抗外国侵略者的战争中壮烈牺牲，在中国近代反侵略斗争中，用自己的鲜血，写下了悲壮的一页。

关天培是江苏淮安府山阳县（今江苏淮安）人。1834年（道光十四年），他调任广东水师提督（统辖全省海军的长官）。当时，外国侵略者在广东的挑衅活动日渐频繁，中国已经面临着日渐严重的武装威胁。关天培知道自己的任务十分艰巨，临行前，他先把妻子母亲都送回故乡，自己只身赴任，决心应付任何事变。

到达广州后，他便积极地整顿海防，加修工事，勤练士兵，从不松懈，广东的防务大大加强了。在鸦片战争爆发前，英国侵略者屡次进行武装挑衅，都遭到了有力的反击，归于失败。

在抵抗外国侵略者的战斗中，关天培总是身先士卒，英勇奋战。特别是在1839年11月3日的"穿鼻洋自卫反击战"中，英国军舰集中火力向他的坐船轰击，一时硝烟弥漫，水浪如柱，但关天培毫不畏惧，仍然挺立桅前，挥刀督战。甚至敌人的炮弹打坏了船桅，他被桅木的破片所伤，还是奋不顾身地指挥部下发炮还击。经过两小时的激烈战斗，打得敌人纷纷落水，装有大炮二十尊的英舰"海阿新"号，也受了重伤，最后只好狼狈逃走。

鸦片战争开始时，林则徐、关天培等坚决抵抗，英国侵略军在广东的进攻并未得逞。但是后来浙江定海失陷，英舰北驶，清朝统治者害怕起来，走上了投降的道路。林则徐被革掉了职务，投降派的琦善反而得到了重用。自此以后，局势就发生了变化。

琦善是彻彻底底的保守派，他以新任钦差大臣的身份到了广州以后，一意主和。为了求和，他竟在军事上实行撤防，把兵船裁减了三分之二，又把海口内的木排铁链等防御设备大部分拆除，至于招募来的渔民丁勇，他干脆全部解散了。像虎门这样的咽喉要地，则只留下了几百人驻守。在这种情况下，广东的形势已是危如累卵，而琦善却还以为只要答应割地赔款，就可以换来"太平统治"。

就在琦善做着"太平"梦的时候，英国的军舰在1841年1月7日，突然进攻沙角、大角两炮台。炮台守将陈连升等率领士兵英勇死战，但琦善不发援兵，最后陈连升壮烈牺牲，炮台也落入了敌手。从此，虎门要塞洞开，英军长驱直入。

1841年2月25日，英军大举进攻虎门。这时，虎门只有少数兵力分守各个炮台，防守力量不足。关天培一面坚守，一面派人到广州向琦善痛哭求援，很多官员也都全力恳求，但琦善仍然无动于衷，完全不理。关天培在求援落空的情况下，自知寡不敌众，于是，抱着必死决心，率领仅有的微弱兵力，顽强奋战。第二天，英军发动了更大规模的攻势。他们集中了猛烈的炮火，疯狂地向关天培坐镇的靖远炮台轰击，战斗异常激烈。当天下午，琦善仍然不发援兵，关天培的部下大半都已经英勇牺牲了，他自己负伤十几处，鲜血淋漓，连衣甲都已湿透，但他仍然激励士兵，奋力苦战，自己还亲自发炮还击。这时，英军已经攻下另外两座炮台，绕道由背面攻上来，他毫不退缩，拔出战刀与敌人白刃相接，浴血死战。最后，敌人的一枚炮弹打来，这位六十二岁的老英雄，在抗击外国侵略者的英勇斗争中壮烈牺牲了。

陈化成也是清军中英勇善战的爱国老将，他是福建同安人。1840年鸦片战争爆发时，他已经年近七十，从福建调任江南提督，驻防在上海附近的吴淞。他治军很严，但对士兵非常爱护。他的作战经验很丰富，每战必奋勇当先，对敌人毫不容情，所以敌人都很害怕他，把他看作"陈老虎"。

1842年5月，英军攻陷浙江省的海防重镇乍浦，吴淞受到严重威胁。陈化成召集部下宣布抗敌决心，他说："我自从参军入伍，已近五十年，出生入死，难以数计。人人都有一死，为国而死，死亦何妨？只要我们没有怕死的心，那么敌人就不能不被消灭。"他又说："敌人依恃的不过是炮而已，但我们同样可以用炮来制服他。西台发炮，东台响应，敌人顾此失彼，胜利必属于我们。"将士们在他的激励之下，一个个斗志昂扬，决心誓死痛击胆敢来犯的侵略强盗。

1842年6月上旬，英国大批军舰集结吴淞口，准备发动大规模的进攻。这时，清朝另一个投降派两江总督牛鉴非常害怕，竟亲自去见陈化成，说英国军队锐不可当，不如准备财礼迎接犒赏，妥协了事。陈化成听到这种无耻的投降论调，非常愤慨，他表示绝不放弃战斗。

6月16日，英国军舰发起了猛烈的攻击。陈化成亲自驻守吴淞西炮台指挥战斗。战斗中，全体官兵英勇杀敌，击毁了敌舰两艘，狠狠地惩罚了侵略者。

就在这时，原来畏敌如虎的牛鉴知道打了胜仗，又耀武扬威地摆起全副仪仗出城观战，英军发现目标，就用大炮猛轰，牛鉴一听炮响，吓得一溜烟儿地逃跑了。后来英军打到南京，也正是他首先出面接洽投降，接着由耆（qí）英和伊里布接受了侵略者的全部条件，签订了屈辱的《南京条约》。

牛鉴的逃跑，严重地影响了军心，驻守吴淞东炮台的指挥官也跟着逃跑了，阵地最终被敌人占领。陈化成失去了呼应，而敌人的炮火这时更加猛烈。但是，陈化成仍然坚守阵地，寸步不移。他手持红旗，镇静如常地指挥守军作战，连续击伤几只敌舰。英军见久攻不下，改由侧面攻击，这时陈化成已经身受重伤，仍忍痛亲自发炮轰击敌人。等到侧攻的英军登上炮台，陈化成虽然中弹倒地，仍然奋起拔刀肉搏。但是，由于受伤太重，无力再战，终于光荣地牺牲了。临死之前，他还用微弱的气力低声叫着："不要怕！发炮！"

（汝　丰）

三元里人民的抗英斗争

三元里前声若雷，千众万众同时来，

因义生愤愤生勇，众民合力强敌摧。

家室田庐须保卫，不待鼓声群作气，

妇女齐心亦健儿，犁锄在手皆兵器。

在第一次鸦片战争时，广州附近以三元里为中心的一百零三乡人民，对英国侵略军进行了英勇的斗争，上面的诗，就是当时诗人张维屏对这次斗争的描写和颂赞。

1841年5月（道光二十一年四月）英军逼近广州城，驻在广州的靖逆将军奕山异常恐慌，派人出城向英军接洽投降，英军勒索了六百万元赎城费，还逼迫清军退出广州六十里，才肯撤兵。奕山答应了侵略者的条件，订立了投降条约。群众对清朝官僚的无耻投降非常不满，而英军又在广州城外恣意横行，无恶不作，这就更加激起了群众的愤怒。5月29日，英军闯到三元里，抢掠耕牛，奸淫妇女。群众奋起抗击，消灭了十几名侵略军。次日，斗争进入高潮，三元里和附近各乡群众大约五六千人，拿着长矛大刀和农具，举起三元古庙的三星旗，浩浩荡荡地向英军占据的四方炮台进攻。这些侵略强盗完全没有料到会受到赤手空拳的老百姓的攻击，当他们被震天动地的怒吼惊醒，看到漫山遍野都是手持刀矛锄耙的人群，才知道大事不好，吓得不知所措，急急忙忙派出大队人马下山反扑。他们以为自己有洋枪大炮，只要冲了下来，就能把群众吓跑。但机智勇敢的三元里人民打了一阵以后，就边战边走，把英国侵略军引到三元里的牛栏岗一带团团围住。英军看形势不利，拔脚想跑。但是，鼓角齐鸣，杀声震天，四面八方都是愤怒的中国人民，他们已经插翅难逃了。这时，闻声赶来的群众越聚越多，成千上万人，难以计数，连妇女儿童也都出来参战助威。中午，恰好雷雨大作，敌人的火药完全淋湿，洋枪失去作用。这些强盗狼狈极了，他们被大雨淋得像落汤鸡一样，外边有群众的包围，地下又满是泥水，又饿又冷，进退不得。有的伏在瓜棚架下面，浑身发抖，有的丢下洋枪，叩头流血求饶，"乞命之声震山谷"。相反，三元里乡民的斗志更加激昂，情绪更加高涨，他们精神抖擞，越战越勇。直到当天下午黄昏时分，雨越下越大，天也黑了，英国强盗才连爬带滚，摸着黑逃了回去。这一天，三元里人民依靠原始的武器，打死了英国官兵二百多名，还缴获了大批武器，取得了巨大的胜利。

牛栏岗的胜利，进一步鼓舞了人们的斗志。第二天一清早，就有两万多人高举着三星旗奔向四方炮台，把敌人密密麻麻地包围起来。英国强盗知道突围是没有用的，只好向腐朽的清朝政府求救。果然，一求就灵，奕山正害怕人民群众的斗争坏了他的投降大事，马上派广州知府余保纯，前来替英军解围。余保纯忘记了平日知府的威风，徒步到三元里，向群众鞠躬作揖，替英军讨饶，忽而恳求，忽而恐吓。但群众仍坚持不散，余保纯又去威胁参加斗争的士绅（旧社会称地方上有势力有名望的地主或退职的官僚为士绅），这些人在他的恐吓下开始动摇，群众的情绪受到影响，终于陆陆续续散开了。这一场轰轰烈烈的伟大斗争，不但得不到清朝统治者的支持，反而被他们破坏断送了。

（鲁　素）

《南京条约》

1842年，英国舰队开进长江，先后攻占吴淞、上海、镇江，并进围南京。清政府在侵略者的这种凶焰面前吓破了胆，决心更加公开地走向同人民群众的坚决抵抗相反的道路，向侵略者屈膝投降，并签订了中国近代史上第一个不平等条约——中英《江宁条约》。江宁就是现在的南京，所以《江宁条约》也叫《南京条约》。

《南京条约》共有十三款，主要有以下几条：①中国割让香港岛。从此以后，香港就成为英国侵略中国的军事和商业基地。②中国开放广州、厦门、福州、宁波、上海五处为通商口岸；在这些通商口岸，英国可以派驻领事等官。这样，封建中国的门户被打开了。③中国赔款两千一百万银圆。④中国抽收进出口货的税率，要"秉公议定"。这就是协定关税的开始，有了协定关税的特权，英国资本家可以在中国市场上大量出售商品，来排挤中国的手工业生产，控制中国的市场，并且可以从中国掠取大量廉价的原料。⑤英国商人在各口岸可以自由地和中国商人交易，不受任何限制。从此英国商人可以自由地和中国商人接触，选择和培养他们的代理人。

1843年英国政府又强迫清政府订立了中英《五口通商章程》和《五口通商附粘善后条款》（《虎门条约》）作为《南京条约》的附约，其中除了具体地规定了《南京条约》的一些细则外，还增加了一些新条款，主要有：①领事裁判权，规定凡英国人和中国人交涉词讼，"其英人如何科罪，由英国议定章程法律，发给管事官照办"。这就是说英国人在中国犯罪，不受中国法律制裁，有这一条规定，侵略者就可以在中国领土上横行无忌了。②片面的最惠国条款，规定中国政府"将来设有新恩施及各国，应准英人一体均沾"。根据这个条例，任何侵略者在中国获得特权，英国同样可以享受。

总之，《南京条约》是中国近代历史上第一个不平等条约，从此，中国丧失了独立国家的地位，开始一步一步地走向半殖民地半封建社会。

（美　珍）

《望厦条约》

19世纪初期，美国的经济发展虽然还远远不能和英国相比，甚至比法国也落后得多。但是，美国侵略中国和其他亚洲国家的活动却十分积极。

和英国侵略者一样，美国早就把鸦片作为侵略和掠夺中国的主要工具。英国烟贩在中国大规模贩毒的同时，美国烟贩的活动也十分猖獗。当时在广州的美商，除了一家例外，其余全部经营鸦片贸易。从嘉庆十一年到道光十四年（1806—1834），仅仅根据海关报告，美国烟贩从土耳其运入广州的鸦片就有8901箱。实际上，美国烟贩贩运鸦片主要是依靠走私，因此，他们运到中国的鸦片要比上述的数量多得多。只是由于英国垄断了印度这样一个鸦片的最大产地，所以美国当时在对华鸦片贸易中，才仅次于英国而居第二位。

在鸦片走私活动中，美国毒贩的手段并不比英国逊色。美国烟贩的贩毒船只，常常悬挂着美国国旗作为掩护，或者把大批鸦片装到棺材里，冒称船上水手的死尸，抬到陆上发售。甚至特别制造一种船只，叫作"鸦片飞剪号"，实行武装走私。这种特制的走私船只，行驶迅速，武装齐全。有一个美国人描写一只叫作"安特洛甫号"的这种"飞剪号"船说："每一边装置大炮两座，船中装置汤姆炮一座，船桅四面满列长枪，船舱内有大箱，贮备大量手枪及刀剑。"当碰到中国的缉私船时，"鸦片飞剪号"就公开进行武装对抗。

在鸦片战争时期，美国虽然由于力量不足，没有直接参加武装侵略，但是，从一开始，他们就和英国狼狈为奸，积极支持英国发动侵略战争，成为英国侵略者有力的帮凶。

还在鸦片战争爆发之前，美国商人就曾经积极帮助英国侵略者破坏中国的禁烟运动。英国商务监督查理·义律在虎门销烟后敢于长期禁止英商具结进港，主要就是倚仗美国商人的帮助。当时美商代运、代销、代购，包办了英国在华的进出口商务，使得英国对华贸易并未因为拒绝进港而受到任何影响，因此义律才能有恃无恐，肆无忌惮地进行顽抗。他曾亲自对美国旗昌洋行（当时美国烟贩在中国最大的一个贩毒组织）经理福士表示：如果没有美国商人帮忙，他早就会为了贸易利益而具结进港了。

美国传教士十分积极地参加了这场侵略活动，他们乘坐贩运鸦片的"飞剪号"来到中国，胡说什么"鸦片无害于中国人，像酒无害于美国人一样"，把杀人不见血的毒品，说成就像在愉快的野餐中饮一杯甜酒一样。其目的无非是要在鸦片的麻醉之外，再加上一重精神的麻醉。1839年，有一个在广州活动的美国医生彼得·巴驾还写信给林则徐，劝林则徐"不要动武"，忘记"过去的一切仇恨"。鸦片战争爆发后，他们又极力为英国侵略者辩护，曾经担任美国总统的亚当姆斯在1841年发表演说，认为英国发动侵略战争是完全正当的，而在中国的美国传教士纳维斯则更加狂热地为这次侵略战争喝彩，他大叫大嚷："不管正当不正当，这次战争是按照神意用以开创我们与这个广大帝国关系的新纪元的。"

美国之所以极力充当英国的帮凶，根本目的是企图通过这次战争，趁火打劫，攫取侵略特权。早在1839年5月，在广州的美国商人看到英国发动侵略战争已不可避免，就曾经上书美国政府，要求立即联合英、法等国采取行动，以便"中国如果有好处给了别国"时，"美国也可以同样得到好处"。所以，《南京条约》签订后，美国看见英国得到了那么多的利益，非常眼红，立刻跟踪而来，利用清朝政府战败的惧外心理，从事讹诈和勒索。

1843年5月，美国政府派顾盛为专使，统率战舰三艘，前来胁迫中国订约。1844年2月，顾盛到达澳门，就威胁说美国舰队正源源而来，如果清政府不接受美国的要求，就"有使中国人民再尝战祸之必要"。清政府被美国的战争威胁所吓倒，1844年7月3日，派耆英和顾盛在澳门附近的望厦村，签订了美国侵略中国的第一个不平等条约——中美《望厦条约》。

中美《望厦条约》共34款，除包括了中英《南京条约》所载的特权外，还增加了许多新条款，主要内容有下面四点：

1.肯定了"利益均沾"的原则。在《望厦条约》中规定，中国如果给其他侵略者任何特权和利益，美国要"一体均沾"，也就是说，美国也可以取得同样的一份。这就等于从清政府手里拿到了一张无限期出卖中国主权的支票，美国可以任意取得所有侵略者在中国所取得的特权和利益。此后，其他侵略者纷纷要求给予"利益均沾"的特权，"利益均沾"成为各国侵略者侵略中国的共同基础，中国成为各国侵略者共同宰割的对象。

2.剥夺了中国的关税主权。《南京条约》规定海关税则由中英"秉公议定"，《望厦条约》就更进一步规定，中国海关税则的改变，要得到美国领事的允许。从此，外国领事掌握了中国海关税率改变的大权。正是这样，整个19世纪，外国货物进口，都按照值百抽五，或低于值百抽五的税率纳税，一直没有改变，大大有利于侵略者对中国人民的经济掠夺。

3.彻底地破坏了中国司法主权。《望厦条约》把订约国人不受中国法律制裁的领事裁判权的范围，由刑事扩大到民事，由五口扩大到其他各地，由有约国人扩大到无约国人，彻底地破坏了中国的司法主权。美国和其他国家的侵略分子，在领事庇护下，可以为所欲为，不受中国法律的制裁。

4.进一步地破坏了中国领海主权。《望厦条约》以前，只有外国兵舰可以在五个通商口岸停泊。《望厦条约》把商船也包括在内，从此，外国的兵舰、商船可以在中国的通商口岸横冲直撞。

总之，《望厦条约》比《南京条约》更进一步地破坏了中国的主权和独立，它给中国人民带来了更深重的灾难。

（杨遵道）

官怕洋鬼，洋鬼怕百姓

在鸦片战争期间，清政府虽然因为害怕外国势力损害自己的统治权而被迫应战，但战端一开，稍微受到侵略者的武力打击后，封建统治者对战争的态度就发生动摇，并由动摇变为妥协，由妥协变为投降。和这种情形成为鲜明对比的，是中国人民始终坚持反抗侵略的英勇斗争，特别是广大劳动人民，更是这个斗争中的主力。这种斗争不仅在战争进行期间普遍地存在，而且在鸦片战争结束以后，也仍然持续不断。

当封建统治者无耻地出卖民族利益，和英国侵略者订立《南京条约》后，中国人民就坚决反对这个奴役中国的不平等条约。特别是广东人民，当他们听到签约的消息后，更是被激起了无比的愤慨。他们张贴檄文，一方面指斥英国侵略者"贩卖鸦片，毒我生灵"，"据我土地，戕（qiāng，杀害）我文武，淫我妇女，掠我资财"的罪行；一方面斥责封建统治阶级的"疆臣大帅，惜命如山，文吏武臣，畏犬如虎，不顾国愁民怨，遽行割地输金"的无耻卖国行为。并且立誓要团结一致，与侵略者斗争到底。

为了继续和侵略者进行斗争，广东人民到处都发展了"社学"这种组织形式。"社学"本来是乡村中的封建教育机构，但是在资本主义侵略中国的时候，社学的性质有了变化，成为团结各个阶层、抵抗外国侵略的自卫性战斗组织。大批的农民、手工业工人、苦力、小商人，参加到这个组织中去，在反对侵略的斗争中起了重大作用。其中最著名的是"升平社学"，这个社学拥有的群众达几万人。此外，较小规模的社学还有好几十个。

广东人民由于有了社学的组织，反侵略斗争就进一步发展起来。

《南京条约》刚签订不久，广州就爆发了一次群众自发性的反侵略斗争。道光二十二年十一月（1842年12月），由于英国水手强抢中国小贩的货物，并且挥刀伤人，引起群众的义愤，把英国水手包围在商馆中。但商馆中的侵略强盗竟然从楼上用砖石掷击群众，群众忍无可忍，便在当天夜间放火烧了商馆。当熊熊的火焰在夜空中飞舞时，只听得"万口齐呼杀贼"的呼声响彻云霄。

对于人民的这种爱国正义斗争，清政府不但不加支持，反而站在侵略者方面，丧心病狂地屠杀了十个无辜的爱国群众，赔偿了英国强盗二十六万银元的"损失"。

在这以后，英国侵略者进一步要求立即开放广州并进入广州城。但条约中并无明文规定英国人进广州城。广州人民纷纷起来抗议侵略者的无理要求，贴了满街红白字帖，攻击向英国侵略者妥协的封建官吏，号召绅民一致做实际准备，以武力对付进城的英国人。

但封建官僚仍然坚持对侵略者妥协投降的方针。1845年末，两广总督耆英对于侵略者的入城要求，不但偷偷地答应了下来，而且还贴出告示，要求"绅民人等勿再反对"。人民看到告示，就气愤地把它撕下来，而且是屡贴屡撕，表示决不妥协。

耆英看到这种情形，便在1846年初暗派广州知府刘浔（xún）出城与英国侵略者商谈对策。社学方面知道这件事后，就立刻发出传单，约定"英国鬼子入城之日，全城百姓即闭门起事"。接着，两万多愤怒的群众自动汇集起来，涌到知府衙前，指令刘浔出来和群众见面。刘浔吓得魂不附体，跳墙而逃。群众冲入知府衙署，把刘浔的朝珠、公服烧了（朝珠是清代五品以上文官、四品以上武官所穿公服上佩戴的一种珠串，公服是封建时代官吏的制服）。

封建统治者一方面污蔑中国人民的反侵略斗争是"无赖游棍造谣生事"，一方面威胁要把坚持斗争的群众"置之重典"。但群众毫不畏惧，凡有英国人三五成群，打算进入广州城门的，便统统被守门的人斥退；如果遇见成群的，人们顷刻之间便会聚集起千百个来，把他们赶出去。所以英国侵略者的入城野心始终无法实现。

1849年，英国的香港总督文翰，率领着几艘军舰，满载大炮，竟想用武力强行进入广州城。广州各社学在几天之内，集合了十多万人，准备战斗。这时，两广总督已由徐广缙（jìn）接任。徐广缙在人民的压力下，只得上船与侵略者交涉，拒绝他们入城。这时，十多万群众在两岸高声呼喊示威，声音震天动地。文翰看到这种形势，只得请"罢兵修好"，暂时放弃了入城的念头。广州人民的反入城斗争取得了巨大的胜利。

在这针锋相对的斗争中，人民群众的反侵略正气大为伸张，封建统治者的屈膝投降的丑态进一步暴露，外国侵略者的外强中干的本质也开始被人觉察。1840年琦善第一次对英投降时，广东流传着一句民谣："百姓怕官，官怕洋人。"但是经过了这些斗争以后，那句民谣就改变成"官怕洋鬼，洋鬼怕百姓"了。

（秦　汉）

拜上帝会

　　"拜上帝会"是由太平天国农民革命运动的杰出领袖洪秀全所创立的一个革命农民组织。这个组织，在宣传革命思想、动员和团结农民革命群众以及后来促进农民革命战争的发展方面，起了极其重大的作用。

　　早在鸦片战争以前，由于严重的土地兼并和贫富的日益悬殊，地主阶级和农民阶级间的矛盾就已相当尖锐。鸦片战争后，一方面，封建统治者为了支出大量战费和赔款，大大加重了对于劳动人民的剥削；另一方面，外国侵略者利用特权，无情地吸吮着中国人民的膏血。劳动人民啼饥号寒，挣扎在死亡的边缘。他们为了生存，就只有起来斗争，而鸦片战争中清朝所暴露出来的武装力量的腐败情形，又加强了劳动人民起来斗争的勇气和信心。所以，鸦片战争后，全国各地的反封建斗争渐趋高涨。据不完全统计，在1843年到1850年间，规模较大的群众起义和骚动事件，就有七十多起，几乎遍及内地各省。特别是广东、广西、湖南一带，由于受到鸦片战争的直接影响，社会动荡特别剧烈，所以阶级斗争也最为尖锐。但是，遍布这些地区的农民斗争，由于缺乏严密的组织和统一的领导，各自为战，所以往往是"随起随灭，随灭随起"。斗争的发展要求建立一个农民的革命组织，"拜上帝会"就在这种形势下产生了。

　　"拜上帝会"的创始人洪秀全，是广东花县（今广州花都区）人。1814年1月11日出生于一个中农的家庭，父兄都以耕田谋生。秀全七岁入私塾读书，聪颖异常，五六年间，就能熟读"四书""五经"。后来又自读中国史籍，但不久即因家境贫困而辍学，在家帮助父兄耕田。随后他受聘为本村塾师。洪秀全自幼生长在农村，又直接参加过农业劳动，因而对农民的痛苦和要求有较多的了解。他从十六岁起，屡次赴广州应试，都没有考中，很受刺激；在鸦片战争中，他亲眼看到清政府的腐朽无能和广州人民英勇抗英的伟大力量。这一切，促使他逐渐产生了反清革命的思想。

　　1843年，洪秀全最后一次去广州应试，又没有考取。回家以后，他偶然翻看了一本前几年去广州应试时得到的书——《劝世良言》，在这本宣传基督教的小册子上，得到了启示，他觉得可以利用其中所说的一些宗教形式来进行发动和组织群众的工作，开展革命活动。于是，他自称是天父耶和华之子，基督之弟，下凡拯救世人，创立了"拜上帝会"。

　　最早参加"拜上帝会"的是冯云山，他是洪秀全的同乡，是"拜上帝会"的得力的组织者和宣传者。最初，他们两人在家附近各村镇间活动，吸收会众。道光二十四年（1844）洪秀全和冯云山远出到广西贵县（今贵港市）传教。不久，洪秀全回花县，冯云山继续在广西桂平县（今桂平市）的紫荆山区进行艰苦的宣传组织活动。回到花县的洪秀全，在1845年至1847年间，著述了《原道救世歌》《原道醒世训》《原道觉世训》等作品，进一步阐述了"拜上帝会"的教义。在这些作品中洪秀全利用了基督教的一神教思想，宣布只有真神"皇上帝"是天下最高的主宰，而地主阶级在精神上统治农民的一切神仙菩萨、妖魔鬼怪，都只是"阎罗妖"的化身。洪秀全号召人民独拜真神皇上帝，击灭阎罗妖。实际上这是用宗教的语言号召农民进行反对封建剥削和压迫的斗争。洪秀全在作品中，还巧妙地把原始基督教义和中国农民朴素的平等、平均思想结合起来，提出了"天下多男子，尽是兄弟之辈；天下多女子，尽是姊妹之群"的朴素的平等主张。他宣布人们在上帝面前是一律平等的，号召人们去改变极不平等的现实世界，为实现"天下一家，共享太平"的理想社会而斗争。洪秀全在宗教外衣下所提出的反封建的革命思想，在百余年前，对长期受着残酷的封建剥削和压迫的中国农民来说，正是他们梦寐以求的理想，因此"拜上帝会"很快便成为组织农民进行反封建斗争的有力武器。当1847年洪秀全到达紫荆山区时，"拜上帝会"已拥有会员三千余人。"拜上帝会"的群众在洪秀全、冯云山等领导下，同当地的地主武装团练展开了斗争。1851年1月11日，终于爆发了金田起义，开始了伟大的太平天国农民革命运动。

（马汝珩）

金田起义

　　金田村位于广西桂平县紫荆山南麓，这个地方万峰重叠，形势险要。太平天国革命运动就是在这儿爆发的。

　　洪秀全、冯云山等在广东花县创立了拜上帝会之后，就致力于发动和团结群众的工作。他们先后在广东、广西许多地方，特别是在紫荆山地区的农民和手工业工人中间，进行了长期而艰难的革命宣传和组织活动。后来成为太平天国重要领袖的杨秀清、萧朝贵、石达开等相继加入，拜上帝会的革命力量迅速发展壮大。洪秀全等秘密地建立了军队，制造了军械，筹备了军费，规定了纪律，一支革命队伍逐渐形成了，金田村成为巩固的革命据点。

　　在这期间，拜上帝会与地主武装——团练以及清军屡次发生冲突。武装起义已渐趋成熟，洪秀全就向各地拜上帝会群众发布了向金田村团营（集中）的命令。先后到达金田的有一万余人，男女都有，其中以农民为最多，其次是手工业工人，也有一部分游民、知识分子和个别的地主、商人。在这些革命群众中，以汉族为多数，同时也包括不少壮族、瑶族、苗族等少数民族中的贫苦劳动者。这是一支以农民为主体的，有不同阶层、不同民族参加的革命武装。

　　当拜上帝会会众向金田集中时，金田村的形势十分紧张，拜上帝会和团练、清军的冲突更加尖锐频繁。洪秀全、冯云山为了避免清军的追踪，躲到离金田百里以外的平南县花洲胡以晃家中，不料被清方侦知，清朝军队包围了花洲。团聚在金田村的拜上帝会会众得讯，在杨秀清等率领下前往营救，一战大败清军，迎接洪秀全等回到金田。于是就在洪秀全诞辰那天，即道光三十年十二月初十（1851年1月11日）正式宣布起义，建号太平天国，这就是历史上有名的金田起义。

金田起义后，太平军在金田村附近勇猛顽强地战斗，屡次挫败了在兵力上占优势的清军，于咸丰元年闰八月初一（1851年9月25日）占领了永安州城（今蒙山县）。洪秀全在金田起义后不久已称天王，攻下永安后，又封杨秀清为东王，萧朝贵为西王，冯云山为南王，韦昌辉为北王，石达开为翼王，太平天国建立了一个比较稳固的领导核心；同时又订立了各种制度，揭发了暗藏在革命队伍中的奸细，革命力量进一步巩固了。

太平军所发动的武装斗争，在清廷方面引起了很大震动，他们调集了大批军队，对太平军围堵追袭，企图尽早把它扼杀在摇篮之中。这些军队虽然兵员多、武器好、粮食足，但是士气低落，纪律松弛，将帅间矛盾重重，战斗力很差。在团结一致、勇敢善战的农民军面前，可谓束手无策。

1852年4月初，太平军又突破了清军的包围，长驱北上。6月克全州，入湖南。9月太平军猛攻长沙不克，转道益阳、岳州，向湖北挺进。1853年1月，太平军占领了湖北省城武昌。

太平军在湖南、湖北进军途中，一方面和清军进行殊死的战斗，另一方面杀逐官吏和土豪劣绅，焚毁田契债券，对封建统治秩序进行革命的扫荡；同时把财物散给贫民。因此，各地贫苦群众纷纷参军，革命队伍迅速扩大，太平军刚进入湖南时，不过五六千人，但占领武昌后，太平军的队伍已增加了许多倍。可惜太平天国的两个重要领导人——南王冯云山和西王萧朝贵先后在全州、长沙壮烈牺牲，这是太平天国革命的重大损失。

太平军占领武昌后，即乘胜前进，顺长江东下，水陆并发，清军望风披靡，不战而溃。太平军克九江，下安庆，取芜湖，1853年3月19日，一举攻克了江南第一大城市——南京。

太平天国在攻下南京以前，没有固定的根据地，攻下南京后，正式在这里定都，把南京改名为"天京"。从这个时候起，直到1864年7月19日天京陷落止，这里就一直成为太平天国的政治中心。

（张革非）

《天朝田亩制度》

太平天国在定都天京以后，颁布了《天朝田亩制度》，它是太平天国进行革命和建国的伟大纲领。

《天朝田亩制度》这个文件集中反映了中国封建时代广大被压迫被剥削的农民群众的斗争要求。文件规定一切土地财产都不应该私有，在这个原则之下，地主阶级的私有土地当然应该没收，分配给农民耕种。文件规定："天下田，天下人同耕"，将所有土地按好坏和产量分为九等，按人口多寡和劳力强弱，平均分配。妇女也可以和男子一样分到土地。

《天朝田亩制度》还规定，每家种桑织布，养鸡养猪，每二十五家设置木匠、石匠等搞副业和手工业生产。每年全部收成除留给自用外，其余都归国库，个人不得私有。婚丧嫁娶由国库开支，老幼无依的人由国家抚养，丰荒相济，彼此帮助，建立一个"有田同耕，有饭同食，有衣同穿，有钱同使，无处不均匀，无人不饱暖"的人间乐园。

《天朝田亩制度》又规定兵民合一的社会组织和守土乡官制，它的内容是：以家庭为基本组织细胞，每二十五家为一个单位，设一两司马，四两司马设一卒长，五卒长设一旅帅，五旅帅设一师帅，五师帅设一军帅，一军共一万三千一百五十六家，每年每家出一人为伍卒，战时杀敌，平时为农。军帅以下称乡官，军帅以上设监军、总制，称守土官。

按照这种组织制度，每二十五家自成一个独立的政治、经济的基层单位，统辖于两司马之下。两司马的权力很广泛，从组织生产到居民消费，以及军事、民政、财经、司法、教育、礼仪、宗教无所不管。其中特别规定："力农者有赏，惰农者有罚"，奖励好好生产和安定社会秩序。两司马的权力虽然很广泛，但规定有严密的保举升贬制度，以杜绝破坏分子从中弄权作恶。好官可以随时提升，坏官也可以及时撤掉。

这些都是太平天国农民革命英雄们在《天朝田亩制度》中所规定的革命和建国的纲领。这个纲领有着彻底的反对封建制度的革命意义，它激发了广大的农民群众起来进行革命斗争。许多农民对地主不交租或少交地租，这在一定程度上打击了封建势力，并使农民不同程度地得到了一些好处。但是《天朝田亩制度》企图废除私有财产，取消商品流通，这在当时生产力还很落后并且没有无产阶级进行领导的情况下，是一种不切实际的空想，是不符合当时历史发展要求的，因此也是行不通的。《天朝田亩制度》所规定的平分土地的办法，在当时也没有实行。

（张革非）

太平天国的北伐

1853年5月（咸丰三年四月）初，由李开芳、林凤祥等率领的两万余名太平军从扬州出发，太平天国史上可歌可泣的北伐战争正式开始。

北伐军在初期进军非常顺利，几个月内，经安徽、进河南、渡黄河，转入山西，折而进至直隶（河北），真是势如破竹，锐不可当。可惜在渡黄河的时候，由于船少人多，一个星期才渡过一万多人，还有三分之一的军队在南岸受到清军阻击，只得退回天京。北伐军没有全军渡河，在一定程度上削弱了战斗力量。

1853年10月底，北伐军以迅雷不及掩耳的速度，克静海、独流，前锋进抵天津西南数十里的杨柳青，北京大震。清朝皇帝把财物都运往热河，准备逃跑。大小官员纷纷出城逃避，北京乱成一团。在这反动统治的生死存亡关头，封建统治者调集了最精锐的军队，前往防堵北伐军。天津地区的地主富商，也出于阶级仇恨，自动组织起团练武装，以阻挡北伐军的进攻。这时正是隆冬季节，北方天寒地冻，太平军缺乏寒衣粮草，给北伐军增加了很大的困难。1854年年初，北伐军进攻天津不下，便南下阜城，等待天京的援军。

北伐军在天津受挫的消息传到天京，天京方面就积极抽调兵力，组织援军。北伐援军于1854年2月4日从安庆出发，3月在丰工抢渡黄河，进入山东境内。山东当时灾情严重，饥民遍野，太平军经过这里，群众纷纷参加进来，这就大大增强了北伐援军的力量。4月间，他们就攻下了山东北部重镇临清州，这里离阜城只有二百多里，两军的会师已是指日可望了。可惜援军没有能继续北上和北伐军会合。清军撤出临清时，烧毁了所有不能劫走的粮草，这时又包围临清，断绝了城中的接济。北伐援军中新参加的群众大都没有受到严格的整顿训练，更缺乏革命的教育和锻炼。许多新兵到了临清州，见到大军粮草一时接济不上，竟然动摇起来，纪律松弛，纷纷逃散。北伐援军的领导和太平军的老战士屡加劝阻也约束无效，队伍一时陷入紊乱状态。在这种情况下，北伐援军只好撤出临清。在撤退的路上，援军曾经一度打败追击的清军，但是后来终于被清军各个击破。

当北伐援军到达临清州的消息传来，李开芳、林凤祥等非常高兴。他们组织兵力于1854年5月初从阜城突围到达直隶东光之东西连镇，并决定由林凤祥留守连镇，李开芳率马队二千多人进入山东高唐州迎接援军。李开芳到这里才知道北伐援军已经失败。他们不但得不到支援，反而使林、李两军从此分开，各自孤军作战，力量更加单薄。但是林凤祥仍然率领几千太平军和清军展开无数次血战，坚守连镇十一个月。残暴的清将僧格林沁在连镇周围四十里筑围墙，挖深壕，包围连镇，又挖开河水灌入城内。太平军弹尽粮绝，最后以吃树皮充饥。在这极端困苦的情况下，他们仍然坚贞不屈，战斗到底。1855年3月林凤祥率余部突围，不幸被俘，被敌人用极刑杀害。临刑时，他怒目看伤处，满怀着对于反动统治者的深仇大恨，英勇就义。李开芳在高唐州也一直坚决抵抗清军的围攻，后来突围到茌平县的冯官屯。清军在攻破连镇后，便集中全力进攻冯官屯。僧格林沁又用老办法引运河水灌入城内，李开芳在突围中被捕，1855年6月在北京英勇就义。临死之时，他"笑语如常，旁若无人"，异常从容镇定。与此同时，北伐军全体将士也都壮烈牺牲，北伐战争最终失败了。

北伐军经历了江苏、安徽、河南、山西、直隶、山东六省，在没有根据地和缺乏粮食军火的情况下，转战几千里，连克州县数十个，给清朝统治以严重打击，也给长江流域太平军的活动创造了有利条件。最后，北伐军以极微薄的兵力，坚守孤城达一年之久，才在战斗到最后一人的情形下宣告失败。

（美　珍）

杨韦事件

　　1856年（咸丰六年），太平天国定都天京已经三年，这时期，太平军一方面举行了西征、北伐，把革命继续向前推进；另一方面立法建制，安定社会秩序，巩固革命政权，革命形势是大好的。但是，农民阶级的许多弱点在革命胜利时期也愈来愈显露出来了，如保守、狭隘、自私等观念反映到政治作风上，就发展为闹宗派、闹个人权威等不良倾向。同时，随着革命形势的发展，有不少地主、商人等剥削阶级分子被卷到革命队伍中来，这些人有的是暗藏的反革命奸细；有的是政治野心家，投机分子，他们带来的剥削阶级意识严重地侵蚀着革命队伍，有的则伺机从中破坏革命，夺取革命果实。太平天国领导者没有能力解决这一系列问题，反而在革命大好时机，爆发了领导集团之间争夺权力的派别斗争，这个斗争最后导致领导集团的公开分裂，这就是发生在1856年9月的"杨韦事件"。

　　这时期太平天国的领导核心除了天王洪秀全外，还有东王杨秀清、北王韦昌辉、翼王石达开、燕王秦日纲、豫王胡以晃等。他们在革命初起时，能团结一致，保持艰苦朴素、朝气蓬勃的革命作风。但到天京后，就逐渐起了变化。天王洪秀全在革命发动时期，表现了伟大的毅力和创造精神，但后来就逐渐沉醉于豪华的宫廷生活，很少过问政事，军政大权都掌握在东王杨秀清手中。杨秀清出身于极贫苦的雇工家庭，从小就成了孤儿，随伯父在紫荆山区种山烧炭过日子，为人刚强有胆识，常常领导人们反抗贪官污吏的勒索，成为烧炭工人的领袖，后来参加了拜上帝会，共谋革命。杨秀清有着卓越的军事和政治才能，他对于太平天国革命曾经有过很大的贡献。自从他被封为东王后，他就成为实际领导太平天国革命事业的最高指挥。太平天国之所以能有那样巨大的发展，杨秀清的领导曾经起过重大的作用。但是，农民、小手工业者的狭隘性和宗派倾向，使得即使像杨秀清这样的英雄人物也难以摆脱这种阶级的局限性。定都天京后，他逐渐骄傲自满起来，看不起洪秀全，甚至假借天父下凡附在他身上的名义要杖责洪秀全，对其他各王也加以排挤，随意斥责，对部下严刑苛罚，引起天王和许多将领的不满。这些情形都被北王韦昌辉看在眼里。韦昌辉出身于地主富商家庭，他在家乡的时候，因受到当地大地主官吏的压制排挤，无法立足，才参加了太平天国革命。这时，他表面上对杨秀清表示特别恭顺，却早已拉拢了一批不满杨秀清的诸王和高级将领，密谋伺机杀死杨秀清，篡夺革命政权。

　　1856年夏天，正当革命在军事上达到全盛的时候，杨秀清决定逼迫洪秀全让位，要求洪秀全封他为"万岁"。洪秀全表面上答应了，却立即秘密派人召回在江西督师的韦昌辉、在武昌督师的石达开和在丹阳督师的秦日纲，准备对付杨秀清。韦昌辉一接到命令，认为时机已到，立即率心腹部队三千人赶回天京。1856年9月2日深夜，韦昌辉到达天京，立即包围了东王府，杀死了杨秀清及其全家。此后又借搜捕"东党"为名，乘机扩大事变，继续捕杀了两万多名优秀的革命干部。天京城内人心惶惶，造成了一种恐怖局面。10月间，正在武昌督师的石达开听到消息，连忙赶回天京，责备韦昌辉不该滥杀无辜。可是韦昌辉竟又想杀死石达开，石达开只好半夜缒城逃出天京，结果石达开在京的全家老小都被杀害了。韦昌辉这种极端阴险狠毒的残暴行为，引起了太平军全体官兵和百姓的愤慨。11月间，石达开在安庆起兵，要求洪秀全顺从民意杀死韦昌辉。洪秀全被迫把韦昌辉杀死了，同时杀死了秦日纲、胡以晃等二百多人。韦昌辉在天京将近三个月的恐怖统治这才算结束了。

经过这场大屠杀，太平天国的许多优秀革命干部牺牲了，太平军的实力大受损伤，太平天国革命形势从此逆转，开始由胜利发展走向停滞和衰落了。

（美　珍）

石达开

石达开（1831—1863），广西贵县（今贵港市）人。他很早就参加了拜上帝会，在贵县地区积极开展革命宣传和组织工作。金田起义时，他带领一支拥有三千多人的武装齐全、训练有素的队伍加入了太平军，成为太平军的主力部队。金田起义后，石达开一直和萧朝贵带领着先锋队在最前线作战。两个人都以勇猛无敌著称，军功卓著。天王洪秀全在永安封王时，年仅二十岁的石达开便被封为翼王，成为革命领袖之一。咸丰二年七月（1852年9月），萧朝贵在战斗中不幸牺牲，从此先锋队的总指挥就由石达开担任。他率领大军沿江东下，破汉阳，下武昌，攻安庆，克南京，大小数百战，每战必胜，为全军的胜利前进打开了通道。这些胜利的取得，根本原因固然是太平军全体将士英勇奋战的结果，但作为军事指挥员的石达开在革命战争中所锻炼出来的卓越的军事才能，也应该是一个重要的因素。石达开在指挥作战的时候，善于审度军情敌势，正确制定作战策略，采用机动灵活的战术，避敌锋芒，攻敌弱点，出奇制胜，所以战果辉煌。

太平天国定都天京后，石达开又亲率大军西征，西征的目的是收复太平军在进攻南京时放弃的长江上游各地，以便扩展太平天国占领区，更好地巩固天京。1854年，石达开带领太平军在安徽一举克复了二十二个州县，扩大了太平天国在安徽的地方政权。1855年1月，由曾国藩率领的反革命湘军围攻九江。为了和反革命争夺长江上游，石达开又奉命率军西上。石达开进驻湖口指挥时，先扼守据点，坚壁高垒，不和敌人决战。一到晚上则虚声恫吓，骚扰敌人。如此月余，弄得湘军求战不得而又疲惫不堪。于是石达开故意撤开湖口守兵，把一部分湘军水师诱入湖内，然后封锁湖口。湘军水师被截成两段后，太平军再用小船火攻外江的湘军水师，取得了湖口九江大捷。石达开乘胜西进，又一次攻克了武汉。

1855年10月，湘军兵力集中于武汉外围，攻打武汉，江西敌人防守空虚。于是石达开采取了攻江西以救武昌的战略，率大军从湖北进入江西，连克袁州、瑞州、临江、吉安等地，迫使曾国藩退入南昌困守。江西十三府中的八府五十余州县都落入了太平军手中，围困武昌的湘军也不战自溃了。

足智多谋的石达开，就用这种灵活多变的指挥，给了反革命军队以沉重的打击。敌人对石达开真是闻风丧胆，畏忌异常。石达开不愧是太平天国的第一等军事人才。

1856年9月间，"杨韦事件"发生，不久，洪秀全下令杀死了韦昌辉，石达开回到天京。当时"全朝同举翼王提理政务"，并且"大家喜其义气，推为义王"。石达开的辅政，深得全体军民的衷心拥戴。可是洪秀全猜疑他，不肯信任他，并且封了自己的兄弟洪仁达、洪仁发为王来牵制他、排挤他。在这种情况下，石达开便于1857年5月负气出走，离开天京，带领了一大批军队，脱离太平天国的领导远征四川去了。石达开的出走虽然起因于受到洪秀全的猜忌和排挤，但这种不顾大局、离心离德的行动，分散了革命力量，在群众中造成很坏的影响，给革命带来了巨大的损失。石达开虽然很有才干，但一旦离开了革命中心，独树一帜，孤军作战，常常陷入粮弹不继、军心涣散的局面中，战斗也就难免常常失利。他的军队先后转战于江西、浙江、福建、湖南、广西、湖北、贵州等省，直到同治二年（1863）才到云南边境，折入四川。5月，石达开率军到大渡河边紫打地（今安顺场），未及渡河，即为清军围住。这里地势险恶，前有大渡河，左有松林河。石达开的军队陷入了绝境，数次突围，都未能成功，坚持了二十余日，军队伤亡很重。在这种情况下，石达开竟幻想牺牲一己，换取封建统治者对于他部下将士的宽宥，便将自己捆绑起来，到清营中去。但反革命分子是非常狠毒的，他们决不放过任何残杀革命力量的机会，终于卑鄙毒辣地将石达开军队两千余人全部残杀了，石达开也于1863年6月25日在成都被杀害。

（美　珍）

曾国藩　湘军

太平天国以天京为中心，占领了长江流域许多重要城镇和地区，摧毁了这些地区的封建政权，沉重地打击了封建势力，整个清朝的封建统治有摇摇欲坠之势。在这尖锐的阶级斗争的形势下，整个地主阶级都动员起来，一致对付革命农民。但是，原来主要掌握在满族地主手中的清朝常备军——八旗军和绿营兵，这时已腐朽不堪，几乎完全丧失了战斗力，在太平军铁拳的打击下，七零八落，屡战屡败。因此，清朝政府便不得不更多地依靠汉族地主的力量，号召各个地方的"士绅"，自行组织地主武装——团练，就地抵抗农民革命军。曾国藩就是在这种情势下，以办团练为名，得到了重用。

曾国藩（1811—1872），湖南湘乡人。出身于地主家庭，从小深受封建教育。道光十八年（1838），他考中进士，后来拜在穆彰阿的门下，到道光末年已升官为礼部侍郎。咸丰三年（1853），曾国藩因丧母在家，这时正是太平军出广西经湖南、湖北向南京进军的时候，清政府任命他帮助湖南巡抚督办团练。曾国藩全力从事这项事业。在镇压农民起义中，因为他杀人杀得太多，像剃头发一样，所以人们把他叫作"曾剃头"。他自己也曾向皇帝表白说，为了反革命事业，即使"身得残忍严酷之名，亦不敢辞"。

曾国藩在团练的基础上建立了"湘军"。湘军士兵以营官自招为原则，每个营只服从营官一人，全军只服从曾国藩，就这样形成了一种严密的隶属关系。

1854年2月，湘军练成了一支包括陆军和水师的一万七千余人的队伍。于是曾国藩便正式出师与太平军作战。他发布了"讨粤匪檄文"，号召为保卫"孔孟圣道"、保卫清朝封建统治而战。但缺乏战斗经验的湘军，在太平军的打击下，连遭惨败。湘军的重要将领塔齐布、罗泽南等先后被击毙，水师战船也不断溃败，损失极重。曾国藩又惊又急，曾三次要投水寻死，都被随从救出。一直到太平天国发生内讧，力量削弱，湘军才逃过覆灭的危险，获得了重整力量的机会。

湘军虽然一开始出师不利，但是曾国藩的立场却毫不动摇。他重新整顿军队，继续和太平军进行战斗。

1860年，清朝政府任命曾国藩为两江总督，统辖江苏、安徽、江西、浙江四省军务。曾国藩得到了清朝政府的倚重，掌握了军政大权，发挥了高超的才能，把国内封建势力和外国势力联合起来，先后夺回了太平天国占领的长江流域的许多重要城市，最后终于在1864年攻陷了太平天国首都天京。天京陷落，素称富庶的天京，变成了一片瓦砾。

（张革非）

帝国主义对太平天国的镇压

资本主义侵略者总是敌视各国的人民革命运动的。太平天国革命在南中国的胜利发展，大大震动了外国侵略者。在太平军浩浩荡荡由武汉沿江东下时，清朝的江苏地方官吏曾卑鄙地向外国侵略者求救。一些外国侵略分子也跃跃欲试，准备以武力干涉中国革命。但外国侵略者的这个盘算被太平军的神速进军打乱了。太平天国定都天京，清朝政府存亡未卜，外国侵略者觉得需要观望一下，好看清楚究竟用什么方法利用这一复杂的局势为自己取得更多的权益。所以，英、美、法等国相继宣布"中立"。这种"中立"完全是虚伪的，实际上只是一种伺机取利的政策。当时美国总统就这样说："我们已训令最近派驻该国的专使，利用一切机会……发展及扩大我们的商务。"

太平天国定都天京后一个月，英国驻华公使文翰从上海乘军舰到天京，打着"中立"的幌子向太平天国进行刺探和讹诈。他要求太平天国维护英国在《南京条约》中取得的种种特权，并且公然恐吓说：如果不尊重他们的侵略特权，他们就要用武力来保卫它。

太平天国的农民英雄们一方面对外国侵略者还缺乏深刻的认识，把他们看作是有共同宗教信仰的"洋兄弟"；但另一方面，对于外国侵略者的无理恫吓，也毫不示弱。他们告诫外国侵略者说："尔等如帮助满人（指满族封建统治者），真是大错，但即令助之，亦是无用的。"

从1853年12月到次年6月，法国公使、美国公使和英国公使的代表，又先后到天京刺探。他们虽仍然伪装"中立"，但已日益表露出对太平天国的敌视。

外国侵略者经过了一段时间的观察之后，越来越认识到：从太平天国革命农民手里，不但不能攫取到更多的新的侵略利益，而且连原有的特权也难以保持。要不断获得侵华的新权益，只有向清政府方面去寻求。1856年，英法联合发动了第二次鸦片战争，通过这次战争，外国侵略者从清朝政府手中掠取到更多的权益，并迫使清朝政府屈服于外国势力之下。于是，外国侵略者便立即撕下了虚伪的"中立"假面具，公开表示要支持清政府，共同镇压太平天国革命。封建统治者当然求之不得，他们用对侵略者"有求必应"，换取"借师助剿"的可耻目的。

外国侵略者帮助清朝封建政权镇压农民革命，主要是通过以下三种办法：

第一种办法是替清军装备各种新式武器。首先由法国公使带头，向清政府"自夸其船炮之坚利"，并表示如果需要，他们就可向清政府"销售"，"若欲仿式制造，亦肯派匠役前来教习演试"。后来英、美、法各国果然纷纷用洋枪洋炮装备清军，甚至帮助封建统治者开办军火工厂，制造屠杀革命人民的武器。

第二种办法是直接出面，阻止和破坏太平军的军事行动。如当太平军攻下常州、苏州，即将进兵上海时，外国侵略者便无理要求太平军永远不得进入上海、吴淞周围的百里以内，后来更进一步提出不得进入汉口、九江百里以内等无理要求。

第三种也是最主要的一种办法，进行军事干涉。1860年，美国的华尔组织了"洋枪队"，屡次和太平军作战。"洋枪队"后来改名"常胜军"，

1863年由英国的戈登率领，帮助清朝政府镇压太平军（戈登，后来又到非洲苏丹去做英国殖民政权的总督，在1885年被苏丹起义军刺死）。法国侵略者也组成了反动武装"常捷军"。这些反革命军队虽有新式武器，但仍然常常受到太平军的沉重打击。除此之外，英国、法国的陆海军还曾直接向太平军进攻。这些侵略军野蛮残暴至极，他们惨无人道地任意奸淫烧杀中国人民！

太平天国的革命事业最终被中外反动势力联合绞杀了！

（张革非）

陈玉成　李秀成

杨韦事件后，杨秀清被杀，石达开出走，一时形成了"朝中无将，国内无人"的危急局面。把革命危局支撑下来、担负起太平天国后期的主要军事重任的是两个青年将领英王陈玉成（1837—1862）和忠王李秀成（1823—1864）。

陈玉成，广西藤县人，贫雇农出身。他十四岁跟随叔父陈承到金田村参加了太平军，十八岁就带兵在前线作战，勇猛善战，为太平天国革命立过不少功劳。1856年2月（咸丰六年正月），镇江被围急，他被派去援救。他乘坐一条小船，冲破密密包围的清军水师，和镇江守将吴如孝会合起来内外夹攻，把清军打得大败，解除了镇江的危局。

杨韦事件后，陈玉成毅然承担起革命的重担。他联合李秀成军先后打垮了湘军精锐李续宾部，击溃了清朝江北、江南两大营，稳定了长江上游的战局，解除了天京的危机。1859年，天王因他战功卓著，封他为英王。

1860年，曾国藩在做了长期的准备之后，调出他的主要兵力大举进攻安庆。安庆是保卫天京的一个极为重要的军事据点。陈玉成为了打破湘军对安庆的围困，决定先进攻武昌，直捣湘军的后方，以便迫使包围安庆的湘军回救武昌，使安庆之围不攻自破。1861年陈玉成率大军从安徽的霍山向湖北挺进，经过十二天的日夜行军和战斗，迫近武昌。武昌城内反革命催促包围安庆的湘军回军救援，陈玉成解救安庆的计划即将实现。英国侵略者在这种形势下竟然无耻地出面干涉，阻止太平军进攻武昌。结果太平军停止了向武昌的进军，外国侵略者的干涉拯救了武昌的反革命，也帮助了包围安庆的湘军。安庆的形势越来越紧张，湘军日夜围攻，陈玉成千里奔波，三次浴血苦战，救援安庆，都因众寡不敌，没有成功。1861年9月初，安庆失守。陈玉成退守到寿州时，由于叛徒苗沛霖出卖，被捕。1862年6月4日（同治元年五月初八）他在河南延津被杀害，牺牲时才二十六岁。

李秀成和陈玉成同乡，也是出生在一个极其贫苦的农民家庭，常常过着挨饿受冻的日子。1851年9月，太平军路过藤县时，他全家都参加了革命。李秀成是一位天才的军事家和政治家。1853年秋天，他跟随翼王石达开西征，在安徽根据地，他一面带兵英勇作战，取得很大胜利；一面辅佐石达开整顿地方政事，帮助人民恢复生产、安定生活，广大群众都很爱戴他。

杨韦事件以后，他和陈玉成共同担负起革命重担，成为太平天国后期的两大军事支柱。1857年后，他一直和陈玉成并肩作战，奔走长江南北，狠狠打击清军，收复失地。1860年（咸丰十年）春，在攻破江南大营后，他乘胜率军东进，连克常州、无锡、苏州、嘉兴，解放了江苏省、浙江省的大部分地区，把这些地区变成支撑后期太平天国革命的主要根据地。李秀成又在各地建立地方政权，救济难民；颁发田凭，把无主土地交给佃户；减轻税收，扶植工商业；镇压反革命叛乱，稳定地方秩序，这些措施得到了广大人民的热烈拥护。

1858年年底，滁州守将李昭寿和江浦守将薛之元相继叛变投敌，天京受困。李秀成知道后，急忙赶回天京，镇守浦口，他极力扼住天京北岸的门户，防止敌人袭击。叛徒李昭寿派人送信给李秀成，企图诱使李秀成投降清朝，恰巧天王派侍卫查营，送信人被侍卫捕获。天王见信，对李秀成产生了怀疑，下令断绝天京和浦口间的交通，不准李秀成的官兵来往天京。李秀成保卫天京的决心并没有因此动摇，他仍然坚守岗位，注视着敌人的动静。经过二十多天的考察，天王终于认识到李秀成的忠诚，深受感动，就用黄缎亲写"万古忠义"四字赐给李秀成，并封他为忠王。

1860年后，李秀成又亲率大军和英法美外国侵略军展开多次的激烈战斗，每战必胜，杀死杀伤大量敌人，缴获大批洋枪洋炮，狠狠地教训了外国侵略者。

陈玉成牺牲后，曾国荃的湘军顺江直下，包围天京，外国侵略军不断增援帮助清军，攻打江浙根据地。在中外反动势力联合进攻下，革命形势急转直下，江浙战场相继瓦解，李秀成虽然昼夜奔波，努力挽救，还是无力从根本上扭转局势。1864年6月洪秀全逝世，7月，天京陷落，李秀成辞别了老母妻儿，带着洪秀全的儿子突围出走，不幸在天京东南的荒山中，为清军所俘。这年的8月7日（同治三年七月初六），李秀成被封建统治者残忍地杀害了。

（美　珍）

太平军大败"洋枪队"

　　1860年5月（咸丰十年闰三月），太平军打破了清军包围天京的所谓"江南大营"，接着就乘胜东进。在杰出的军事将领李秀成的指挥下，不到五十天的时间便攻克丹阳、常州、苏州、嘉定、青浦等重要城镇，兵锋直指上海。这时防守上海的清军只有两千多人，太平军大兵压境，使得中外反动派大为恐慌。聚集在上海的地主、官僚、买办们，通过上海地方的封建官吏，和外国侵略者勾结起来，共同对付农民革命军。在美国驻上海领事的授意之下，以美国华尔为首，募集了一批包括美、英、法、德、意等国的士兵，组织了一支以中国的地主富商出钱、外国侵略者出枪出人的国际反革命武装——"洋枪队"。

　　"洋枪队"组成以后，就立即向正往上海前进的太平军进攻。1860年8月，华尔带领"洋枪队"进攻青浦的太平军，但"第一仗就被太平军打得大败"。据李秀成叙述，这一仗"杀死鬼兵六七百人，得其洋枪二千余条，得其大炮十余门，得洋庄（一种旧式洋炮）一百余口，得其舟只数百余条"。华尔本人也受了重伤，只得狼狈地逃回上海。

　　外国侵略者并不甘心失败，他们又招募了一批中外亡命之徒，把"洋枪队"扩大到五千余人。1862年1月，李秀成第二次进攻上海，上海人民纷纷起来响应太平军。这次，英国海军司令何伯、法国海军司令卜罗德公开出来组织侵略联军，并且把李鸿章的军队运到上海来配合"洋枪队"向太平军大举反扑。在高桥一战中，勇敢的太平军将士们顽强地抗击着强大的反革命武装，把他们打得落花流水、抱头鼠窜，几乎抓住了何伯和华尔。英国驻上海的领事麦华陀报告说："幸而那个地方有一只小船，他们得以乘船逃走，不然，一定被太平军捉去了。"

外国侵略军在太平军面前屡战屡败，但在手无寸铁的老百姓面前，却异常凶狠残暴。据记载，高桥战斗时，"洋枪队""第一件事即纵兵抢劫"。这些侵略强盗"拿取银子多到不能不抛弃一部分，士兵们拿取之物超过他们所能携带的"。他们还野蛮地烧杀奸淫，"洋枪队"的头子华尔就曾亲手把捉到的太平军"斩首开膛"，来满足他的残杀的兽欲。侵略强盗这样放肆地欺负和屠杀中国人民，清朝封建统治者却对他们感激涕零，竟赏华尔参将衔，并且把"洋枪队"改名为"常胜军"。

1862年5月，李秀成亲率大军第三次进攻上海。5月17日，太平军与侵略军会战于太仓城下，当天未分胜负。第二天，又"开兵大战"，结果又将侵略军打得大败。侵略军被斩的有几百人，逃走落水而死的有千余人，被缴获大炮洋枪不计其数。在战斗中，太平军还活捉了华尔的副手法尔思德。太平军愈战愈强，大军直抵上海城郊的徐家汇、虹桥、法华镇等处。英法干涉军从此龟缩在上海城内，不敢再出来迎战。李秀成说："那时洋鬼并不敢与我见仗，战则即败。"曾国藩在给皇帝的奏折中也不得不承认，"夷人之畏长毛（长毛是反动派对太平军的侮称）亦与我同，委而去之，真情毕露。"不久，在浙东战场上，太平军打死了这个双手沾满中国人民鲜血的外国刽子手华尔。

手执土枪刀矛的太平军英勇地抗击装备着最新式洋枪洋炮的外国侵略

军，并且取得了伟大的胜利。可惜当李秀成大败"洋枪队"，包围了上海城的时候，天京正十分危急，李秀成不得不回援天京，侵略军才得到死里逃生的机会。

（美　珍）

《资政新篇》

　　《资政新篇》是太平天国干王洪仁玕的作品。洪仁玕（1822—1864）是洪秀全的族弟，他是拜上帝会最早的信徒之一。金田起义的时候，他来不及赶去参加，以后清政府要缉捕洪氏家族，他不能在原籍安居，遂逃往香港。在香港，他与外国传教士有较多的接触，受到了一些西方资本主义的思想影响。1854年（咸丰四年），他跑到上海，企图奔赴天京，因为苏、常一带道路被清军阻隔，未能如愿，只得又回到香港。1858年6月，他又乔装成商人离开香港，从广州经江西，于次年4月到达天京。洪秀全见到他非常高兴，十分器重他，不久封他为干王，总理全国政事。

　　洪仁玕在当时是个思想比较新颖、知识比较丰富的人物。他在总理太平天国政事后，励精图治，整顿纲纪，并向洪秀全提出了一个带有资本主义色彩的革新政治、发展工商业的纲领，这就是《资政新篇》。其主要内容包括政治和经济两个方面：在政治方面，他提出加强统一领导，使"权归于一"；兴乡官，设乡兵，健全地方政权和地方武装；开办新闻事业，设立不受一般官吏节制的"新闻官"和意见箱借以沟通群众的意见，使"上下通情"；兴办医院、跛盲聋哑院、鳏（guān）寡孤独院等社会福利事业；成立士民公会以拯困扶危，以及办理教育等主张。在经济方面，他提出兴办近代工矿交通企业：开矿山，办工厂，设邮局，开银行，发行纸币，仿造火轮车、轮船，奖励创造发明等。此外，还主张与外国自由通商，平等往来。除这些建设性的主张之外，《资政新篇》还提出了一些革除弊政的方案，如反对贪污舞弊，取缔迷信、溺婴或贩卖子女，禁止吸食鸦片和游手好闲等。从《资政新篇》的内容中可以看出：洪仁玕想在太平天国农民革命中实行一些资本主义性质的措施，这对当时中国的封建社会来说，是有进步意义的。但是，一方面，由于洪仁玕长期脱离了革命的实践，对农民群众的强烈要求和革命斗争的迫切需要缺乏认识，所以《资政新篇》里根本没有触及土地问题这样一个最根本的问题；另一方面，由于中国这时还没有出现资本主义和资产阶级，还缺少实现《资政新篇》中提出的各种政策的社会条件和阶级基础。所以，这个文件就不能为农民群众所接受，因此没有也不可能产生什么实际效果。

天京失陷时，洪仁玕正在安徽，在这里，他会合了洪秀全之子，并前往浙江，1864年9月折往江西。10月9日，洪仁玕被清军袭击俘获，11月23日在南昌英勇就义。死前，他慷慨地说："得失生死，付之于天。文天祥就是我的榜样！"

（美　珍）

太平天国的革命文化

太平天国在进行反对封建的军事、政治、经济斗争的同时，也对封建文化进行了猛烈的冲击，并创造了一套为广大人民群众所喜爱、为革命斗争服务的革命文化。

太平天国领导者一开始就重视对人民群众和士兵进行革命的教育和宣传工作，除了口头讲解外，还出版了大量宣传革命的书籍。建都天京后又设立了"镌刻营"和"刷书衙"，专门负责出版工作。太平天国的出版物，种类很多，现存的有四十多种。其中记载着拜上帝会教义、太平天国的斗争历史、典章制度、军队的组织和纪律等。

为了让人民大众能够领会革命的宗旨，太平天国在文章的体裁风格方面进行了改革。他们反对用古典文体写文章，认为古典文体太深奥，群众不容易看懂，提倡用语体文和简单的标点符号，让大家一看就明白。又极力反对那些专门喜欢玩弄辞藻而内容空空洞洞的文章，提倡"文以纪实"，认为写文章的目的就是向大家宣传革命的道理和用来处理现实社会的各种问题，只要求明白通畅，把事情说清楚、把道理说明白就行了。因此太平天国的出版物中广泛地采用了民间文学的形式，许多重要典籍甚至奏章文告也用民歌的形式写成，深受群众欢迎。

太平天国在定都天京后不久，还设立了一个叫作"删书衙"的机构，它的任务是专门删改儒家的经典，要把"其中一切鬼话、妖怪话、妖语、邪语一概删除净尽，只留真话、正话"。从这里可以看出，太平天国的革命农民对于封建文化的斗争是很坚决的。

太平天国在历法方面也进行了改革。他们废弃阴历，创制新历，把新历叫作"天历"，天历基本上是采用公历，定每年为三百六十六天，一年十二月，单月三十一日，双月三十日。他们把旧历书上那些吉凶宜忌等宣传封建迷信的部分全部删除。从1859年开始，又把当年的气候变化、农作物生长情况记录下来，附在下一年的历书里，供给农民们耕作时参考。历书上还记载了一些农业生产知识。

此外，太平天国在绘画艺术方面也充分表现了劳动人民的革命特色。在目前保留下来的一些壁画中我们可以看到画家们都着重地反映了现实革命斗争的内容。这些壁画有的是反映革命战争情况的，有的是反映天京城内繁荣太平景象的，有的是以富于战斗性的飞禽走兽为题材来表达他们龙腾虎跃的斗争意志的，也有的是以山水花鸟为题材来体现人们的革命乐观主义精神的。总之，内容非常丰富多彩，并且给人以生机勃勃的感觉。

（美　珍）

小刀会

以前，贫苦的劳动群众为了反抗统治阶级的压迫，为了患难时的互相援助，常常进行秘密结社。小刀会就是秘密结社的一种，它是势力很大的天地会的一个支派。据传是在1849年（道光二十九年）于厦门创立的，后来在广州、上海、宁波等地发展组织，参加者大多是农民、手工业工人、水手、失业劳动者和游民。

太平天国革命的胜利发展，鼓舞着各地人民的斗争。小刀会也在太平军的影响下发动了武装起义，其中规模最大、坚持最久的是上海的小刀会起义。

1853年9月7日（咸丰三年八月初五），在太平军定都天京后不久，上海的小刀会在刘丽川的领导下发动了武装起义。起义军杀死了上海知县袁祖德，活捉了上海道台吴健彰，迅速地占领了上海城。

这一次起义组织得很好。起义以后，小刀会立即发布告示，一面指斥清政府的罪恶，一面申明纪律，安定社会秩序。很多群众热烈地参加队伍，没有武器，就"削竹为枪，斩木为兵"，很快就发展到一万多人。起义的第二天，上海附近青浦、嘉定等地的农民领袖周立春又带领四千人赶来参加战斗，声势更为壮大。起义的群众头裹红巾，身披红带，手执红旗，上海变成了一个红色城市。

上海小刀会起义给了清政府沉重的打击，清政府只得从原来包围天京的江南大营中抽调军队，前往镇压。但是，小刀会斗争得十分英勇。清军包围了上海城一年多，发动了无数次的攻城战，都被起义军坚决击退了。后来起义军粮尽弹绝，甚至"所有猫狗及昆虫都被吃光"。清军想趁此机会，引诱起义军投降。小刀会杀死了前来诱降的奸细，坚持革命气节，毫不妥协。

这时，外国侵略者便凶恶地对革命进行公开干涉。首先，法国领事荒谬地要求小刀会撤离上海。当这个无理要求被拒绝后，英、法、美三国便联合起来，在上海城与租界之间，筑造围墙，以切断小刀会的给养。最后，外国侵略者的军队更直接地以军舰大炮向起义军进攻。起义军对付外国侵略者也像对付本国反动派一样，给予坚决的回击。在一次战斗中，"当场有法军十三人阵亡，另有三十余人受伤"。

小刀会的领导者刘丽川曾数次派人向太平天国报告起义经过，并表示愿意接受太平天国的领导，共同作战。但此时太平军战事紧张，没有力量东顾，小刀会只能孤军奋战。1855年2月17日，这支英勇的起义军终于在中外反动派的联合武装进攻下失败。上海城失陷，刘丽川牺牲。小刀会的余部在潘金珠率领下转战到达天京，参加了太平军，继续进行战斗。

除了上海以外，福建的小刀会也于1853年5月在黄位、黄得美等领导下发动了武装斗争，并且曾占领了厦门等重要城市，直至1858年才被镇压下去。

（文　海）

大成国

在太平天国革命发生后的第四年，即1854年（咸丰四年），两广（广东、广西）地区的人民在天地会领导下发动了一次规模巨大的反清革命运动，建立了"大成国"。

"大成国"反清起义的火把最先从广东佛山镇燃起，不久便蔓延到两广各地，主要领袖是陈开和李文茂。陈开是广东佛山镇人，出身于贫苦家庭。他曾替人打工度日，又曾当过船工，是天地会的一名领袖。1854年7月，陈开和其他一些天地会领袖在佛山镇率众起义。起义群众以"红巾为识"，因此被反革命辱骂为"红巾贼"或"红头贼"。起义发动后，很快就占据了佛山镇，并得到了李文茂领导的另一支天地会起义军的响应。

李文茂，广东鹤山人，是当时粤剧的著名艺人，天地会中有名的拳师。陈开在佛山率众起义后，李文茂便领导群众在广州的北郊佛领举起了义旗，响应陈开起义军。

起义的形势发展得异常迅速，不到十天的时间，起义军就打下了"西至梧州，北至韶州，东至惠、潮，南至高廉"的十几个州县。陈、李两支起义军围攻广州达半年之久，有力地打击了广州的反动势力。但当时两广总督叶名琛在外国侵略者和当地地主阶级的反动武装——"团练"的资助下，集中了反革命力量，向起义军进行反扑，因而使起义军一时遭到挫败，不得不由广东转入当时革命热情高涨的广西地区。

陈开、李文茂率军转入广西后，在肇庆会合了广西天地会梁培友、伍百吉、吴超等部的起义军，乘船沿西江西进，一路攻梧州，过藤县，并进攻浔州府。经过三个月的"环攻"，起义军终于攻克了浔州城，革命的力量又恢复壮大起来。

起义军攻占浔州府城后，便建立起革命的政权，国号"大成"，并改浔州为"秀京"。起义领袖陈开自称镇南王，李文茂称平靖王。又设官分职，蓄发易服，颁布了一些保护人民利益的政策、法令，初步地组成了"大成国"的革命政权。从1856年至1857年间，"大成国"起义军以浔州为中心，分路出征，向四周扩展：李文茂亲率大军北伐，攻占了柳州、罗城、融县与庆远等地，接着，又"掠清流，袭思管，屯太坪，柳、庆二府，蔓延殆遍"，使起义势力得到迅速的发展；陈开也亲率大军东征，攻占了梧州；另有一军西征，先后攻占了横州、永淳、南宁等地；与此同时，早在1853年起义的壮族领袖黄鼎凤，率领壮汉人民已攻占了上林、宾州等地，并接受了"大成国"隆国公的封号，率领部众加入"大成国"，因而使起义势力更加壮大。这时"大成国"的势力范围，已控制了东到梧州、西至南宁、南至容岑、北抵柳州的广大地区，一时形成了广西人民革命的高潮。

"大成国"起义的胜利发展，是同全国革命形势的高涨分不开的。太平军在金田起义后，于广西各地转战，曾消灭了不少的清军，太平军离开广西后，又吸住了大批的清军。这就给起义军的顺利发展造成了有利的条件；同时在太平天国革命的鼓舞推动下，广西壮汉人民又不断掀起革命的浪潮。当时在广西，除了"大成国"起义势力以外，在广西东北部有朱洪英领导的天地会起义军，以灌阳为根据地，建立了"升平天国"；在广西的南部有陈金刚率领的广东起义军；在广西的西部有壮族领袖吴凌云、吴亚终父子领导的壮汉人民起义军，以新宁、太平为根据地，建立起"延陵国"的起义政权。这些起义势力无一不有力地打击着反动势力。特别是1859年石达开部太平军返回广西后，使广西各地的起义军更加活跃起来。这种高涨的革命形势，也给"大成国"起义的胜利发展带来了有利的客观条件。

"大成国"和其他各支起义军没有很好地利用这种十分有利的革命形势，协同作战，共同对敌，而是"各自为部，不相援应"。太平军石达开部返回广西后，"大成国"也未能同太平军很好地合作。就连"大成国"内部也不够团结，一些领袖，往往因个人利益的冲突而产生分裂。如和陈开在广东共同起义的陈显良，因"未得封王""有不服之心"，后来竟脱离"大成国"返回广东；再如，1858年定北王梁昌与平西王区润不和，梁昌被逐，逃回广东合浦，结果被当地团练逮捕杀害，区润后来也因内部不和被其部下所杀。起义军内部的这种不团结严重地削弱了起义军的战斗力量。

1858年后，起义军在清军与团练的猛攻下，柳州等重要根据地相继失守，李文茂率军一度转入贵州黎平府地区，但由于当地反革命势力猖獗，又退返广西。不久李文茂便败死于怀远山中。1861年，"大成国"多年经营的根据地浔州被清军攻陷，陈开逃出浔州不久，也被地主团练所杀害。至此，"大成国"轰轰烈烈的反清起义终于失败了。

（马汝珩）

捻军

"捻军"是与太平天国同时的一支农民起义军的名字。捻军起义爆发在1853年（咸丰三年），到1868年（同治七年）失败，前后与清军相持达十六年之久。

捻军最初的活动地区主要在安徽、河南一带。早在19世纪初期，这个地区的饥饿贫困的农民和一些失业游民，由于不堪封建政权的压迫，便一股一股地联合起来，打击地主富户。最初，人们称他们为"捻子"。后来，参加的群众越来越多，逐渐形成一种群众性的组织，因此，就出现"捻党"的名字，活动地区也逐渐扩展到山东、江苏等地。这时捻党组织很分散，"结则为捻，散则为民"，时分时合。太平天国革命发生后，大大地推动了各个地区的农民斗争，捻党也迅速地发展起来，并逐渐形成了以张乐行、龚得树等为领导的几支主要力量。

1853年太平天国的大军进入安徽，同年5月又举行北伐，沿途大大打击了长江以北各地清军的势力。在太平军的掩护和影响下，安徽、河南、苏北、山东等地捻党纷纷起义，号为"捻军"。起义之初，捻军支派很多，力量分散，经常被清军各个击破。为了改变这种不利的情况，1855年各地捻党首领大会于安徽雉河集（涡阳），推张乐行为盟主，称"大汉明命王"，各地的捻军都听从他的指挥调遣。这次会议是捻军起义的一个转折点。从此，捻军开始从分散作战转变为有统一指挥的联合战斗。结果在战斗中取得很大胜利，初步建立起豫皖根据地，势力波及整个淮河流域，人数发展到几十万。

1856年年底，捻军在河南、安徽交界的三河尖地区与清军作战，而太平军则正在淮河以南桐城、六安等地与清军作战。捻军要巩固豫皖根据地，太平军要巩固淮南地区。从当时的形势看来，只有两军会合才能取得胜利，在这种情况下，张乐行采取了正确的军事路线，毅然率军南下，于1857年3月与太平军在安徽霍邱会师。从此以后，捻军与太平军进入联合作战时期，张乐行正式接受太平天国的领导，太平天国封他为"征北主将""沃王"。太平天国的后期将领陈玉成和李秀成与捻军始终保持着密切的联系。这两支旗帜不同的农民革命军共同战斗，给了封建统治者以沉重的打击。

1861年后，由于太平军在安庆保卫战中失败，使淮南战区处于极为不利的形势，张乐行只得率领捻军渡淮北上，重新回到雉河集，结束了与太平军在淮南长达五年的联合作战时期。但在1862年5月（同治元年四月），张乐行还曾经准备在寿州拦截陈玉成的囚车，救出自己的战友，结果没有成功。由于捻军失掉了太平军的支援，从1862年后，斗争极为艰苦。清政府派僧格林沁率领着蒙古骑兵作为镇压捻军的主力。1863年3月，捻军的根据地雉河集被清军占领，捻军的领袖张乐行被僧格林沁杀害。捻军虽然失去了根据地，失掉了领袖，但是，捻军的斗争并没有结束。张乐行的侄儿张宗禹又带领队伍重新收复了雉河集，团结捻军余部继续与清军战斗。

1864年太平天国首都天京失陷后，原被陈玉成派出远征西北的一支太平军回师东下，与捻军联合。太平军的将领赖文光被推为捻军首领。这时期的捻军与以前不同，它发展成了一支正规化的战斗部队，有统一的领导，有独立作战的战略方针，更重要的是，它在整个抗清斗争中，已经不是单纯起着一种配合作用，而成了一支主力军。捻军为了反击僧格林沁的骑兵，便"易步为骑"，以骑兵为主，转战于安徽、河南、山东、江苏等地。1865年5月在山东菏泽彻底击溃了僧格林沁的骑兵，屠杀人民的刽子手僧格林沁也死在捻军的铁拳之下。

从1864年到1866年，捻军的战果是辉煌的，对清政府的打击是沉重的。可是尽管捻军取得了如此重大的胜利，但太平天国革命已经失败，全国的革命形势渐趋低潮。反动派也得以集中力量专门对付捻军了。在这种情形下，赖文光决定将捻军分成两支，以便互相呼应、互相声援。1866年秋天，捻军开始分为赖文光所领导的东捻和张宗禹所领导的西捻。但这样分兵的结果，却更加削弱了捻军的力量。

东捻军转战在山东、河南、湖北等地，计划从湖北入四川。东捻军曾经在湖北把李鸿章的淮军打得狼狈不堪，在山东又攻破清军与英法侵略军的联合防线。但是，由于他们东西奔驰，经常处在战斗中，力量不断削弱却又得不到支援与补充，终于在1867年（同治六年）底在山东被击败。次年初，赖文光在江苏被俘就义。

西捻军于1866年进入陕西，计划联合西北回民起义军，然后在川陕间与东捻军会师。西捻军转战于陕西、山西一带，并曾长驱直入河北，引起清廷极大的震动。但是，自从东捻军被镇压后，镇压农民起义的李鸿章、左宗棠与英法侵略军联合攻击西捻军，西捻军在优势敌人的围攻下，屡战不利。最后于1868年8月在山东茌平抢渡运河时被击败，许多捻军将领都壮烈牺牲。

（马金科）

张秀眉　杜文秀　李文学

太平天国革命时期，贵州、云南的少数民族人民，曾经响应太平天国革命，掀起了许多次的反清起义斗争，其中以张秀眉领导的贵州苗民起义、杜文秀领导的云南回民起义和李文学领导的哀牢山彝族人民起义为最大。

张秀眉，贵州台拱厅（台江）人，出身于苗族的贫苦农民家庭。1855年（咸丰五年）领导当地苗族人民发动了反清起义，起义军很快占领了凯里、施秉、都匀、黄平等城市，起义势力震撼了整个苗疆。在起义军控制的范围内，苗族人民把清政府在苗区建立的用以镇压苗民的堡垒，全部平毁，并且夺回了过去被苗、汉地主阶级霸占去的土地，分给农民耕种。起义军还和汉族白莲教系统的"号军"联合，共同抵抗清军。1860年太平军石达开部从湖南进入贵州，苗民起义军也配合作战，围攻贵阳，有力地打击了清军，使革命形势得到空前的发展。

贵州苗民起义以后不久，1856年云南各地的回族人民也举行了大规模的反清运动。其中以杜文秀领导的一支起义军最为强大，他们以大理为中心，活动于云南西部。杜文秀在大理建立了元帅府，被推为兵马大元帅，设立了文武官职，成立了与清政府相对抗的起义政权。大理政权在杜文秀领导下，实行了联合汉族及其他各族的改善民族关系的政策，同时还进行了一系列恢复社会生产和减轻人民负担的措施：如减轻赋税、取消地方苛派、严格吏治军纪、鼓动手工业和发展贸易等，因而博得滇西各族人民的支持。到1867年（同治六年）杜文秀大举东征昆明前，起义军已占领了五十余座城池，控制了云南大半个省份。

　　差不多和杜文秀领导云南回民起义同时，出身于彝族雇农的李文学于1856年5月在哀牢山区的天生营，率领彝、汉各族人民起义。起义军提出"铲除赃官、杀绝庄主"的口号，表现了哀牢山彝、汉各族农民反抗清朝封建统治的决心。起义群众共推李文学为"彝家兵马大元帅"，在密滴村设立了帅府，作为领导起义的中心。起义军在李文学的领导下，同当地的封建势力展开了坚决的斗争，实行了"庶民原耕庄主之田，悉归庶民所有"的革命措施，改善了各族人民的生活，并有力地配合了云南回民起义军抗击清军，因而使革命势力不断扩大，到1868年起义军已控制了哀牢山北部的广大地区。

　　1864年太平天国革命失败，国内革命形势发生了显著的变化，清政府在帝国主义进一步的援助下，调集了大批清军，镇压贵州与云南的少数民族起义运动。苗民起义军在清军的血腥镇压下，1872年最后失败，张秀眉被俘牺牲。云南回民起义军于1869年东征昆明失败后，起义势力一蹶不振，1872年也被清军镇压下去，杜文秀服毒自杀。1872年李文学率领彝族起义军援救杜文秀，不幸兵败被俘，1874年遇害。同年，清军攻陷彝族起义中心——密滴村，哀牢山彝族起义最后也失败了。

（马汝珩）

宋景诗

宋景诗是山东堂邑人，他家几代以来都是贫农。1854年（咸丰四年），宋景诗三十岁的时候，曾和许多农民一起，到离家乡十余里的冠县迎接过太平天国的北伐军。很多农民投入了太平军，跟着北上了。宋景诗带着对革命的向往和对地主的满腔仇恨，回到了家乡。

他的家乡和当时中国的其他农村一样，充满着贫困、饥饿、灾荒，造成这种灾难的主要原因是地主、官府的残酷压榨。因此，他的家乡的农民也和其他各地的农民一样，具有反抗、斗争、革命的要求。这种要求，在太平天国和捻军斗争的鼓舞下，更加强烈了。

1860年，农民们因为连年灾荒，连吃糠咽菜都很困难，官府却还要增收农民的赋税。于是，山东各地农民到处掀起了抗粮运动。堂邑周围的农民群众在宋景诗的领导下，集合了万余人进行反抗。

1861年3月29日，宋景诗带领群众打进了冠县县城，焚烧衙署，劫放狱囚，开仓取粟，救济穷民，正式举起了武装起义的旗帜，这支起义军叫作"黑旗军"。

和黑旗军同时起义的，还有属于白莲教系统的黄旗军、红旗军、白旗军、绿旗军等，宋景诗与他们联络配合得很好。他们提出了"替天行道""劫富济贫"的口号，到处受到贫苦农民的拥护和支持。因此，在不到三个月的时间里，各支起义军先后攻占了山东西北部的十三个县城，声势盛大。

反动统治阶级见起义军发展迅速，起义地区又靠近京城，十分害怕，便赶快调集了数万大军，兵分三路，想用压倒性的优势兵力扑灭革命力量。在这种情形下，起义军遇到了暂时的挫折。

1863年2月（同治元年十二月底），宋景诗重整旗鼓，带着队伍回到了家乡附近的临清。

在家乡等着他们的，不仅有清政府的官军，而且还有当地地主阶级自己组织起来的反动武装——"团练"。这些团练武装，都是由当地的恶霸土豪所掌握，对革命农民抱着很深的阶级仇恨，其中尤以杨鸣谦领导的"柳林团"和王二香领导的"冈屯团"最为凶狠毒辣。黑旗军对这两个"民团""白天打，黑夜打，见天儿打"，打得这两个凶狠的地主武装，龟缩在圩（wéi）子里不敢伸头，杨鸣谦和王二香也被宋景诗用计杀死。从此以后，黑旗军又连续战胜了清军的多次进攻，取得了很大的胜利。

黑旗军的纪律是很好的。他们规定：不许敲诈民财，不许占住民宅，不许奸盗邪淫。走路行军绝对不踩庄稼，到一个地方只在野外扎营，不进村庄。黑旗军每到一处，都先出告示安民，公卖公买，不赊不拿，并把反动及逃亡地主的土地和粮食，分给贫苦农民耕种、食用。所以，人民群众对于黑旗军爱护备至：妇女们为黑旗军巡风；小孩们为黑旗军遛马；打仗时，农民们扬土助阵。正因为如此，后来黑旗军虽只剩两千多人，仍然能屡次打退三四万反动武装的攻击。

清朝统治者为了拔去这个眼中钉，最后调动了它的王牌军——僧格林沁的队伍和直隶总督刘长佑的队伍，联合起来向黑旗军进攻。1863年9月21日，两军会战。反动派的优势兵力逼使黑旗军不得不撤退。撤退时，宋景诗叫人在圩子上遍插旌旗，锣鼓不停。第二天僧格林沁扑进圩子，只见绵羊倒悬，羊蹄击鼓，老牛曳车，车插旌旗，而起义军却早已不见了。

可惜从此以后，起义军就兵分四散，有一部分被清军击败；另一部分人，在宋景诗率领下，和捻军会合起来，继续战斗。

（宫　明）

武训　行乞兴学

从清朝统治阶级、北洋军阀、蒋介石集团，一直到日本帝国主义的各个中外反动统治者，都曾经嘉奖和表扬过武训。清朝的皇帝亲自题字赐匾，蒋介石也曾亲为武训题字纪念，并且正式颁布过褒扬令。被中外反动派如此看重的武训，到底是一个什么样的人物呢？

武训生在1838年（道光十八年），死于1896年（光绪二十二年），出身于贫农。他的青年时代，正好是全国广大农民因反抗残酷的封建压迫和剥削而掀起的革命高潮时期。1851年（咸丰元年），武训十三岁时，太平天国革命在广西金田村爆发。1854年（咸丰四年），太平天国的北伐军经过武训的家乡——山东堂邑附近，这时，武训十六岁。以后，捻军一直在这一带以及河南、安徽等地坚持反封建武装斗争。当武训二十二岁（1860年）时，在堂邑离武训的村子武庄不过七里的地方，爆发了以宋景诗为领导的黑旗军农民起义。武训在革命的热潮这样越来越高涨的形势下，不但没有和广大的农民一道走革命的道路，相反地，他却决心叛变自己的阶级，立志挤入封建阶级中间去，甘心做一个封建阶级的帮凶和奴才。

武训要怎样才能实现自己的丑恶愿望呢？他经过深思熟虑，终于想出了一个办法，那就是所谓"行乞兴学"。他打起了"兴义学"的招牌，到处向地主老财磕头求乞，同时，对劳动人民则百般哄骗讹诈，想尽办法弄钱。所谓"兴义学"，这本是封建统治者常常用来欺骗人民、宣扬封建文化的手段，所以，武训打起了这个招牌后果然得到了地主阶级的赏识，有些地主给他一点施舍。武训有了封建势力作靠山，便使用各种流氓手段向劳动人民进行敲诈。这样，他手里逐渐积起了一笔钱财。

武训知道，要使自己从乞丐变成骑在农民头上的财主，爬到封建阶级中去，还得靠剥削吸吮农民的血汗。于是，武训一方面把积聚的钱，通过恶霸地主杨树坊（镇压黑旗军起义的地主武装"柳林团"的团长）、娄峻岭（武进士）、施善政（会门头子）等，向农民放债，进行高利贷剥削；一方面又千方百计地夺取贫苦农民的土地。他手狠心毒，放的债月息高达三分；农民到期还不起，他就强占他们仅有的一小块土地。他在四十二岁的时候，就已经用这种血腥办法向二十一个农民夺取了土地六十三亩多。到他死的时候，他已占有土地三百余亩，他的财产总数估计有一万七千余吊。

为了装点门面，他用吸吮农民血汗得来的钱办了三所"义学"。但是，到义学读书的学生，很少有贫苦人家的子弟，这证明武训标榜的"兴个义学为贫寒"完全是一句骗人的鬼话。

武训是在农民和地主这两个敌对阶级的大搏斗的时代里产生出来的劳动人民的叛徒，封建阶级的奴才的典型。这个封建奴才，用自己极卑劣的行动对抗农民的正义斗争。武训的所谓"行乞兴学"，对封建统治阶级来说，恰好成为麻醉人民的革命志气、削弱人民的革命运动，来维护他们反动统治的一个有用的工具。中外反动派一致地把武训这个封建主义的奴才说成是一个了不起的人物，就是这个原因。

（宫　明）

第二次鸦片战争

在1856—1860年间（咸丰六年到十年），英、法侵略者向中国发动了一次侵略战争。由于这次战争发生的原因和性质都和第一次鸦片战争相同，所以叫作第二次鸦片战争。

通过第一次鸦片战争，外国侵略者虽然打开了中国闭关自守的门户，取得了一定的侵略权利，但由于当时中国自给自足的自然经济破坏得比较缓慢，外国商品对中国输入的增加速度，远不能使外国侵略者满意。清政府虽然在第一次鸦片战争中被打败并且签订了屈辱的条约，但它为了维护"天朝"的体面和减少人民的反抗，还不敢公开地站到侵略者方面去，因而和外国侵略者仍存在着一定的矛盾。伟大的太平天国革命运动的蓬勃发展，也使侵略者感到有丧失在华既得权益的可能。为了进一步扩大在中国的侵略权益，使清政府百依百顺地为自己的侵略政策服务，外国侵略者便决定再一次向清政府动用武力，通过一打一拉的方式，达到上述侵略目的。

第二次鸦片战争是由英国侵略者制造"亚罗"号事件直接引起的。1856年10月，广州水师在广州附近停泊的中国船"亚罗"号上逮捕海盗，这本是中国的内政，但是，英国驻广州领事巴夏礼却以该船曾在香港登记（事实上登记证已过期），应受英国保护为借口，硬说中国水师在搜船时侮辱了英国国旗，向两广总督叶名琛提出释放全部水手、赔礼道歉并允许英国人进入广州等无理要求，蓄意发动武装挑衅，最后终于爆发了战争。

1857年7月，英国全权大臣额尔金率领一支海陆军到香港。法国也以"西林教案"（1853年，法国天主教神甫马赖在广西西林县进行侵略活动。1856年，西林知县迫于人民公愤，依法将马赖处死）为借口，命葛罗为全权大臣率军来华。美、俄两国也派公使和英国联系，表示支持英、法两国，以便趁火打劫。

1857年12月，由于叶名琛不修战备，英法联军攻陷了广州，叶名琛被俘，但英法侵略联军立即遭到广州人民和团练的反抗。1858年4月，英、法、美、俄四国使臣北上至大沽口外和清政府代表谈判。英、法两国在谈判中故意制造问题，使谈判破裂。5月英、法侵略者攻陷大沽炮台，直扑天津。清政府忙派桂良、花沙纳为钦差大臣去天津议和，与侵略者订立了《天津条约》。1859年6月，英、法侵略者借口交换条约批准书，又率军舰到大沽口外，拒绝清政府指定的由北塘登陆的路线，炮轰大沽炮台。守军奋起抵抗，击沉英、法兵船十余只。侵略军退回上海，经过一番休整之后，于1860年8月再度攻陷大沽、天津，直逼北京。咸丰帝仓皇逃往热河。侵略军攻占圆明园，园内金银珠宝和珍贵文物被掠夺一空，随后他们又纵火焚烧，使这座瑰丽的园林化为一堆瓦砾。侵略军焚毁圆明园后，跟着进占北京，恭亲王奕䜣代表清政府和英、法议和，接受了侵略者的一切要求，于1860年10月签订了《北京条约》。《北京条约》和《天津条约》主要规定：①外国得派公使驻北京。②增辟牛庄（营口）、登州（烟台）、台南、淡水、潮州（汕头）、琼州、汉口、九江、南京、镇江、天津等口岸。③割九龙给英国。④赔英、法军费各白银八百万两。⑤准许外国人在内地自由传教，等等。

美国在第二次鸦片战争中，始终是英、法侵略者的帮凶。当"亚罗"号事件发生后，美国公使巴驾对英国的侵略行为表示"完全热忱地赞成"，而且保证要和英国"行动一致"，积极支持英国发动战争挑衅。英国海军开始进攻广州，美国海军也马上尾随而来。美国三艘军舰借口护侨，在驶向广州途中竟发炮攻击猎德炮台。巴驾自己承认，这种行动是"帮助英国"的。但是，当战争已经扩大之后，美国一方面继续对英、法表示坚决的支持和合作，另一方面却又向清朝政府唱起和平的调子，表示友谊，以一个和事佬的假面目出现。实际上，美国已经看准了腐朽的清朝统治者不堪一击，所以乐得借刀杀人，等着坐收渔利。1857年春，美国派列卫廉为驻华公使，他带着美国政府关于联合英、法行动，逼迫清政府修约的训令，一方面鼓励英、法打，另一方面又威逼清朝和，使出了最阴险毒辣的两面手法，最后终于在《天津条约》和《北京条约》中，"分沾"了"利益"。曾经是美国国务院历史顾问的德涅特也不能不供认说："美国代表在国际政治中从来没有扮演过比这更无耻的角色了。"在第二次鸦片战争中，美国侵略者虽然想尽办法，要把自己打扮得像一个和平天使，但是它的双手沾满了杀人的鲜血，这是永远也洗不掉的。

第二次鸦片战争后，不仅外国侵略者扩大了在中国的侵略权益；而且由于外国公使驻京，侵略者与清统治者开始直接接触，使清政府越来越受外国势力的控制，成为外国侵略者统治中国的驯服工具，从而进一步加深了中国社会的半殖民地化。

（马汝珩）

圆明园

北京西郊，从西苑到西山一带，风景非常秀丽。远在八百年前，封建的王侯世家便在这里营建起行宫别苑，作为他们行乐的场所。清朝雍正皇帝即位，正式决定把这一带定为夏宫所在，扩建了不少避暑宫殿。到了乾隆皇帝时，更大集全国名匠，从事兴建。乾隆皇帝在位六十年，就没有一天停止过营建。清政府向人民尽情勒索，花费了数以亿万计的钱财，驱使着千百万民工日夜地劳动，终于建成了一座世界上少有的宏伟美丽的人工宫苑（从前把帝王的花园叫作苑），这就是圆明园。

圆明园包括最主要的三个园：圆明园、万春园和长春园，所以也叫圆明三园，其中以圆明园为最大。此外还有很多属园，散布在圆明园的东、西、南三面，其中有香山的静宜园，玉泉山的静明园、清漪园（后来的颐和园就是在这基础上建筑起来的）、近春园、熙春园（清华园内）和勺园、蔚秀园等。这些园以圆明园为中心，连绵二十多里，在这一带地方，举目所见，一片山水林园，殿阁亭台，非常壮丽。

圆明园是中国劳动人民智慧和血汗的结晶，是中国园林艺术的典范。园中有庄严宏伟的殿堂，也有玲珑轻巧的楼阁亭台、曲径回廊；有象征热闹街市的"买卖街"，也有象征农村景色的"山村"。园中有很多景物是仿照各地的名胜，如杭州西湖的平湖秋月、雷峰夕照，海宁的安澜园，苏州的狮子林等著名园景建造的。漫步园中，有如游历在祖国的天南地北。园中还有很多景物是仿照古代诗人画家的诗情画意建造的。如蓬莱瑶台、武陵春色等，使人置身其中，仿佛进入了那些诗人画家的幻想境界。所有的景物都是依着自然的湖山精心设计的，整个布局非常和谐。

圆明园不但建筑宏丽，而且还收藏着无数珍贵的历史文物，上自先秦时代的鼎彝礼器，下至唐、宋、元、明、清的历代名人书画，所以也可以说是当时世界上一个宏大的博物馆。

可是，我国千万劳动人民凭血汗修造起来的这座杰出的建筑精华，却惨遭那些自称为"欧洲文明者"的彻底破坏。

1860年，英、法侵略者打到北京城，强盗们进入圆明园以后，大肆抢劫。每个强盗都腰囊累累，满载出园。当强盗们抢走了所能抢走的东西，破坏了所能破坏的东西以后，为了掩饰这个罪恶野蛮的行为，强盗头子便下令烧毁全园，一时烟雾弥漫，火光冲天，火势历三昼夜不熄。这个世界上的名园，就这样在侵略者的野蛮焚掠下，化为焦土。圆明园的毁灭是中国文化史上无可估量的损失，也是人类文化史上无可估量的损失。

（美　珍）

北京政变

1861年（咸丰十一年），清朝贵族统治者内部发生了一次争夺权力的斗争。以慈禧太后为首的贵族集团在这次斗争中获胜，夺得了清朝最高统治权力，这就是"北京政变"。政变以后，中国最腐朽的封建统治势力和外国资本主义势力勾结起来，组成了反革命的同盟，并且联合镇压了伟大的太平天国农民革命，把中国进一步推向了半殖民地、半封建的深渊。

第二次鸦片战争爆发以后，腐朽的清朝军队被英、法侵略军打得丢盔卸甲，节节溃败。1860年8月，驻守大沽的清军主帅僧格林沁不战而逃，侵略军不费吹灰之力就占领了天津，到了9月底，侵略军逼近北京。这时，清朝统治者乱成一团，咸丰皇帝也吓得丧魂失魄，急急忙忙带着他的宠妃叶赫那拉氏（慈禧太后），率领着一班亲信大臣逃到热河躲了起来。咸丰的弟弟恭亲王奕䜣受命留在北京观看风色，进行求降乞和的卑鄙勾当，最后签订了丧权辱国的《北京条约》，彻底地向外国侵略者投降。

《北京条约》签订后，外国侵略者得到了比第一次鸦片战争还多得多的特权，他们对奕䜣在订约过程中"有求必应"的奴才相十分赞赏，不断地加以扶植。奕䜣也以深得外国主子的欢心为荣，更是百般恭顺，甘心做外国侵略者最驯顺的工具。当时太平天国正在轰轰烈烈地进行着革命斗争，这不但对腐朽的清朝封建统治是致命的危险，而且对外国侵略者已经取得的特权利益也是严重的威胁，因此，这些侵略强盗为了要保住这个已经屈服了的反动政权，以便利用它来奴役和剥削中国人民，就决心要消灭中国人民的革命。《北京条约》刚一签订，他们就迫不及待地立刻表示愿意出兵帮助清朝镇压太平天国革命，侵略者的这个表示受到奕䜣的热烈欢迎。

当时清朝的实权主要掌握在跟着咸丰皇帝逃到热河去的载垣、端华、肃顺等人手中，这些人在镇压革命这一点上，和外国侵略者的要求是完全一致的，但他们对外国侵略势力还很不放心，唯恐外国侵略者借机改变清朝的封建统治，所以不敢轻易地"借师助剿"。这样，他们就在中外反动势力合作的道路上，成为外国侵略者最讨厌的障碍。当时的英国驻华公使甚至说："只消朝廷不在北京，怡亲王（载垣）、端华、肃顺继续掌政，我们就不能说中国人民已确实承受了条约（指《北京条约》）。"因此，他们极力寻找机会扶持最忠实的走狗来掌握政权。

1861年8月，咸丰皇帝在热河病死，他的儿子载淳当了皇帝（同治皇帝）。这个皇帝当时年仅六岁，他的母亲慈禧太后，有很强烈的权力欲望，很想利用皇帝年幼的机会，夺取清朝的最高统治权力。她先授意一些支持她的官僚，建议由她"垂帘听政"，也就是说由她来实际掌握政权。但载垣等人以清朝从来还没有太后垂帘听政的例子为理由，极力反对。慈禧的野心未能实现，怀恨在心，就暗地里与奕䜣建立了联系，阴谋发动政变，宫廷中的矛盾斗争日益尖锐。外国侵略者认为这是一个绝好的机会，极力支持奕䜣去怂恿慈禧回到北京制造政变，并且保证回来后绝不对她有任何刁难。

10月，奕䜣从北京到热河，与慈禧密商政变，并且拉拢了在北京、天津掌握兵权的兵部侍郎胜保同谋。一切准备就绪，11月1日，慈禧回到了北京。第二天，政变就发生了。他们将载垣、端华、肃顺等逮捕起来，处以死刑，同时宣布拥护慈禧太后垂帘听政。从此，慈禧登上了清朝最高统治者的宝座，奕䜣也被任命为议政王大臣辅政事，发动政变有功的桂良、文祥等人，也都做了军机大臣。政变成功，以慈禧太后为首，一个更腐朽、更黑暗的封建反动统治政权建立起来了。

外国侵略者对"北京政变"早就抱有希望，美国公使曾经说："我们应以温和协调的态度获致恭亲王及其同僚的信任，消除他们的惊恐，希望迟早总会发生变动，使最高权力落到他们手里去。"现在，他们对政变的成功当然更加高兴。这位公使兴高采烈地说"这个令人感觉满意的结果，全是几个月来私人交际所造成的"，毫不掩饰地承认这次政变是在他们支持下搞成的。

通过"北京政变"，中外反革命势力开始结合起来了。1862年年初，清朝统治者决定向英、法等国"借师助剿"，公开勾结外国侵略势力来镇压革命。

（汝　丰）

总理各国事务衙门

鸦片战争以后，清政府为了适应外国侵略者的需要，设立了"五口通商大臣"这个新职位，办理对外交涉事务，先后由两广总督和两江总督兼任。一直到1860年，清政府没有设立和外国侵略者办理外交和商务的专门机构。

1860年以后，中外反革命势力为了共同镇压太平天国革命而勾结起来。外国侵略者派遣了公使、领事、传教士到中国，加强了对清政府的控制，并且在清政府内部培养了奕䜣等代理人。这时外国侵略者发现，还缺少一个更加得力的机构来贯彻它们的侵略意图。

最会看洋人脸色办事的恭亲王奕䜣，为了投合外国主子的心意，主动地奏准设立"专一其事"地办理外交和通商事务的机构。1861年1月20日，总理各国事务衙门（简称总理衙门）成立。

总理衙门成立之初，只管外交、商务，后来随着外国侵略势力的扩大，它的权力也一天天扩大，逐渐总揽了财政、军事、教育、矿务、交通等方面的大权，并且由奕䜣等这样显要的满洲贵族亲自主持，实际上总理衙门已发展成为清政府的"内阁"。

总理衙门的经费几乎完全靠洋人控制的海关供给，总理衙门的人员升官快、待遇高、地位突出。这种特殊现象，曾引起别的衙门的不满。最后，连皇帝也不得不出来为总理衙门辩护解释，皇帝的辩解很干脆，他说："总理衙门，办理的都是外国事情，自然和别的衙门不同。"办理外国事情的衙门就可以与众不同，这种不同，恰恰表现了这个机构的半殖民地的性质。

清政府专门成立一个高级机构来处理与侵略者利益相关的问题，并且通过这个机构来满足侵略者的要求和贯彻侵略者的意志，这当然使外国侵略者称心如意。英、法公使在听到这个消息后，就"欣喜非常"，认为这是"数十年求之不得"的，他们大为赞赏奕䜣想出来的联合中外势力的"最妙良法"。

总理衙门是中外势力结合的产物，它的成立是清政府统治机构半殖民地化的一个明显标志。从1861年总理衙门成立，到1901年（光绪二十七年）改为外务部，在这四十年间，它始终是联合中外势力的总机构，是清政府进行卖国活动的场所。

（杨遵道）

浮动地狱

　　和鸦片贸易一样，掠卖人口是外国资本主义侵略者在早期奴役中国人民的最卑劣、最恶毒的手段之一。参与这种罪恶活动的有英国、美国、法国、西班牙、葡萄牙等国家。这些国家的海盗刽子手，用种种欺骗或强迫的手段，把中国沿海的农民和城市贫民贩运到美洲、澳洲等地去，从事长期的、事实上是终身的强迫劳动，过着牛马不如的悲惨生活。这些资本主义海盗们根本不把被掠卖的华工当人看待，华工们一落入这些侵略强盗之手，就暗无天日，生活在水深火热之中。人口贩子们自己替贩运华工的船只起了一个名副其实的徽号，叫作"浮动地狱"。只要看一看"浮动地狱"里的种种骇人听闻的惨状，我们就可以了解外国资本主义侵略者掠卖华工的罪恶行为是如何令人发指了！

　　中国的劳动人民一落入外国人口贩子之手，首先就要立一张卖身契纸。"若有人说不愿去及要逃走，皆被绑了重打"。接着，人口贩子们在华工胸前烙上火印，标明贩运往何处。然后，就把这些华工装入"浮动地狱"，锁在舱中。舱门上钉着铁条，留直径八九英寸①的一个小洞，只准从这里爬进爬出。外国海盗为了节省运费，常常在一只船上装载容量一倍以上的华

---

① 1英寸=2.54厘米。

工，以致人们只能屈膝而坐。华工们挤在这样的船上远涉重洋，要经过很长时间，如去秘鲁要在热带航行一百二十天；到西印度群岛各地需要八十四天到一百六十二天之久。在这漫长的时间内，华工们是怎样生活的呢？他们不仅吃不饱饭，而且连水都常常喝不着。华工饮水须先经批准，每次只准用细竹管吮吸少许。据1857年（咸丰七年）被掠卖出国的一个名叫李阿保的华工说，他在船上时，船上竟"渴死五十余人。亲见有一中国人因偷水一杯，被船主打死"。至于在船上生了病，自然更不会得到医治，病了就丢到海里。如果华工们稍有不满或反抗的表示，外国刽子手们就用尽种种恐怖手段对待，如把人吊在桅杆上用枪打，或把人捆起来活活地扔下海去，甚至开膛火焚。

在漫长的海道中，华工们忍受着难熬的饥渴，狭小的舱房里空气恶浊，疾病流行，再加上外国海盗们的种种残暴行为，这一切就造成了极高的死亡率，华工在中途的死亡率甚至有达到百分之四十五的。

华工们对于在"浮动地狱"里遭受到的非人待遇，进行了英勇的反抗。例如1850年（道光三十年），一艘法国船装华工去秘鲁，因船长虐待华工，华工们团结起来，杀了船长，然后在中国海岸登陆。次年一艘美国船，装载华工四百一十名开往美国加利福尼亚，船长对华工施以种种虐待，有一次竟强迫华工"用硬扫帚擦洗身体"，华工们不堪这种虐待与侮辱，终于起来暴动，杀了船长。像这样的斗争经常发生。当然，斗争并不能很容易地取得胜利，因为外国海盗们通常是把华工锁在舱里的，当华工起事的时候，侵略强盗们常常用武器野蛮地扫射关在一起的赤手空拳的中国人。在这种时候，华工们便放火烧船，带着满腔愤恨和那些刽子手们同归于尽。

外国资本主义强盗们掠卖和虐杀华工的罪恶行为，也曾引起国内很多人的谴责，并且要求清政府制止这种罪行。但是腐朽反动的清政府根本不能保护人民，他们不仅不加制止，而且有些官吏还和海盗们同流合污，共同贩卖人口，从中获利，他们实际上是侵略者的帮凶。

（宫　明）

租界

外国侵略者为了把中国变成它们的半殖民地和殖民地，曾经对中国发动许多次侵略战争，强迫中国订立了许多不平等条约。根据这些不平等条约，它们控制了中国一切重要的通商口岸，并把许多通商口岸划出一部分土地作为它们直接管理的地方——这些地方就成了所谓的"租界"。

英国首先引用1843年10月（道光二十三年八月）中英《虎门条约》关于外国人在各通商口岸租地建屋的规定，在1845年年底诱骗上海官吏公布了《上海土地章程》，确定了英国人租地办法，在中国神圣的领土上建立了第一个租界。当时根据土地章程规定，土地主权仍然属于中国，中国业主可以收取一定租金，中国政府有干预租界内行政的权力。到了19世纪50年代以后，外国侵略者得寸进尺，进一步排斥了中国政府在上海租界内行使行政、司法、警察和收税的权力，在租界内建立了一套殖民地的管理制度。上海租界俨然成为一个"国中之国"。

随着外国侵略势力的扩张，租界界址不断扩大，租界的数目日益增多。英、美、德、法、俄、日等国，曾先后在上海、广州、厦门、福州、天津、镇江、汉口、九江、芜湖、重庆、杭州、苏州、沙市、鼓浪屿、长沙等地设立了租界。

　　外国侵略者把租界作为走私偷运、贩卖毒品、残害和掠夺中国人民的基地。租界内烟窟、妓院、赌场林立，例如1856年上海法租界的预算中，烟窟、妓院、赌场的执照收入，占全部预算收入的一半。

　　租界是外国人在华投资的集中地，1894年前，外国侵略者在中国非法设立的工厂、船坞、银行等大都集中在租界区，租界成为控制中国金融财政，利用中国廉价劳动力和原料，直接剥削中国劳动人民，榨取中国人民脂膏的罪恶场所。

　　租界是中外反革命势力勾结的桥梁，外国侵略者把租界作为培养买办势力，勾结中国反动统治阶级的根据地，还把租界作为干涉中国内政，镇压中国人民革命的据点。

　　租界又是外国侵略者对中国进行文化侵略的大本营。在租界内，外国侵略者设教堂、办医院、设学校、办报纸，妄图从思想上解除中国人民的武装，达到愚弄广大中国人民的目的。

　　总之，租界是外国侵略者从事罪恶勾当，在经济上盘剥中国人民，在政治上奴役中国人民，在思想意识上麻醉和毒害中国人民的反动堡垒。在租界内，外国侵略者为非作歹，为所欲为，形成一个个"国家中的国家"。

　　中国人民一直反对外国侵略者在中国设立租界。早在1927年，中国人民在中国共产党的领导下，英勇地驱逐外国侵略者，收回了汉口、九江的租界，开始了收回租界运动。同一年，国民党反动派叛变了革命，成为帝国主义的走狗，因此，有些租界在形式上是收回了，但实际上没有改变租界的性质。直到1949年，随着中国人民革命的伟大胜利，租界才被彻底清除。

（杨遵道）

中国海关

海关是国家对于进出国境的一切货物进行监督检查、征收关税并执行查禁走私任务的国家行政管理机关。一个国家的海关，好像是这个国家的大门。海关的管理权，好像是大门的钥匙。大门的钥匙怎能由外国侵略者掌管呢？可是近代中国大门的钥匙，长期以来掌握在英国侵略者手里。那么，中国的海关管理权是怎样落入外国侵略者手里的呢？

早在1842年的中英《南京条约》里就规定，英国商人应纳进出口的货税，要"秉公议定"。这个规定已经开始破坏了中国海关的主权。

1853年上海小刀会起义，占领上海县城，驻上海的英、美、法三国领事，趁机派兵侵占了设在上海租界内的中国海关，夺取了中国海关的行政权。为了控制中国海关，英、美之间发生了尖锐的斗争。最后，英、美、法在共同控制中国海关这一点上达成妥协，并联合一致对上海地方政府进行威胁、利诱，迫使上海官吏接受英、美、法三国领事各派一个税务司管理上海海关，主持税收工作的要求。1854年6月29日，英、美、法三国领事和上海道吴健彰订立了有关上海海关的协定。7月12日，根据协定，由英、美、法各派一个侵略分子组成三人关税管理委员会，霸占了上海海关的税收工作，侵略者就这样轻易地攫取了上海海关的行政管理权。此后，外国侵略者积极活动，企图把上海半殖民地的海关制度推广到各通商口岸。

1859年，野心勃勃的英国税务司李泰国，经过上海道买办官僚薛焕的保举，被两江总督任命为总税务司，并得到了选募各通商口岸税务司的权力。这样李泰国抓到海关的用人大权，确立了英国人在海关中的统治地位，并在广州建立了由英国人控制的海关制度。

1863年，英国人赫德继李泰国为总税务司。赫德是一个八面玲珑、阴险狡猾的侵略分子。他一方面在保持英国对中国海关领导权的条件下，按各国在华势力的大小，任用了其他各国的税务司，对中国海关实行共管，缓和了各侵略者之间的矛盾，取得了其他侵略者的支持；另一方面，在清政府财政十分困难的情况下，他又把海关收入的一部分交给清政府，用来延续清政府的统治，镇压中国人民的起义，从而赢得了清政府对他的宠爱和信任。在中外反革命势力的支持下，赫德成为一个不倒翁，连续把持中国海关管理权达四十多年之久。在他的任期内，赫德一手制定了一套半殖民地的海关制度，并把这种制度推广到其他通商口岸。

外国侵略者把持了中国海关的管理权，掌握了中国大门的钥匙，这不仅大大地便利了外国侵略者对中国实行经济侵略，而且总税务司和税务司们的地位很特殊，一方面是"洋人"，是帝国主义的代表，另一方面又算是清政府雇用的人员，这种地位使他们既为清朝官僚所畏惧，而又容易取得官僚们的信任。因此他们比起外交官、传教士有着更合适的身份来参与和支配中国的政治和外交。在19世纪末，这些掌握中国海关管理权的洋员，任意控制中国的内政外交，包揽其他权利，他们对于推行帝国主义的侵略政策，促使清政权的半殖民化起了重大的作用。

（杨遵道）

第六编

中国无产阶级的产生

　　中国的无产阶级和资产阶级，是在近代历史上新产生的两个互相关联又互相对立的阶级。它们从封建社会脱胎而来，伴随着近代机器工业在中国的出现而发生发展。但是，中国的资产阶级在19世纪70年代以后才开始出现，而中国的无产阶级却早在19世纪40年代就开始诞生了。

　　自从鸦片战争以后，中国逐渐沦为半殖民地半封建社会。外国资本主义侵略者采用了军事的、政治的、经济的和文化的侵略压迫手段，剥夺中国人民的自由，吸吮中国人民的膏血。在各种侵略手段中间，其中重要的一个是在中国开办许多近代企业，以便直接利用中国的原料和廉价劳动力，在中国人民身上进行残酷的剥削和掠夺。外国资本主义在中国开办工厂企业，雇佣中国劳动人民做工，这些工人就成为中国最早的无产阶级。

　　外国资本主义最初在中国投资兴办企业，是在19世纪40年代。这个时代，各资本主义国家还没有发展到帝国主义阶段，它们的经济侵略以商品输出为主，它们在中国经营的近代企业，主要还是服务于商品倾销的目的。其中有为运输商品的航运业服务的船舶修造业、掠夺中国原料以后进行加工的一些加工工业（砖茶厂、缫丝厂、机器制糖厂等），以及其他的轻工业。

　　在这些企业里做工的，是那些被外国资本主义的剥削和本国封建阶级的搜刮而弄得别无出路的破产的农民和小手工业者。这些人在饥饿的鞭子驱使下变成了雇佣奴隶。据统计，到1894年（光绪二十年），外国资本经营的近代工厂企业约有一百几十个，在这些企业中做工的中国工人约有三万四千人。

到19世纪末叶，世界资本主义逐渐发展到帝国主义阶段，它们的经济侵略也从以商品输出为主转变到以资本输出为主，因此帝国主义列强在中国开办了更多的工矿企业，在这些企业里也就吸收了更多的中国工人。

跟随在外国资本之后，到19世纪60年代，开始有中国人经营的采用机器的近代工业。但经营这些工业的却还不是资产阶级，而是封建统治阶级的一部分当权的官僚集团。这首先是曾国藩、李鸿章等所举办的军事工业，后来他们也办了一些近代民用工业。这些企业，规模较大的有江南制造局、福州船政局、天津机器局和上海机器织布局等。这些企业里产生了又一批中国早期的无产阶级，到1894年，在这些企业里工作的工人约有二万数千人。

到了19世纪70年代，才开始有一部分商人、地主和官僚投资于新式工业，这些人逐渐转化成为近代中国早期的资产阶级。因此，从时间上说，中国资产阶级的产生要比无产阶级的产生晚一些。

在外国资本和封建官僚资本的企业里做工的工人，工资很低，劳动时间很长，一般工人每天要劳动十一小时或十二小时，最多的甚至达十八小时，而且大量使用着女工和童工，剥削十分残酷。当民族资本出现后，资产阶级为了在外国资本和官僚资本的压迫下挣扎，也竭力向无产阶级进攻，加重对工人的剥削。因此，中国无产阶级一开始就身受外国资本主义、本国封建主义和民族资本主义的三重压迫，所以他们的革命性也最强。

（马金科）

洋务运动

在太平天国革命时期，封建统治阶级中的一部分人，为了镇压农民革命，采用西方资本主义的一些技术制造枪炮，武装反动军队。太平天国革命失败后，这一部分统治者进一步认识到，为了要保持封建主义的统治，必须更多地学习一点西方资本主义的物质文明，当时人们把这叫作"办洋务"，而这一部分统治者也就被称为"洋务派"。洋务派的主要人物，有奕䜣、曾国藩、左宗棠、李鸿章、张之洞等，他们实际上是地主阶级当权派中最早带有买办倾向的一部分人。洋务派所进行的一些活动，在历史上就叫作"洋务运动"。"洋务运动"的实质，是要求在旧的封建统治的基础上，增加一些资本主义的皮毛，来稳定封建主义的统治地位，因此它的性质完全是反动的。

"洋务运动"大致可以分成三个阶段：

第一阶段从1864年太平天国革命失败到19世纪70年代初。在这个阶段，洋务的重点集中在军事工业方面。洋务派先后办了江南制造局、金陵机器局、福州船政局、天津机器局等几个军事工厂，制造新式武器，以便继续武装反动军队，大力镇压当时尚在坚持斗争的捻军和回民起义。但这些军事工业从设计施工、机器装备、生产技术一直到原料燃料的供应，完全都要依靠外国。而且经营管理混乱腐败，生产成本十分昂贵，连李鸿章自己也说："中国造船之银，倍于外洋购船之价。"生产出来的武器军舰，质量很坏，除了屠杀手无寸铁的老百姓之外，不可能用来应付任何外来侵略。

从19世纪70年代初期到中法战争（1883—1885）是"洋务运动"的第二阶段。这个时期外国侵略势力加紧了对中国的进攻，日本、英国、沙皇俄国、法国纷纷侵占中国的边疆地区。洋务派为了应付这种局势，直接向外国购置了许多枪炮，并先后向英、德、美、法购买大小舰艇数十艘，建立了北洋舰队。同时，为了筹集经费，培养洋务人才，还经营了一些采矿、运输、电报、教育等事业。当然，这些事业在技术、装备、原料等方面仍不能不依靠帝国主义。洋务派在进行这些活动时，标榜的口号是"求强"，但依靠帝国主义当然不可能真正使中国强盛起来。实际上，洋务派在对外交涉和对外战争中，一直采取妥协投降的方针，大量地出卖了中国的主权。

"洋务运动"的第三个阶段是从中法战争到中日甲午战争（1894）。在这个阶段中，洋务派把重点从"求强"转为"求富"。他们大力投资于纺织、铁路、炼钢等工业部门。李鸿章主办的上海织布局、华盛纱厂、漠河金矿、津榆铁路等，张之洞主办的汉阳铁厂、大冶铁矿、马鞍山煤矿等，都是在这个阶段中先后开办的主要企业。但也像"求强"的口号只是个虚假的幌子一样，洋务派的"求富"也并不是真正的求国家之富，而是求他们个人之富。这些工矿企业成为洋务派官僚发财致富的利源。

1894年，爆发了中日甲午战争。在战争中，洋务派大力经营的北洋舰队全军覆没。同时，他们经营的各种企业也因贪污腐败而奄奄一息。洋务派散布的"求强""求富"的神话幻灭了，他们的腐朽卖国的面目日益暴露，"洋务运动"也就此破产。

（马金科）

中国民族资产阶级

中国民族资本主义是在帝国主义和封建主义的重重压制和阻碍下艰难地生长起来的。

中国民族资本经营的近代工业，最早出现在19世纪70年代。但在整个70年代里创办的企业数目不多，而且规模也不大。到80年代，数目逐渐增多，除大部分仍是小型企业外，还出现了少数雇佣几百个工人的较大的工厂。一直到1894年甲午战争前，民族资本一共创办了一百多个大小不同的企业。这些企业，主要是缫丝、棉纺、印刷、面粉、造纸、火柴、船舶修造、机器修理等轻工业，另外也有一些新式的采矿工业。这些企业的投资都不大，大部分企业的资本都在白银十万两以下，最小的甚至只有几千两。

在中国民族资本主义产生时期所创办的这一百多个近代企业，遭到了重重困难，有的倒闭，有的被外国资本所吞并；有的虽勉强维持下来，但也奄奄一息，难以发展。

为什么出现这种情形呢？这是因为，民族资本在它的创业时期，就碰到了两个最大的障碍。

头一个大障碍就是外国资本主义。自从鸦片战争后，外国资本主义打开了中国的门户，它们凭借着种种特权，把商品大量地运到中国市场上来。

拿棉纱棉布为例：1872年（同治十一年）中国进口外国棉纱五万担，棉布一千二百多万匹；1885年（光绪十一年）增加为进口棉纱三十八万八千担，棉布一千五百多万匹；到1890年，进口棉布量虽仍和1885年相差不多，但棉纱却激增到一百零八万二千担，比1872年增加了二十余倍。外国资本主义控制了中国的商品市场，就使中国的民族资本的生存和发展受到很大威胁。

外国资本主义不但向中国输入大量的商品，而且还直接在中国开设工厂，利用中国的廉价原料和劳动力剥削中国人民。它们资本雄厚、技术先进，又有封建统治者给它们种种特权和保护，弱小的民族工业当然很难和它们竞争。

很多的民族工业就是在外国资本的排挤和竞争下停业倒闭的。例如1893年（光绪十九年），重庆开了一个聚昌火柴厂，英商怡和洋行立即运几十箱火柴到重庆和它竞争。聚昌火柴厂要求政府加以干涉，但卖国的封建政府却蛮横地下令："不许华人在该处再开，不能禁止洋商贩运贸易。"又如福州的中国商人开了三个茶厂，想和沙皇俄国资本竞争，但到1891年（光绪十七年）后，三个茶厂在沙皇俄国资本的排挤下先后倒闭。

民族资本生长的第二个大障碍就是封建主义。建立在封建经济基础上的清朝政权，在鸦片战争后已逐渐沦为一个半殖民地的政权。这个政权，对于外国资本给予了种种便利，对于民族资本却加以种种压制。外国商品输入中国，只要缴很轻的关税就可以通行无阻，但中国商品在自己国内运销，清朝政府却要征收极重的厘金税。各地的税卡星罗棋布，五步一关，十步一卡，每过一个关卡就要交税一次，全国有几千个这样的税卡，官吏可以任意勒索，成为束缚中国工商业发展的严重障碍。

封建政权不但通过税收迫害着民族工商业，而且还常常对民族工商业加以干涉、限制和禁阻。最突出的例子，如洋务派首领李鸿章创办上海机器织布局，为了独占利润，实行了对纺织业的封建垄断，规定十年之内，不准别人"另行建局"。在其他行业中，封建统治者也往往对民族资本做种种限制。

在外国资本主义和本国封建主义的重重阻碍下，中国民族资本的发展异常困难。为了生存和发展，它们又不得不转而依附外国资本主义和本国封建主义。民族资本的机器设备都要从外国进口，很多工矿企业都高价聘用外国技师，甚至有些企业的原料、燃料等都要从外国输入。不少企业中吸收和渗入了外国资本和"官股"。而且，大部分的民族资产阶级就是从买办和地主官僚转化而来的。这样，又使得中国的民族资产阶级与外国资本主义和本国封建主义存在着千丝万缕的联系。

（叶　黄）

天津教案

外国侵略者在用军事、政治、经济等手段侵略中国的同时，为了麻醉中国人民的精神，摧毁中国人民的反抗意志，还加紧进行了文化侵略。"传教"就是外国资本主义进行文化侵略的一个重要手段。侵略者派了很多"传教士"，披着宗教外衣来到中国，一方面向中国人民灌输奴化思想，愚弄和毒化中国人民，另一方面他们也搜集情报，收买卖国贼，甚至霸占田产，包揽词讼，残杀良善，任意欺压中国人民。中国人民对于这些无恶不作的"传教士"恨之入骨，在19世纪下半期，曾经掀起过许多次反洋教斗争，天津教案就是其中著名的一次。

天津人民在第二次鸦片战争中曾遭到英法侵略联军的屠杀和蹂躏，战后十年间，又受尽了外国侵略者的欺压，新仇旧恨积压在心头。1870年（同治九年），以教堂拐骗小孩为导火线，终于爆发了轰动中外的反侵略爱国斗争，一般称为"天津教案"。

1870年，在天津破获了许多起拐骗小孩的案件，都和法国天主堂育婴堂有关。1870年6月21日，天津地方官到教堂查问拐骗小孩的罪犯王三，教堂中的法国侵略分子不仅隐藏罪犯，并向聚集教堂周围的群众挑衅，引起了冲突。法国驻天津领事丰大业，要求清朝三口通商大臣崇厚派兵镇压，崇厚也已照办，可是丰大业认为崇厚派兵太少，镇压不力，大为不满，手执双枪，怒气冲冲地跑到崇厚衙门，一见崇厚就叫嚷说："听说老百姓想要我的命，你先给我死！"接着就举枪向崇厚开火，未中，又在崇厚衙门大打出手。

丰大业侮辱和枪击中国官吏的消息很快传开，几千名愤怒的群众聚集街头。丰大业行凶未遂，在回领事馆途中，十分骄横嚣张，他的秘书西蒙挥舞着利剑在前开路，向群众挑衅。后来，当他们遇到天津县官刘杰时，丰大业不分青红皂白，开枪射击，打死刘杰的随从，西蒙也竟敢向群众开火。这时，群众已忍无可忍，一拥而上打死了丰大业和西蒙。接着鸣锣聚众，烧毁了法国在三岔河口的洋楼，即有名的"望海楼"，并打死无恶不作的法国教士十多人，其他国籍教士、商人七人。

来势迅猛的"天津教案"发生后，吓得侵略者坐卧不安，惶惶不可终日。法、英、美、俄、德、比、西等七国，在中国人民反抗斗争的怒火面前，狼狈为奸，联合一起，一面对清政府施加外交压力，一面把英、美、法等国舰队集中至烟台与天津海口，对清政府进行战争恫吓。法国趁机提出无理条件，声称清政府如不接受，就要把天津变成焦土，态度十分蛮横。

清政府在洋大人的压力面前惊慌失措，立即派曾国藩到天津"查办"，办理结果还是向法国道歉、赔款，还把天津知府、知县等官员二十五人充军，并且随随便便把十六个无辜的老百姓处死，"以服洋人之心"。

（杨遵道）

中法战争

　　侵占越南并且以越南作为基地入侵中国，这是近代历史上法国历届资产阶级政府的一贯政策。

　　中越两国人民间自古以来就结下了深厚的友谊。这种友谊，在法国侵略的威胁面前，在反侵略斗争的共同要求的基础上，使中越两国人民更加紧密地联系起来了。

　　19世纪60年代，法国侵占了越南南部后，马上把侵略的矛头指向越南北部和中国西南部。1873年底和1882年4月，法国对越南发动了两次武装进攻，妄想建立一个包括越南和中国西南地区的所谓"东方帝国"。英勇的越南人民对法国的武装侵略进行了坚决的斗争。同时，刘永福率领的广西农民起义军——黑旗军，应越南政府的要求，也和越南人民并肩作战，坚决抗击入侵的法军。在越中人民的打击下，法国的两个侵略军头子安邺和李维业在河内城边先后被击毙。

　　法国侵略者不甘心于自己的失败，蓄意扩大侵略战争，决心把战火烧到中国境内。这时清朝政府应越南政府之请，也派兵到越南。1883年12月，法军在越南山西向清军和黑旗军联合防守的阵地发动进攻，开始了中法战争。

　　战争进行了一年多，在越南战场上，法国侵略军受到越南人民和黑旗军及清军官兵的英勇抵抗。法国政府为了呼应越南的战局，又派海军在中国沿海进行海盗式的骚扰。

到1885年3月底，越南战场的法国侵略军在越南和中国军民英勇的抗击之下，全线崩溃。在越南战场的东线，清军老将冯子材在镇南关（今友谊关）和谅山大败法军，势如破竹地节节胜利进军。和东线大捷的同时，越南战场的西线也频传捷报，黑旗军等在临洮痛打了法军，尤其是越南各地人民的抗法起义，风起云涌，更给法国侵略军以沉重的打击，出现了前所未有的有利形势。就在前线胜利进军声中，卖国投降的清政府和法国政府加紧谈判，最后竟在1885年6月9日签订了屈辱的投降条约。中法战争以后，中国的边疆危机更加深了。

为什么这次战争前线打了胜仗反而签订了屈辱的条约呢？最根本的原因在于清政府的反动和腐朽。

当时，清政府的统治机构已腐朽透顶，政治上十分反动，经济上百孔千疮，军事上也一团糟。1884年，在越南北宁、太原、兴化的清军不战而逃；1884年7月，福建官吏不采取任何抵抗行动，就让敌人的战舰开进了闽江，使中国海军遭到失败；1885年2月，广西巡抚潘鼎新在越南谅山的大溃退，几乎使法军长驱直入广西。这些都是在清政府投降路线指导下发生的事情。

当前线官兵违反投降派的意愿，在中国和越南人民支持下英勇抵抗，大败法军，获得镇南关和谅山的辉煌胜利时，清政府不是去扩大战果，反而把前线的胜利，作为投降的资本，他们匆匆忙忙"借谅山一胜之威"，和法国侵略者签订了屈辱的条约。前线官兵用鲜血换来的胜利果实，就这样轻易地被葬送掉。

在整个战争过程中，英、美等帝国主义一直没有停止过诱降活动。他们一面装作公正人进行"调停"，一面却供给法军燃料、军火、粮食，替法国修理船舰，供给法军军事情报和领水人员，甚至英、美的国旗成了法军的

"遮凶布"，英、美等国的军舰和商船成了法国舰队的掩护物。当帝国主义看到它们的诱降和对法援助并不能阻止中国人民的胜利时，在中国当海关总税务司的英帝国主义分子赫德，就挺身而出，胁迫昏庸而腐败的清政府对法妥协，造成了"中国不败而败，法国不胜而胜"的局面。

中国工人阶级第一次大规模的反帝斗争

在1884年中法战争中，中国工人阶级掀起了第一次大规模的反帝斗争，这次斗争，在中国工人运动史上写下了光辉的一页。

1884年正当中国人民反对法国侵略的斗争激烈进行的时候，英国侵略者和法国串通一气，允许法国利用香港停泊和修理战船，补充军用物资。香港英国殖民当局这种袒护法国侵略者的罪恶活动，引起了中国人民的无比愤怒，在香港的中国工人尤其不能容忍。1884年9月3日，有一艘在侵略战争中受了伤的法国兵船"加利桑尼亚尔"号驶入香港船坞，打算进行修理。中国船舶修造工人坚决拒绝修理这艘屠杀中国人民的敌舰，并且立即举行罢工，从而揭开了这次反帝斗争的序幕。9月14日，又有一艘法国水雷炮艇"阿塔兰特"号开进香港，这一次工人群众决定采取进一步的行动，乘机烧毁这艘强盗船只，吓得法国强盗连夜开船惊惶逃走。中国船舶修造工人的爱国行动，得到了香港其他各业工人的积极支持和热烈响应，他们广泛地展开了反对法国侵略者的斗争，搬运工人不给法国兵船运送燃料，民艇工人拒绝替法国商船起卸货物，就是在法国轮船公司做工的华工，也纷纷辞职，团结一致，共同对敌。香港英国殖民当局无理逮捕了十一名拒运法货的民艇工人，撤销了许多民艇执照。反动派这种高压手段，更加激起了工人的愤慨，罢工斗争越发如火燎原地扩大起来，到了10月3日，罢工斗争达到高潮，工人群众举行了一次规模空前的示威运动。这个时候，英国殖民当局，出动全副武装的警察，向手无寸铁的示威群众开枪射击，当场杀害了一名工人，大批工人被逮捕。但是，中国工人阶级在敌人的进攻面前，没有被吓倒，没有被压服，他们继续高举反帝的旗帜，进行英勇不屈的斗争。10月5日，东区的码头工人又计划举行示威，10月7日，九龙区油麻地的工人进行示威运动，以支援香港地区工人的斗争。

　　这一次香港工人的罢工斗争，从1884年9月3日开始一直坚持到10月7日，前后共计35天，使整个香港陷于瘫痪，最后迫使英国殖民当局不得不低下头来，释放被捕的工人，宣布不干涉工人"不装法货"的正义行动，斗争取得了伟大的胜利。

（林敦奎）

甲午战争　《马关条约》

　　"甲午战争"是日本在美英资本主义的支持下发动的一次侵略中国的战争。

　　中国的东邻日本，原先也是个封建国家，受到西方资本主义国家的侵略。1868年，日本发生了一场不彻底、不完全的资产阶级改革——"明治维新"，建立了地主和资产阶级的联合统治。明治维新后，日本的资本主义得到了比较迅速的发展，但封建势力并未彻底铲除，阶级关系十分紧张，农民和工人不断发动武装起义和罢工斗争。日本的统治阶级为了转移国内斗争的视线，为了扩大商品市场、掠夺原料和资金，便把对外扩张定为国策，把中国和朝鲜作为它侵略的目标。

　　这时，美国为了趁机在中国和朝鲜伸展自己的势力，英国为了利用日本的力量牵制垂涎中国东北已久的沙皇俄国，都在暗中支持和帮助日本对朝鲜和中国的侵略。

　　在这种情形下，日本政府千方百计地把自己的政治、经济和军事力量渗入朝鲜，同时积极寻找向中国挑衅的机会，以便掀起一场大规模的侵略战争。

　　1894年1月，朝鲜农民发动了大规模的武装起义。朝鲜的封建统治者请求清政府出兵镇压。日本政府觉得这是趁机挑衅的大好机会，也假意竭力怂恿清政府出兵朝鲜。在清政府派叶志超率军入朝以后，日本政府又马上翻转脸来，借口清政府出兵，也派了许多军队侵入朝鲜，有意造成战争冲突的紧张局势。清政府建议中日两国军队同时撤出朝鲜，遭到日本的蛮横拒绝。在这种情况下，中朝两国人民一致要求出兵抵抗日本的侵略。但是，主持清政府外交的李鸿章对这些要求置之不理，而把希望寄托于英、俄等帝国主义的调停上，对日本步步退让。7月25日，日本海军突然袭击护送陆军去朝鲜的中国海军。四天后，又向在朝鲜成欢驿的中国陆军发动进攻，挑起了中日战争。1894年是旧历甲午年，所以这次战争叫中日甲午战争。

9月12日，日本军队又进一步向朝鲜平壤发动了猛烈的攻击。协助守城的清军和朝鲜人民一道，进行了英勇的抵抗。防守北城玄武门的清将左宝贵战死，清军总指挥叶志超贪生怕死，命令他的军队从平壤撤退，并一口气逃回了中国。

接着在9月17日，清军北洋舰队在黄海海面上，与日本舰队发生了一场激烈的海战。战斗经历了五个小时，中国的海军士兵和一些爱国将领英勇奋战，打伤日舰多艘，并使日旗舰"松岛"号受了重伤，清军战舰损失四艘，最后日舰不敢恋战，向南退走。

10月，日本侵略军把战火进一步烧向中国边境。一路从朝鲜北部渡鸭绿江；另一路从辽东半岛东岸登陆，进犯大连和旅顺。11月7日，大连不战而失。接着日本又于11月18日向旅顺进兵。这里的清军守将接受了清政府的不抵抗命令，临阵脱逃，一些爱国官兵虽然进行了抵抗，但因没有后援，也失败了。

日本侵略军进入中国领土后，疯狂地杀害中国人民。旅顺市军民被杀得只剩下三十二人。侵略军野蛮、残暴的兽行，激起了辽东人民的极大愤怒，人民都起来和侵略军展开斗争。他们在斗争中发出豪言壮语："宁做中华断头鬼，不做倭寇屈膝人。"

日本进攻辽东半岛时，清政府仍不积极进行抵抗，却在美国的指使下无耻地进行求和活动。1895年1月20日，日军在山东半岛登陆，先后攻下了威海卫南北两岸的炮台，形成了从海、陆两路对威海卫港内北洋舰队的包围。港内北洋舰队的爱国官兵，曾经几次要求出海抗敌，李鸿章为了保存他的实力，却下令不许舰只出港迎敌。舰队受包围时，官兵们不顾李鸿章的命令，进行了英勇的抵抗。但因力量薄弱以及舰上"洋员"和卖国分子的破坏，最后，北洋舰队被日本歼灭了。

中国人民和爱国士兵，在战争中进行了英勇的斗争，由于清政府采取了不抵抗的方针，致使中国的局势无法挽回。1895年3月，清政府派李鸿章为代表，到日本马关进行谈判。4月17日，签订了丧权辱国的《马关条约》。这个条约规定了中国向日本赔款二亿两白银；割让中国大片领土，包括辽东半岛、台湾和澎湖列岛给日本；允许外国人在中国通商口岸自由开办工厂；开放沙市、重庆、苏州、杭州为商埠等。后来，俄、法、德三国从自己的侵略利益出发，不甘心让日本独自占领辽东半岛，进行干涉，结果，中国以白银三千万两向日本"赎回"辽东半岛。

（余西文）

邓世昌

中日甲午战争中，中国人民为了抗击日本侵略者，曾经进行了英勇的斗争。广大劳动人民和清军士兵，以及一部分爱国将领，在凶恶残暴的民族敌人面前，奋不顾身，顽强战斗，写下了很多可歌可泣、气壮山河的光辉篇章。邓世昌就是在甲午战争中慷慨殉国的一位民族英雄。

邓世昌在1849年（一说1855年）出生在广东省的番禺县（今广州市番禺区）。广东是和外国资本主义侵略势力接触最早的地区，也是中国人民最先进行反帝斗争的重要地区。年幼的邓世昌，在这样的环境里生长，亲眼看到了外国侵略者的强暴，国家民族的苦难，以及人民群众英勇的反侵略斗争。所有这些，不但给他留下了深刻的印象，而且使他从小便痛恨外国侵略者，萌生着爱国思想。邓世昌刚满十四岁，就抱着学好本领、反抗外国侵略的志愿，考进了福州船政学堂。他发愤苦读，成为这个学校成绩优秀的学生。

从福州船政学堂毕业后，邓世昌在北洋水师的舰队里工作，历任"振威""扬威""致远"等舰的管带（舰长）。他治军严整、办事认真，并刻苦钻研海军业务，在当时腐败的北洋水师中可以说是凤毛麟角。1887年，邓世昌奉派到英国接带新舰"致远""靖远""经远""来远"等回国。在归航途中，他不畏险阻，不怕惊涛骇浪，抓紧时间，指挥这些新舰进行实地演习，使全体将士受到了一次很好的锻炼。

1894年，日本帝国主义在美国的支持下发动了侵略朝鲜和中国的战争，邓世昌积极地投入反帝斗争的伟大行列，站在抗日战争的最前线，领导士兵，挥戈杀敌。

1894年9月17日，中国北洋舰队在黄海突然遭到日本舰队的袭击，双方展开了激烈的海战。在敌人的进攻面前，中国舰队的大部分官兵，临危不惧，沉着应战，狠狠地打击敌人，使日本旗舰"松岛"等三艘受了重伤。特别是在邓世昌指挥下的"致远"舰的全体官兵，在战斗中表现得格外英勇。"致远"舰在几小时的浴血苦战中，不幸中弹受伤，船身倾斜，弹药将尽。在这样的情况下，邓世昌激励兵士，大声疾呼："我们从军卫国，生死早已置之度外。现在情况十分危急，今天正是我们为祖国牺牲的时候了！我们虽然牺牲了，但可以壮国家的声威，也就达到了报国的目的！"他看到全舰士兵都同心同德，就下令"致远"舰开足马力，向敌人最凶猛的先锋舰"吉野"猛撞，准备和他们同归于尽。但不幸的是，"致远"舰中途被敌人的鱼雷击中，他们的壮志未遂，全舰二百五十人都壮烈地为国牺牲。

据记载说，"致远"舰沉船时，邓世昌坠入水中，还大呼"杀敌"不绝。还有的记载说邓世昌入水后，曾被他的一个随从救了起来，但邓世昌看到全船战士都沉没了，他自己也"义不独生"，又重新跳入海中。

（林敦奎）

不怕倭寇来，只怕中堂反

甲午战争期间，在广大的劳动人民和一部分爱国的知识分子中间，广泛地流传着两句歌谣："不怕倭寇来，只怕中堂反。"这两句民谣中，"倭寇"是指日本侵略强盗，"中堂"是指当时清政府军事和外交的实际负责人、直隶总督兼北洋大臣李鸿章，"反"是反叛祖国的意思。这个民谣，表示了中国人民对于以李鸿章为代表的封建统治者妥协投降、破坏抗战、叛卖祖国的罪恶行为的巨大愤怒和深刻讽刺。

以李鸿章为代表的封建统治者，在整个甲午战争期间，自始至终采取着妥协投降的方针。

战争爆发之前，日本的侵略野心就已明目张胆地暴露出来了。面对着严重的民族危机，全国人民同声要求清政府积极备战，抵御侵略。但李鸿章却竭力宣传中国军力武器不如日本，陆军兵力空虚，"海上交锋"又"恐非胜算"，所以根本就不能抵抗。李鸿章用这种宣传，灭中国的志气，长敌人的威风。在这种论调下，他不但不积极备战，反而把全部精力集中在乞求帝国主义的"调停"上。他先后向美、英、法等国请托，要求他们劝告日本不要发动战争。同时，他又游说和日本有矛盾、企图侵占中国东北地区的沙皇俄国，可耻地想利用沙皇俄国的力量去牵制日本。美、英、法等国本来就是支持日本侵略中国的，他们一面假意对中国表示"同情"，一面又在表面上宣布要"严守中立"，实际上是一方面敷衍中国，一方面怂恿日本。沙皇俄国见整个形势如此，也就宣布"中立"了。

依靠帝国主义"调停"的幻想破灭了，李鸿章又把希望寄托在说服日本侵略者的首脑人物身上。他打电报给日本首相伊藤博文，称赞他是"明大局"的人，请求他不要和中国"绝交动兵，以致掣动大局"。对于侵略者越是乞求退让，就越是鼓励了他们的侵略野心，日本统治者在李鸿章卑躬屈膝的请求下，更加积极地做发动侵略战争的准备。

李鸿章对于帝国主义是百般摇尾乞怜，对于爱国人民和士兵则是多方压制、束缚，他一再告诫军队不准"多事"，"不要妄动"，并说："只要我们不先开枪，仗就不会打起来。日本是不敢先动手的，如果他们先开仗，就会违反万国公例，引起各国公愤！"

但是日本侵略者却不管什么"万国公例"，1894年7月25日，他们不宣而战，首先挑起了战火。

在日本军队的无理进攻面前，李鸿章仍然不准爱国军民进行抗战。当时的海军提督丁汝昌在士气激昂的鼓舞下要求海军出海迎战，李鸿章却蛮横地说："现在我用你不着。将来等到日本和俄国发生战争，再让你的舰队开出去观战，长长胆识。"他命令中国海军只准在渤海湾内活动，说什么这样可以"作猛虎在山之势"。

封建统治阶级对帝国主义的屈膝退让，并不能避开这场战争，战火越烧越大，清政府被迫于1894年8月1日正式宣战。但李鸿章在被迫迎战时，仍采取消极抵抗的方针。在他的妥协投降的方针之下，军队也不能得到很好的补给，弹药不全，粮饷不足。指挥军队的将领又大部分是李鸿章的亲信，他们坚决执行李鸿章的方针，有的甚至临阵脱逃，不战而溃。虽然有少数爱国将领和广大军民进行了英勇的抵抗，但战事仍然节节失利。

前线的失利使得清政府的投降活动更加活跃起来。美国为加强对清政府的影响并讨好日本起见，愿意充当中日之间的唯一联系人，力图操纵和议。

1895年初，在美国的指使下，清政府果然派了两个"议和大臣"前往日本，但日本政府嫌这两个人的地位（卖国资格）和经验（卖国技能）太差，拒绝接待，并指名要"卖国老手"李鸿章为议和的全权大臣，才能谈判。清政府赶快满足了日本侵略者的要求，派李鸿章前往日本谈判。

李鸿章果然不负侵略者的"期望"。在谈判过程中，李鸿章在侵略者的蛮横要挟之下，签订了《马关条约》，出卖了大量中国的主权和领土。

《马关条约》签订后，遭到了全国人民的反对，人们纷纷痛骂李鸿章是"卖国贼"，要求严办李鸿章，很多爱国人民甚至表示"恨不能食中堂肉"。李鸿章完成了卖国勾当后，不敢回到北京，借口养病，在天津躲了起来。但他还怕《马关条约》因为全国人民反对而不批准，所以又竭力催促清朝皇帝赶快签字用印，还无耻地宣传卖国的奇谈怪论，说"日本素来愿意东方常保太平，这次和中国交战，也是为了立太平之基"；同时威胁说，假使不赶快批准《马关条约》，恐怕战祸仍难避免。

（宫　明）

台湾人民的抗日斗争

《马关条约》签订后，割让台湾的消息传了出来。台湾人民个个都非常悲愤。1895年4月20日（《马关条约》签订后三天），台北人民鸣锣罢市，表示反对日本侵占台湾和清政府的投降卖国。他们还发誓："宁愿人人战死，也决不愿意拱手把台湾让给日本。"

这时，台南的守将正是当年在中法战争中打败过法国侵略军的黑旗军将领刘永福。他听到清政府出卖祖国的领土后，非常气愤，决心和台湾人民一道，奋起抵抗日本的侵略。台湾人民热烈拥护刘永福领导抗日，他们在各地组织了许多支义军队伍，团结在刘永福周围，并肩战斗。

5月底，日本侵略军开始踏上台北土地，向南进攻。黑旗军和以徐骧、吴汤兴为首的台湾义军充分利用了当地多山的地势，把敌人引入深山密林中的包围圈。侵略军一进入圈套，他们就手持大刀、长矛和鸟枪，从四面八方向敌人杀来，把敌人打得落花流水。

8月，彰化和云林先后失守，同时，义军的粮食和弹药日益不足。刘永福曾几次派人到大陆求援，他们得到了大陆爱国人民的热烈支持，不少人要求参加抗日斗争。但是，卖国的清政府却下令军民"不得丝毫接济台湾"，还封锁了大陆到台湾的航运。

　　台湾军民虽然遇到了许多困难，却并没有被困难吓倒。云林失守后，嘉义危急，刘永福调军增援，黄荣邦、简精华等率义民军助战，收复云林一带，军威复振。侵台日军遭到严重打击，日本政府急派大军来台。10月，在布袋、枋寮先后登陆，配合陆路南犯的日军分三路进攻台南。黑旗军和义军在饷械极度困难的条件下仍坚持战斗到最后，义军大部分战死，徐骧也在一次激战中英勇牺牲了。10月19日，刘永福被迫退回大陆，台湾被日本占领了。

　　1896年年初，台中义民柯铁率领一部分抗日民众，在嘉义东北大坪顶坚持斗争，不断地给来犯敌人以打击，赢得了"铁虎"的称号。同时，台北、台南人民也展开了攻打城市、袭击官衙的斗争，此伏彼起地打击着侵略者。此后，在漫长的半个世纪中，台湾人民反抗日本侵占台湾的斗争，始终没有停止过。

（余西文）

帝国主义在中国划分的势力范围

甲午战争以后，日本通过《马关条约》，不但取得了中国的大量赔款，侵占了中国的大块土地，而且还得到了在中国直接投资设厂的特权，根据"利益均沾"的侵略原则，其他各国也同样可以享受这个特权。过去列强就已在中国开办了一些工厂，为什么它们还要特别把这一点在条约中明文规定下来呢？原来，这里反映着世界形势的一个重要变化。

19世纪末期，世界上主要资本主义国家已经进入了帝国主义阶段。以前，资本主义国家对于中国的经济侵略，以商品输出为主。它们强迫中国开商埠，把持中国海关，夺取中国内河航行权，都是为了方便对中国输出商品。到了帝国主义阶段，它们的经济侵略已从商品输出为主改变为以资本输出为主，《马关条约》中明文规定外国可以随意在中国通商口岸投资设厂，就是这个变化的一个反映。

为了输出资本，帝国主义不仅要在中国开设工厂，而且还要抢夺铁路修筑权，垄断矿山开采权，并且进一步要求在中国划定自己的势力范围。甲午战争以后，各帝国主义国家在中国纷纷争夺势力范围，使中国的民族危机达到空前严重的地步。

在1895年（光绪二十一年），法国首先夺占中国云南边境上的一些地区，迫使清政府开放云南的河口、思茅为商埠，并取得在广东、广西、云南三省的开矿权。

沙皇俄国在1896年，从清政府手中取得在黑龙江和吉林两省境内修筑中东铁路的权利，并取得对铁路沿线地区的管理权。

英国在1897年，以"永租"的名义，强占了中国云南的猛卯三角地区，并取得了在广东西江航行权，还迫使清政府开放广西梧州和广东三水为商埠。

法国在1897年，又迫使清政府宣布海南岛不割让给他国，实际上是把海南岛作为它的势力范围。

帝国主义各国对中国的这种侵略和掠夺，到了1897年年底，更加激烈起来。这年11月，德国借口传教士在山东曹州被杀，派军队强占了胶州湾，并取得在山东修筑胶济铁路和在铁路沿线开采矿山的权利，从此德国便把山东划为自己的势力范围。在这以后，帝国主义各国更加紧了在中国划分势力范围的争夺。

沙皇俄国在1897年12月，借口德国占据胶州湾，派军舰侵占了旅顺。1898年3月，迫使清政府把旅顺和大连"租借"给沙皇俄国，并且取得了修筑中东铁路支线（哈尔滨至旅顺）的权利。从此，沙皇俄国便以东三省（黑龙江、吉林、辽宁三省）和内蒙古为它的势力范围。

法国在1898年4月，借口沙皇俄国占据旅顺、大连，强行"租借"了广州湾，同时还取得了滇越铁路的修筑权，并迫使清政府宣布广东、广西、云南"不割让给他国"，实际上是把云南和两广的一部分地区作为它的势力范围。

英国在1898年6月，以法国占据广州湾为借口，强行"租借"了九龙半岛。7月，又以俄国占据旅顺、大连为借口，租占威海卫，并且取得津浦铁路南段（峄县至浦口）的修筑权，同时还迫使清政府宣布长江流域各省及两广的一部分"不割让给他国"，这一广大地区便成为英国的势力范围。

日本除了侵占了台湾以外，在1898年，又强迫清政府答应将福建省作为它的势力范围。

19世纪末，帝国主义各国在中国划分了这么多势力范围，把中国的大片领土作为它们的侵略根据地，抢夺了中国许多重要港口和铁路、矿山，从而形成了帝国主义瓜分中国的险恶形势。

（荣国汉）

门户开放

　　"门户开放"政策是在1899年（光绪二十五年）由美国政府以照会的形式提出来的。甲午战争后，帝国主义国家利用《马关条约》规定的种种特权，一个接一个地在"利益均沾"的借口下，在中国领土上开设工厂，掠夺开矿和筑路权，更在中国领土上强占"租借地"和划分"势力范围"，等等。这时，只有美国，因为正忙于夺取西班牙殖民地古巴、波多黎各和菲律宾的侵略战争，没有能够抽出手来，在中国也捞上一把。1899年，当美国结束了对西班牙的战争后，已来晚了一步，中国沿海和西南一些地区都被其他帝国主义侵占了。美帝国主义决心改变这种局势。当时的美国总统麦金莱露骨地说："中国沿海土地有落入外人手中者，此种重要变局吾美不能袖手旁观……苟欲不受占有中国土地之强国的排挤，非参与华事不可。"为了达到这个目的，以便逐渐变各国势力范围为它独占的势力范围，并最后完全奴役和统治中国，它在这一年9月，提出了"门户开放"政策。

　　这个政策的主要内容规定：各国互相承认在中国的"势力范围""租借地"和通商口岸的既得利益，彼此不得干涉；在这些"势力范围"里，各国船只的入港费和铁路运费，都不得高于占有这些"势力范围"的国家的入港费和铁路运费。也就是说，在"列强"的"势力范围"之内，美国应该取得

"通商和航行"的"平等待遇"。

很显然，美帝提出的所谓"门户开放"政策，就是要把中国的"门户"向一切帝国主义国家都"开放"，这是因为美帝害怕把中国变为某几个帝国主义国家直接控制的地方，就妨碍或排挤了自己对中国的进一步侵略。因此，美国提出"门户开放"政策，是企图通过这个政策，使美国插足到其他帝国主义国家的"势力范围"内，分享其他帝国主义的侵略利益；同时，更企图凭着自己的经济优势，逐渐地排斥其他帝国主义，达到把中国变成它独占的殖民地的目的。

当时，英国、法国、俄国以及其他帝国主义国家相互之间的矛盾很多，竞争很激烈。在这种情况下，他们为了调和彼此之间的矛盾，相继接受了美国这个"门户开放"的主张。美国所提出的"门户开放"政策使各个帝国主义国家结成了侵略中国的同盟，中国更加被推上遭受帝国主义瓜分的险恶处境了。

（余西文）

公车上书

　　"公车上书"是指1895年康有为（1858—1927）领导的一次举人上书皇帝的请愿运动。

　　1895年4月（光绪二十一年三月），腐朽的清政府准备和日本订立《马关条约》的消息传到北京。当时各省的举人正在北京参加会试，听到了这个消息后，非常气愤。特别是台湾籍的举人，听到自己的家乡将被出卖，更是愤怒万分。大家反侵略的情绪极为高涨。

　　广东举人康有为，早在1888年就曾经上书皇帝，请求变法，但受到了顽固派官僚的阻碍，没有结果。这一次他看到群情激昂，正是鼓动上书的大好机会。于是他和他的学生梁启超等四处联络，约集十八省举人，在松筠庵开会。开会那天，盛况空前，到会的有一千多人。个个情绪激愤，公推康有为起草奏疏。康有为赶了一天两夜，写成了给光绪皇帝的万言书。在万言书上签名的，据说有一千三百多人。除了送给皇帝之外，还把这份万言书辗转传抄，很快传播开来，轰动了北京。因为当时又把进京考试的举人称为"公车"（汉代地方上举荐人才，由公家备车送往首都，后来就用"公车"来称呼进京考试的举人），所以这次上书就被称作"公车上书"。

　　在这份万言书里，康有为慷慨陈词，提出了"拒约、迁都、变法"等主张。他指出如果割让台湾，就会引起英、俄、法等列强来瓜分中国，因此必须拒绝在条约上签字。他要求皇帝亲下诏书，检讨国家政策得失，提拔能干的人才，鼓励人民发奋图强；迁都到长安；训练一支强大的陆海军，增强国防，准备长期抗战。同时又强调指出，这些措施只不过是暂时应敌的办法，如果要从根本上使国家富强起来，那就必须进行"变法"，也就是进行政治、经济、文化的各项改革。

康有为提出要从"富国、养民、教民"三方面着手。"富国、养民"就是发展经济。一方面要清政府积极修筑铁路，开发矿山，制造机器轮船，奖励创造发明，举办邮政，发行钞票；另一方面要"务农、劝工、惠商"，也就是鼓励人民去经营农、工、商业。"教民"是进行文化教育改革，要求开办学堂，设立报馆。他还强调指出，中国贫弱落后的重要根源是政治上君与臣隔绝，臣与民隔绝，上下不通气，因此他提出要用"议郎"制度来改变这种情况。办法是全国每十万户公举一个博古通今、直言敢谏的人做"议郎"，作为皇帝的顾问，凡遇重大事情，由皇帝召集议郎会议于太和门，根据大多数意见做出决定，付诸实行。这个办法，有一些模仿西方资产阶级国家议会的意思。康有为提出的这些主张，实际上是一种带有资产阶级性质的改良主义纲领，它反映了刚刚形成的资产阶级和一些开明地主的要求。康有为以为，如果实行了这些主张，就可以既不用根本推翻封建统治制度，又可以在政治、经济、文化方面学习西方国家的一些长处，使中国发展资本主义，走上富强的道路。这种不根本推翻旧制度就想建立新社会的主张，是一种不切实际的幻想。

1895年5月2日，举人们把这份万言书送到都察院（清政府的最高监察机关），可是都察院却推说皇帝已经在条约上盖了印，拒绝把万言书进呈给皇帝。

"公车上书"虽然没有能够阻止《马关条约》的签订，皇帝也没有看到，但是它的全文被辗转传诵，上海、广州等地还特地刊行了《公车上书记》广为宣传。各省的举人回去之后，也或多或少地传播了这些主张。于是，"公车上书"所提出的资产阶级改良主义的政治改革要求，广泛地传播开来，康有为也成为全国瞩目的改良派的领袖人物。

（王德一）

强学会　保国会

　　"公车上书"以后，康有为等觉得要继续宣传变法维新，开通风气，推动改良主义的政治运动，就必须把人联络起来，并且建立一个比较固定的组织。因此，1895年8月，由康有为发起，在北京成立了"强学会"。参加强学会的有一千多人，声势盛大。

　　强学会的宗旨是"求中国自强之学"。在康有为起草的强学会序文中，叙述了帝国主义虎视眈眈地想瓜分中国的危急情状，要求培养人才，讲求学业，以便御侮图强。强学会成立后，每十日集会一次，每次都有人演说。演说的内容也主要是叙说国家民族的危机，宣传变法图强的办法。

　　为了"推广京师之会"，康有为等又到上海组织"强学分会"。上海强学分会在章程中规定主要办四件事：①译印图书，②发行报纸，③开图书馆，④设博物院。分会成立后，出版了《强学报》，每日印一小册，免费分发给读者，宣传变法维新。

　　封建统治者一直是严格禁止人民集会结社的，他们当然不准许强学会的合法存在。这年冬天，李鸿章指使他的亲家、御史杨崇伊参劾（检举告发）强学会，说是私立会党，议论朝政，应该禁止。慈禧太后立即下令封闭北京强学会和上海强学分会。

　　强学会虽被封禁，但它的影响却很大。维新思想在很多知识分子和一部分官僚中很快传播开来。在北京还有一些人暗暗地组织小的学会，几天集会一次，进行活动。上海、广东、湖南等地的维新活动也纷纷开展起来。全国各地弥漫了变法维新空气。

　　康有为在强学会被禁后，就离开北京，回到了广东老家讲学，团聚维新人才。到了1897年冬，德国强占了胶州湾，接着其他各帝国主义也纷纷强占中国土地，民族危机达到空前严重的地步。康有为见此情形，立刻从广东赶到北京，一方面继续向皇帝上书请求变法，另一方面又在京城士大夫中间积极活动，准备重新组织学会。他先劝说各省旅京人士，组织地方性的学会，如由他自己发起组织了"粤学会"，由杨锐等发起组织了"蜀学会"，由杨深秀等发起组织了"陕学会"，由林旭等发起组织了"闽学会"等。

　　在这些地方性学会的基础上，康有为又筹划组建了一个全国性的大会。这时刚好各省举人又来到北京应试，康有为等便邀集各省举人和北京的一些士大夫组织了"保国会"。

　　1898年4月，保国会正式成立。开成立大会时，楼上楼下都坐满了人，康有为发表演说，慷慨激昂，听的人很多都流下了眼泪。

　　保国会先后开了三次会，影响越来越大，这就引起了封建顽固势力的嫉恨。有些人特地印了"驳保国会"的小册子；有些人故意制造谣言，攻击保国会；有些守旧官僚就上奏章弹劾保国会；甚至有些顽固派专门组织了"非保国会"，和保国会对抗。

　　在这种情形下，保国会的发起人之一、投机官僚李盛铎见势不妙，竟然自己上疏弹劾保国会。同时，守旧大臣刚毅等也极力主张查禁保国会。但这时，封建统治集团中以不当权的光绪皇帝为首的一派，表示支持维新运动，并且不顾以慈禧太后为首的顽固派的反对，下令实行变法，施行新政，发动了"戊戌变法"（1898年是旧历戊戌年）。查禁保国会的事也就搁置了下来。不过，保国会虽然没有被正式查禁，在封建顽固势力的竭力破坏下，也就此停止了活动，实际上等于在无形中解散了。

（秦　汉）

《时务报》

　　梁启超（1873—1929）是康有为的学生，维新变法运动杰出的宣传家。他所主编的《时务报》，是宣传变法维新影响最大的一张报纸。

　　当时维新派很注意组织学会、开办学堂和出版报纸的工作。上海强学分会被封闭后，由汪康年等提议，以强学分会的余款，筹办《时务报》。1896年8月9日，《时务报》正式创刊，由汪康年任经理，梁启超任主笔。每十日出版一册，每册二十余页，内容以宣传"变法图存"为宗旨。

　　《时务报》出版后，接连地刊载了许多批评封建政治、鼓吹变法维新的文章。特别是梁启超写的一些论著，如著名的《变法通议》等，见解新颖，文字生动，很受读者欢迎。几月之间，竟行销一万七千多份，开中国有报纸以来的最高纪录。一个反对维新运动的封建文人记载说：《时务报》上的文字，痛快淋漓，说出了好多人想说又不敢说的话，江淮河汉之间，很多人都喜欢它文字新奇，争着传诵。从这里也可以见到《时务报》影响之大了。难怪有人说，维新派的议论得以盛行，是"始于《时务报》"。

　　《时务报》既风行海内，主笔梁启超也因之"名重一时"，人们谈起变法维新，常常把康有为和梁启超合称"康梁"，梁启超在宣传康有为的变法维新思想中，的确有很大的功劳。

　　但《时务报》在经济上主要是靠洋务派官僚张之洞的捐助，张之洞对于《时务报》上的激烈言论很不满意，常常干涉《时务报》，甚至不准有些文章在《时务报》上发表。经理汪康年本来曾是张之洞的幕僚，他经常秉承张之洞的意志，因此和梁启超发生意见分歧。1897年冬，梁启超辞去《时务报》主笔职务，到湖南就任时务学堂总教习。《时务报》便由汪康年一人主持。不久，戊戌变法发生，《时务报》改为官报，官报还没有办起来，戊戌维新运动就失败了。

（叶　黄）

严复

严复（1854—1921）字又陵，又字几道，福建侯官人。1877年至1879年留学英国，学习海军。他在留学期间，读了许多西方资产阶级哲学和社会科学方面的著作，逐渐接受了资产阶级民主思想。

19世纪末，帝国主义掀起了瓜分中国的狂潮，中国面临亡国的危机。在这种形势的刺激下，严复主张向西方资本主义国家学习，按照西方国家的模样，来改变中国的政治制度，以挽救中国的民族危亡，使中国富强起来。

在戊戌变法时期，他参加了维新运动。当时他写了不少提倡维新变法的文章，如《辟韩》和《原强》等。他在《辟韩》中，把封建社会里神圣不可侵犯的君主，斥责为"大盗"，并且指出君主有绝对专制的权力，并不是什么"承受天命"，而是"大盗窃国"。他在《原强》中，提出了废除封建专制政治，实行君主立宪的政治主张，这些主张和要求在当时是有一定的进步意义的。

严复认为要变法图强，就必须向西方资本主义国家学习，为此他翻译了许多西方资产阶级的著作，如赫胥黎的《天演论》、亚当·斯密的《原富》和孟德斯鸠的《法意》等书。这些书比较系统地介绍了西方资产阶级政治、经济、哲学等方面的学说以及某些自然科学知识，成为当时中国新兴资产阶级跟封建专制主义进行斗争的重要思想武器。

这些书中，《天演论》在当时的影响最大。赫胥黎在这本书中把英国生物学家达尔文关于生物进化的学说，用来解释人类社会的发展变化，认为人类社会也像生物界一样，适合"物竞天择"和"弱肉强食，适者生存"的规律，这就是说，人类相互之间存在生存竞争，在竞争中，只有能适应时势的，才可以生存下去。严复发挥了这个论点，认为国家与国家之间也是一个竞争的局面，在竞争中谁最强硬有力，谁就能获得优胜，就可以生存下去；否则就要遭到强者的吞并，以至灭亡。他认为当时中国正处在和其他国家争生存的环境之中，如果中国不努力争取自己的生存，就要永远沦为西方国家的奴隶。他呼吁中国要想自强，就只有赶快起来，向西方资本主义国家学习，实行维新变法。

严复在19世纪末中国民族危亡的严重关头，翻译了《天演论》，并借此大声疾呼变法图强，这在当时的历史条件下，有着一定的积极作用，它使人们感到必须努力奋发图强，中国才能得救。

戊戌变法失败后，事实证明改良主义道路在半殖民地半封建社会的中国是走不通的，资产阶级革命派开始了革命活动，但是严复仍坚持改良，反对革命。辛亥革命后他投靠窃国大盗袁世凯，甚至为袁世凯的称帝捧场效劳。在五四运动时期他又提倡复古"尊孔"，反对新文化运动。这些都说明，戊戌变法后的严复没有跟上时代的脚步，而逐渐变成落后和思想腐朽的人物了。

（荣国汉）

百日维新

"百日维新"又称"戊戌变法"，是1898年（旧历戊戌年）发生的一次资产阶级改良主义政治运动。

"公车上书"以后，康有为等维新派到处组织学会，创办报纸，宣传变法主张。改良主义运动有了很大发展，赞成变法的人越来越多，1898年时，全国有学会、学堂、报馆三百多所。这时候，中国被帝国主义瓜分的危险更加迫近。这年二月，康有为从广州赶到北京，第五次向光绪皇帝上书，恳切地说，如果再不变法，不但国亡民危，就是皇帝想做普通老百姓都要做不成了。

这时清政府内部分成了两派：一派是"后党"，就是以慈禧太后（西太后）为首，掌握着实权的顽固派和洋务派大官僚集团。他们在勾结外国侵略强盗镇压太平天国革命，以及后来的一系列政治活动中，得出了一条反革命经验，就是对外投降帝国主义、对内镇压人民，一心一意投靠帝国主义以维持封建统治。只要保住他们对于中国人民的统治地位，他们哪管国家的存亡、人民的死活？所以这些人坚决反对一切政治上的革新。另一派是以光绪皇帝和他的老师翁同龢为首的少数官僚集团，称为"帝党"。原来同治皇帝在1875年死去之后，慈禧太后选中同治的一个年仅四岁的堂弟继承皇位，改年号为光绪，自己再一次"垂帘听政"，独揽大权。1889年，光绪已经十八岁，慈禧在表面上宣布由光绪"亲政"，但实际上她仍旧牢牢地控制着朝廷的一切权力，光绪依旧只是一个傀儡皇帝。光绪对慈禧太后独揽大权十分不满，也不甘心看着后党卖国，断送清朝江山，使自己做"亡国之君"，所以希望经过变法，引进新人来夺取实权，排斥后党，救亡图存。因此，康有为的话深深打动了光绪，他决心支持维新派的变法活动。

接着，康有为又上了一个全面筹划变法步骤的奏折，进一步要求光绪立即向群臣表明变法决心，吸收维新派人士参加政权，大力改革政治机构，实行君主立宪。光绪也亲自召见了康有为，详细倾听了他的变法意见。到了6月11日，光绪正式下令宣布变法。在维新派的影响和直接参加下，从6月11日到9月21日，光绪皇帝一连下了几十道实行新政的命令，对封建的政治、经济和文化教育等各个方面进行改革。这些改革的主要内容是：经济方面，在中央设立矿务铁路总局、农工商总局，各省设商务局；提倡设农会、商会等民间团体；保护和奖励农工商业等。政治方面，鼓励人民创办报纸，给予一定的言论、出版自由；裁撤一部分无用的衙门和官员。文教方面，废除八股，改革考试制度；在北京设立大学堂，各地设立中小学堂；设立译书局，奖励科学著作和发明。军事方面，裁减旧式军队，训练新式的陆海军，加强国防，等等。

这些命令雪片似的颁布下去，在全国引起很大震动。支持的人固然不少，可是反对的人更占优势。除了中央以慈禧太后为首的反动集团之外，在各省的地方大吏绝大部分也都是守旧官僚，他们仗着慈禧太后为靠山，根本就不理睬这些改革命令。加上那成千上万的盼着"金榜题名"来升官发财的秀才、举人，那遍布全国反对一切新事物的地主士绅，那被裁撤的衙门的大小官吏等一切旧势力，都极力反对变法。各色各样的顽固守旧的势力结成了一个反维新的联合阵线。但维新派除了拥有一个毫无实权的名义上的皇帝之外，丝毫没有与顽固派较量的实际力量。他们既不敢依靠人民群众，自己手里又不掌握着军队。因此，维新运动虽然表面上轰轰烈烈，其实却随时有被顽固派扼杀的可能。果然到9月21日，慈禧太后发动政变，把光绪囚在中南海四面环水的瀛台，废除了一切新政法令，杀害了一些维新人士。维新派最重要的人物康有为、梁启超逃亡国外。这次资产阶级改良主义的政治改革只进行了一百零三天，就在旧势力的反攻下失败了，这就是历史上有名的"百日维新"。

（王德一）

戊戌六君子

　　1898年9月28日（光绪二十四年八月十三日），以慈禧太后为首的顽固派，屠杀了积极参与维新运动的谭嗣同、林旭、杨锐、刘光第、杨深秀和康广仁。历史上把他们叫作"戊戌六君子"。在这六个人中间，谭嗣同是一个最杰出的人物，他的思想最为激进。

　　谭嗣同，字复生，号壮飞，湖南浏阳人，1865年（同治四年）出生在北京。他的青年时代，正当帝国主义加紧侵略中国的时候。特别是中日甲午战争以后，民族危机日益深重，维新思想有了进一步的发展，很多爱国知识分子纷纷要求变法图存。谭嗣同也积极主张变法维新，在湖南浏阳发起设立学会，集合维新志士讲求变法救亡的道理。后来他到了南京，和在上海主办《时务报》鼓吹变法的梁启超取得密切联系，经常为《时务报》撰稿。

　　1897年他写成了代表他的社会政治思想和哲学思想的名著——《仁学》。在这本书里，他尖锐地抨击了封建君主专制统治，热烈要求进行资本主义的政治改革，发展资本主义经济。同时，他还深刻地批判了封建的伦理道德观念，大胆地发出了冲决封建网罗的号召。当然，在这本著作里也表露了他想不根本推翻封建制度而发展资本主义的改良主义幻想。

　　就在这一年，他回到维新运动已经发展起来的湖南长沙，参加维新活动，和梁启超、唐才常等共同主办"时务学堂"，并担任《湘报》主编，在报纸上宣传变法理论，抨击清廷暴政。

1898年6月，在维新浪潮的推动下，光绪帝正式下令实行变法。谭嗣同、林旭、杨锐、刘光第都被任命为军机处的"章京"（"军机处"是清代专门秉承皇帝意旨，处理军国要政的中央最高权力机构。"章京"是一种负责具体工作的较低级的官职），专门帮助光绪皇帝推行新政，负责批阅奏折，草拟诏书等工作。

顽固派不能容忍变法维新运动的进一步发展，慈禧太后等正在积极筹划政变。维新派深感局势严重，推举谭嗣同去游说握有重兵的袁世凯，以武力保卫光绪帝，粉碎顽固派的阴谋。但是，袁世凯却向顽固派告密，出卖了维新派。慈禧太后立即发动了政变，一面囚禁光绪帝，一面搜捕维新派。谭嗣同、林旭、杨锐、刘光第、杨深秀、康广仁先后被捕。后来，慈禧太后就把这六个人杀害了。

谭嗣同临死时，神色自若，慷慨从容。并且留下了十六个字的临终语："有心杀贼，无力回天；死得其所，快哉快哉！""有心杀贼"道出了他反抗黑暗的封建专制主义统治的决心，"无力回天"反映了他走改良主义道路所造成的悲剧命运，后面两句话，表明了他为争取祖国进步而奋斗的不怕流血牺牲的英雄气概。

（方攸翰）

《大同书》

　　《大同书》是康有为所写的一本书。在这本书里，康有为精心地设计了一个未来美好社会的蓝图——"大同世界"。康有为的"大同世界"只是一个不切实际的幻想。

　　《大同书》一共分十部（也就是十章）。在第一章里，康有为详细地描写了人世间的种种苦难，揭露了现实生活的种种黑暗和不合理。这些描写和揭露，一方面表现了康有为对于劳苦大众的深切同情，譬如他说："农民们一年到头，辛苦劳作，但是全家人却饥寒交迫。"又说："每逢荒年，农民们收成很少，地主还要追讨租米，交不上租就要被关进监牢。"但另外一方面，他又大肆宣传富人、贵人也有各种苦难，用这种宣传来抹煞阶级对立，掩盖造成劳动人民痛苦的社会根源。

　　康有为宣传男女老幼、富贵贫贱都逃不脱各种各样的苦难，目的是要说明，只有实行了他的"大同世界"的方案，才能使人人幸福。在其余的九章里，康有为向人们详细地展示了"大同世界"的美妙前景。根据他的描写，在大同世界里，人人都只有欢乐，没有忧愁。农工商业都归公有，再也没有个人的私产。生产力高度发展，每个人一天只要劳动三四个小时甚至一二个小时就可以生产出充足的东西，其余的时间，都可以用来"游乐读书"。一个人从诞生起，就由社会抚育，长到六岁就上学读书，二十岁以后就工作劳动，年老了进养老院享福。到那个时候，人人相亲相爱，再没有互相欺压、互相仇恨……

康有为说，"大同世界"的到来，不必经过阶级斗争，不必经过革命。因为在他看来，阶级斗争和革命要流血，要破坏，是很可怕的。最好的办法是，由一些聪明的"仁人"广泛地宣传大同世界的好处，吸引人心，"大势既倡，人望之如流水之就下"，等到大家都赞成"大同"了，大同世界就自然会到来。因为要经过慢慢地宣传，要等所有的人都赞成，所以他说，大同世界的到来得等到千年之后。

在阶级社会里，剥削阶级决不会经过"宣传"就放弃剥削，反动的统治阶级决不会经过"宣传"就自动退出历史舞台。因此，康有为的大同世界是永远也实现不了的。

（秦　汉）

19世纪后期的反教会斗争

在近代殖民主义和帝国主义的侵略活动中，商品、炮舰和传教士是互相配合的。英、法、美等外国侵略者，在第二次鸦片战争中，取得了深入我国内地传教的特权。从此，外国传教士便纷赴各省设立教堂，利用宗教进行奴化中国人民的思想宣传和刺探内地情报的特务活动。这些戴着宗教面具的侵略鹰犬，一方面忠心耿耿地替自己国家的资本家效劳，一方面穷凶极恶地欺压中国的劳动人民。他们强占中国人民的田地房产，一个教堂往往占有几百、几千以至成万亩土地和大量房产。这些土地房产，大多是通过"逼让""圈占""强买""罚献"甚至"驱逐业主，据为己有"等办法恃强霸占的。他们奸淫妇女，残害良善：如云南浪穹县有一个天主教堂，法国神父收买了几个中国歹徒，任意强抢民女，亲属前往索要，常被殴打而死。他们包揽词讼，挟制官府：只要信教的人，打起官司来理屈的可以胜诉，杀了人也可以不抵罪。有的地方，教士甚至和地方官一起坐在公案前审理案件。山东有一传教士竟"自称巡抚"，命令各地方官服从教堂的指示。

总之，那些自称是代表"上帝"到中国来传播"文明"和"福音"的传教士，大多是一群无恶不作的恶霸流氓。他们欺侮中国人民的罪恶活动当然会激起各地人民的愤怒和反抗。早在1861至1862年间，贵州、湖南、江西就爆发了反对外国教会的所谓"教案"。此后教案不断发生，几乎年年有、省省有。到1870年爆发了大规模的天津教案，成为近代初期反教会斗争的第一个高潮。

从天津教案以后到义和团运动（1900）这三十年间，中国人民的反教会斗争继续发展，成为中国人民反对帝国主义斗争的一个重要方面。

这一时期的所谓"教案"，常常不再是为了反对某地洋教会的直接欺压而孤立地发生，而是一处发动，他处响应，连成一片。这反映了广大群众的反帝认识有了提高，把洋教会的活动和帝国主义的整个侵略活动联系起来了。例如在中法战争时期（1883—1885），东南沿海和云南、广西相继掀起了反对法国教会的斗争，有力地支持了抗法战争。

清政府采取卖国媚外政策，镇压反教会斗争的爱国群众。初期曾经参加斗争的一些地主绅士，逐渐畏缩，退出了斗争行列，有的反而协同官府进行破坏。但广大劳动人民更加激起义愤，参加的人更多，斗争得更坚决了。同时，他们对于封建势力破坏反教会斗争也开始表示不满，例如1879年（光绪五年）发生了反对美国教士的福建延平教案，群众散发的揭帖（传单）中即明白指责官员绅士偏袒洋人，而宣称"不受洋人荼毒，亦不受官长欺凌"。

在斗争中，原来存在于民间的秘密结社逐渐活跃，起了重要的组织作用。例如在1890至1891年，西起四川，东到上海，几乎整个长江流域的广大地区涌起了一次猛烈的反教会运动。沿江各地会党普遍参加，人民利用会党组织，呼应联络，发动武装斗争。1891年冬在热河（今内蒙古自治区东部）爆发了反对外国教会和蒙古王公的武装起义，领导这次起义的是北方的秘密宗教组织金丹道和在理教。

反教会运动出现了武装起义，可以说是这一方面的爱国斗争发展到了最高形式。特别是四川东部余栋臣领导的起义，规模大，影响也大。余栋臣原是四川大足县龙水镇的担煤工人，1890年，龙水镇的洋教堂勾结官府镇压当地群众的反教会斗争，余栋臣于这年8月领导群众举行第一次武装起义。1898年春，余栋臣被捕，送荣昌县监禁。他的部下劫牢反狱，把他救回龙水镇。他就领导群众第二次宣布起义，传檄远近，声称"但诛洋人，非叛国家"，但若官吏畏惧洋人而镇压群众，那么就是祖国的叛徒、民族的罪人，"于国家法在必诛，于义民理难容宥（宥，yòu，宽容的意思）"。提出的口号是"顺清灭洋"，"灭洋"是打倒帝国主义的意思。"灭洋"是显明的，"顺清"则是有条件的，这一口号集中反映了这次起义的爱国精神和要求爱国合法的愿望。广大群众热烈拥护，起义队伍迅速增加到一万人，川东、鄂西好多县份的人民纷起响应，到处打击洋教会，声势大震。清政府连忙调遣大军围攻，到1899年初，起义终于失败，余栋臣被捕入狱。

　　就在这时，山东的义和团反对外国侵略者和洋教会的斗争已发展成了武装起义。1900年，大规模的义和团反帝爱国运动便轰轰烈烈地掀起来了。

（张守常）

义和团运动

神助拳，义和团，

只因鬼子闹中原……

兵法艺，都学全，

要平鬼子不费难。

拆铁道，拔电杆，

紧接毁坏火轮船。

大法国，心胆寒，

英美德俄势萧然。

这是1900年（光绪二十六年）义和团运动时广泛流传的歌谣，它表达了中国人民起来驱除帝国主义侵略者的坚强意志。

义和团原名义和拳，是白莲教的一个支派，主要在山东西部秘密流传，信神练功。到19世纪末叶，广大人民日益高涨的反帝斗争，就通过义和团这一组织形式开展起来。

义和团先在山东开始斗争，打败了前来镇压的清朝官兵，迫使山东巡抚毓贤承认了义和团的合法地位，并提出"扶清灭洋"的口号，把斗争矛头主要指向帝国主义。

帝国主义指使清政府改派练有新式陆军的袁世凯做山东巡抚，以便通过袁世凯镇压人民的反帝斗争。这个卖国军阀果然遵从帝国主义的吩咐，对义和团进行了残酷的镇压。1900年春天，义和团从山东逐渐扩展到直隶（今河北省）一带。广大乡村的贫苦农民、运河沿岸的失业工人和京津等地的城市劳动者踊跃参加，妇女群众也积极组织起来。同时，山西、内蒙古和东北各地也都纷纷建立了义和团的组织，南方各省也有许多地方起来响应。英勇的中国人民冲破了帝国主义和清朝封建统治者的压制和破坏，迅速地掀起了声势浩大的反帝爱国运动。他们到处焚烧洋教堂，破坏铁道和电线。面对中国人民的反帝斗争，帝国主义立即露出了它的狰狞面目，公然派兵进行武装干涉。在这种情形下，义和团群众也就更大规模地动员起来，进一步发展为反抗帝国主义的武装斗争。手执戈矛的革命人民斗争得很英勇，英国海军提督西摩尔率领侵略军从天津向北京进犯，只到达廊坊，便被义和团团民打得狼狈逃回。成千上万的团民赶往天津，在张德成、曹福田等的领导下，与各帝国主义派来的侵略军进行了英勇的斗争。同时北京的团民也向帝国主义侵略分子的集中地——东交民巷外国公使馆和西什库教堂发动了进攻。广大群众送水备饭，给予了热烈的支持。清政府的部分爱国官兵也和团民一起参加了战斗。中国人民的反帝怒火，在北方大半个中国，熊熊地燃烧起来。

清政府是不敢开罪帝国主义的，对于从农民中自发兴起的义和团，一开始即视为"乱民"，诬作"拳匪"，一再下令"剿办"。但是义和团冲破了清政府的镇压，迅速发展起来。以暴风骤雨一般的浩大声势，压倒了清政府的反动气焰，胜利地进入了北京和天津，控制了清朝的心脏地区，甚至在皇宫禁地也要进去搜查"二毛子"（指依附帝国主义的中国败类）。这使得清政府惊惶失措，感到若不从表面改变态度，避开义和团运动的打击锋芒，那么自己首先就有被推翻的危险。于是它暂时收起了镇压政策，转而采取了欺骗和利用的阴险手法，虚伪地宣称义和团是义民，并且被迫在这年的6月21日对帝国主义"宣战"。但在几天以后便又偷偷地电令驻在外国的使臣向各帝国主义解释"苦衷"，请求谅解，并保证对于这些坚决反帝的"乱民"还是要想办法"惩办"的。以后，英、美、法、德、俄、日、奥、意八个帝国主义国家派来了侵略军，大举向中国人民进攻。慈禧太后的本来面目也跟着显露出来，她在逃往西安的路上大骂义和团是"拳匪"，并命令清政府的官兵协助帝国主义侵略军"剿办"义和团。在内外反动派的联合屠杀之下，轰轰烈烈的义和团运动失败了。

义和团运动是中国近代史上一次伟大的农民武装反帝爱国运动，但是那时还得不到无产阶级的正确领导，所以还不可能打败帝国主义和封建势力的联合镇压。

（张守常）

义和团英勇抗击外国侵略军

声势浩大的义和团反帝爱国运动，在1900年的五六月间发展到了北京和天津。这个时候，革命的人民不但控制了清政府统治的心脏地区，而且在全国范围内进一步推进了革命运动的发展，掀起了汹涌澎湃的反对帝国主义的怒潮，形成了继太平天国革命之后中国近代史上的第二次革命高潮。

义和团反帝爱国运动的蓬勃发展，沉重地打击了帝国主义在中国的侵略势力，帝国主义不甘心放弃它们的侵略利益，对我国进行了又一次的武装侵略。在这民族危机空前严重的时刻，伟大的中国人民为了保卫国家民族的独立，高举反帝爱国的旗帜，不畏强暴、不怕牺牲、艰苦卓绝地和帝国主义进行了坚决的斗争，在中国近代史上写下了辉煌的一页。

1900年6月10日（光绪二十六年五月十四日），两千多名帝国主义侵略军，在英国海军中将西摩尔率领下，由天津向北京进攻。义和团英勇地进行抵抗，沿路团民拦击敌人，拆毁铁路，阻止敌军前进，保卫北京。在这次阻击战中，义和团与侵略军在落垡、廊坊展开了一次激烈的战斗，这次战役打得很出色、很成功。6月13日夜晚，义和团奇袭廊坊车站的侵略军，同时又在第二天围攻驻扎在落垡的侵略强盗，打得敌人措手不及，顾此失彼，惊惶溃逃，团民乘胜发动总攻击。侵略军被迫在18日向天津败走，一路上又遭到义和团、清军的追击堵截，死伤约四百人，到6月22日才狼狈地退到天津西沽。

西摩尔的侵略军遭受到沉重打击的同时，帝国主义强盗于6月17日又在大沽登陆，进攻天津。一场壮烈的天津保卫战又展开了。侵略军从大沽到天津，一路上处处挨打，步步难行，直到6月23日才窃据老龙头车站（现在的天津车站），并和原在西沽的侵略军会合，到达天津租界，接着向天津城发动进攻。他们在义和团四面八方的围攻下，真像瓮中之鳖。从7月6日起，天津战事更加激烈，义和团领袖张德成等一连三昼夜在紫竹林与侵略军血战，取得了很大的胜利。敌人为了减轻紫竹林租界所受的压力，在9日向天津城南发起进犯，清军将领聂士成力战牺牲。正当战事紧急时刻，清政府派宋庆来到天津，这个反动卖国的刽子手，他不但不组织兵力去攻打侵略军，反而下令屠杀义和团。7月14日，天津失陷。

帝国主义侵略军向北京进犯以及大沽炮台被攻占的消息传到北京后，激起了广大人民的无比愤怒。北京的外国使馆屡次向义和团挑衅，任意开枪杀人，群众忍无可忍，先后将日本使馆书记生杉山彬和德国公使克林德等帝国主义分子处死，并且在义和团领导下，于6月15日和20日先后开始围攻西什库的外国教堂及东交民巷的外国使馆。当时北京人民广泛传诵义和团反帝斗争的英勇事迹，有一个歌谣说："吃面不搁酱，炮打交民巷。吃面不搁卤，炮打英国府。吃面不搁醋，炮打西什库。"

义和团的革命英雄们在这次英勇抗击帝国主义侵略军的斗争中狠狠地教训了帝国主义，粉碎了它们瓜分中国的阴谋，显示了中国人民的无比巨大的力量。

（林敦奎）

八国联军

帝国主义历来仇视各国人民的革命运动。反帝爱国的义和团运动爆发后，帝国主义更加咬牙切齿，由英、美、德、日、俄、法、意、奥八个帝国主义国家组成了"八国联军"进行公开的武装干涉。1900年（旧历庚子年）8月13日晚上，侵略军闯到北京城下。14日，中国的部分爱国军队依托城墙，在北京城东面的齐化门（朝阳门）—东直门一线，和日、俄侵略军苦战了一天，杀伤敌人近五百人。这一天下午，英国侵略军从防备空虚的广渠门攻入北京外城，并进入了内城的使馆区（天安门的左前方东交民巷一带），15日，北京城里部分军队和义和团仍在继续巷战，但已不能挽救北京城的陷落。

一贯欺内媚外的封建统治者慈禧太后，根本没有抵抗的决心，到了这时，丢下了北京的人民，化装成农妇从西直门逃走了。平日作威作福的官吏，有的早已逃散；没有逃散成的，也只顾自己身家，想方设法弄了洋文护照作保命符；还有一班更加无耻的家伙，帮着侵略者欺负人民。

从北京陷落的那一天起，全城就陷入了极度恐怖的境地。这群自夸为"文明人"的侵略强盗，在北京城里干下了世界近代历史上罕见的野蛮行为。侵略者一进北京，就放纵军队公开大抢三天，三天过后，抢劫仍没有停止。人们家里的金银、首饰、粮食和一切值钱的东西，都被抢光，搬不动的家具则被劈为柴火烧掉。在各国使馆和军营里，抢劫的东西堆积如山，侵略强盗都抢着进行分赃和买卖赃物。皇宫府库里保存的许多珍贵文物也纷纷被劫运到国外。靠近英国使馆的翰林院，保存着我国大量的珍贵历史文献，不少被放火烧掉，剩下来的也被帝国主义各国囊括而去。直到现在，美国的纽约、英国的伦敦和法国的巴黎仍收存着这些赃物。此外，政府机关的钱财、仓库的粮食，更是被洗劫一空。这群强盗在大肆抢劫的同时，又疯狂地进行屠杀，奸污妇女。它们公开命令：作战时，如果碰到中国人，无论男女老幼，一律"格杀勿论"。进入北京以后，看到行迹稍有可疑的就指为义和团，立刻加以杀害。这些兽军到处掳掠和奸淫妇女，连老妪幼女也不能免。所有这些血腥的罪行，说明自命"文明"的帝国主义强盗，是何等的凶残、野蛮和下流！

（章　明）

《辛丑条约》

帝国主义国家在镇压义和团运动之后，强迫清政府签订了《辛丑条约》。这是帝国主义加在中国人民身上的又一条沉重的锁链。

清政府在义和团的巨大压力下，表面上向帝国主义各国"宣战"，暗地里却千方百计地破坏义和团运动，积极向帝国主义谋求妥协。1900年7月14日，天津失陷以后，清政府更加慌了手脚，于8月7日任命李鸿章为全权大臣，正式向帝国主义乞和。

帝国主义各国本来想用武力直接瓜分中国，但中国人民顽强英勇的斗争，教训了它们，迫使它们不敢动手。同时，这伙心怀鬼胎的强盗，彼此各有打算，互不相让，矛盾重重，这也使得它们需要继续利用和维持清朝政府，并通过这个听话的傀儡，间接地统治中国人民。

1900年12月，帝国主义各国（除了出兵的英、美、法、德、日、俄、意、奥八国之外，又加上比利时、荷兰、西班牙三国）向清政府提出《议和大纲》十二条，以后又根据这个大纲订立详细条款，于1901年9月7日在北京正式签字。1901年这一年是旧历辛丑年，所以这个条约又叫《辛丑条约》。

《辛丑条约》全文共十二款（另有附件十九件），主要内容有：

1.惩办"得罪"帝国主义的官员，上自亲王下至府县地方官，被监禁、流放、处死的有一百多人。同时还要派亲王、大臣到德国、日本去道歉赔罪。

2.清政府明令禁止中国人民建立和参加抵抗帝国主义的各种组织。各地方官对于人民的反抗外国侵略的活动，如不立时镇压，即时撤职查办。

3.赔款四亿五千万两白银，从1902年1月1日算起，分三十九年还清。加上利息，共九亿八千多万两白银。

4.在北京东交民巷一带设使馆区，帝国主义各国可以在使馆区驻兵。中国人不准在使馆区内居住。

5.大沽炮台以及北京到天津海口的各个炮台一律拆毁。

6.北京到山海关间铁路沿线十二处，各国可以驻兵。

（章　明）

东南互保

　　"东南互保"，是义和团运动期间，东南各省的军阀官僚勾结帝国主义镇压中国人民反帝运动的一项罪恶活动。

　　义和团反帝爱国运动期间，清朝中央政权在人民斗争的强大压力下，为了保持自己的统治地位，不得不在表面上向帝国主义各国"宣战"。在北方几省义和团运动的推动下，南方各省人民也在酝酿着大规模的反帝斗争。这时，一直把长江流域看作自己势力范围的英国，为了保持它在这个地区的侵略利益，不使反帝运动在这个地区发展起来，决定勾结长江流域的军阀官僚共同行动。6月中旬，英国政府向两江总督刘坤一和湖广总督张之洞表示愿意以武力支持他们"维持长江秩序"。刘坤一和张之洞得到了英国的支持，胆子壮了起来，他们根本不理会清朝中央政权的"宣战"命令，于6月26日由大买办盛宣怀出面，与上海的帝国主义各国领事商定了所谓的《东南互保章程》。章程规定"上海租界归各国共同保护，长江及苏杭内地均归各督抚保护，两不相扰，以保全中外商人生命产业为主"。根据这个章程，另外还拟定了《保护上海租界城厢内外章程》，规定"租界内华人以及产业应由各国巡防保护，租界外洋人教堂教民，应由中国官妥为巡防保护"，对于"聚众滋事"的人，要"一体严拿，交地方官从重严办"。

根据《东南互保章程》，在两江总督所辖的江苏、江西、安徽和湖广总督所辖的湖北、湖南等东南地区的五个省份内，中外反动势力勾结起来，共同镇压中国人民反帝运动，实行所谓"互保"。

后来，两广总督李鸿章、闽浙总督许应骙和山东巡抚袁世凯等军阀官僚，也都表示和东南各省采取一致态度，在他们所辖的地区内也像两江、两湖一样和帝国主义勾结起来，加强了对中国人民反帝运动的镇压。

"互保"的局面，在义和团运动期间在东南各省一直保持着。在这期间，英国曾陆续派遣军舰开往上海、南京和汉口等沿江口岸，帮助当地军阀官僚镇压人民的反帝运动。

"东南互保"的实行，使东南各省人民的反帝运动受到了严重的压制和阻碍，没有能够发展成为大规模的反抗斗争。这项罪恶活动，在当时起了保护东南各省帝国主义和军阀官僚的反动利益，稳定这一地区半殖民地统治秩序的作用。

（荣国汉）

扫清灭洋

　　光绪二十八年（1902），即义和团运动失败的第三个年头，在直隶省（今河北省）广宗、巨鹿一带爆发了一次规模较大的农民起义。这次起义提出了"扫清灭洋"的口号。

　　1900年义和团运动失败后，清朝政府完全投降了帝国主义。为了尽量满足帝国主义的侵略要求，清朝统治者向全国人民进行了疯狂的搜刮。《辛丑条约》订立后，清政府不仅要向帝国主义交付四亿五千万两的"赔款"，同时各省还要担负大批的"教案赔款"。清政府为了筹措这笔巨额的"赔款"，发动全国各地官吏，向人民进行了"挨户摊派""非刑威逼"的搜刮。1902年爆发的"扫清灭洋"起义，正是由清政府地方官吏强迫广宗农民缴纳"教案赔款"所引起的。

　　1901年春，广宗知县王宇钧向人民勒索"教案赔款"。当地人民得知这笔赔款是赔给教堂和教民后，纷起反对，并推景廷宾为领袖，进行了两次聚众抗捐活动。景廷宾是广宗县东召村人，考中过清朝的武举人，是当地"联庄会"的总团头。1901年末，新任知县魏祖德到任后，又勒令各村按亩摊派，因而激起了人民的更大愤慨。景廷宾召集联庄会在城郊进行武装示威，并且宣布：所有地丁捐款概不缴纳。直隶总督袁世凯见景廷宾"聚众抗捐"，于1902年3月调动军队进攻东召村。东召村的农民在景廷宾的领导下奋起反抗，从拒捐运动转向了武装起义。

起义爆发后，东召村在反革命的突然袭击下，很快便被攻陷。景廷宾在农民群众的推动与支持下，率领起义军转移到巨鹿县厦头寺，继续战斗。景廷宾在厦头寺建立"龙团大元帅"的名号，竖起"官逼民反""扫清灭洋"的大旗，表现了反帝反封建的昂扬斗志。"扫清灭洋"这一鲜明口号的提出，极大地鼓舞了长期处于帝国主义和封建势力压榨下的农民群众，远近农民迅速地集聚在"扫清灭洋"的旗帜下，同反革命军队展开了英勇的斗争。

随着起义势力的日益发展，起义军在军事上不断取得胜利。起义军一度攻破威县和广宗县城，并包围了冀州、南宫、枣强、赵州、隆平县，打得反革命头破血流。起义军号召人们"杀一洋人，赏钱一百吊"，并围攻威县法国天主教堂，杀死了罪大恶极的神父罗泽甫，严惩了那些骑在中国人民头上为非作歹的洋教士和教民。

在起义军的有力打击下，帝国主义和清朝统治者被吓得惊魂失魄，赶忙调集军队前往镇压，袁世凯在清政府"从速扑灭，务绝根株"的严令下，派其部下段祺瑞等率军反攻。在反革命势力的疯狂进攻下，起义军逐渐失利。起义势力控制的巨鹿、威县、广宗等地先后为反革命军队所攻陷。景廷宾率部众撤到成安，最后又由成安向河南撤退，途中不幸为清军追获，押回威县，英勇就义。临刑前，景廷宾当众高呼"乡亲们，不要怕，咱们的人到处有，今天杀了我，明天就会出现更多的景廷宾"，表现出视死如归的英雄气概。

（马汝珩）

颐和园

颐和园是在北京西北近郊区的一所大型园林建筑。园内以万寿山和昆明湖为主，在湖山之间建有各式各样的楼台殿阁、亭榭桥廊，再点缀上松柏花木，使自然山水与人工布置结合得极为谐和，气象壮丽而境界幽美，体现了我国园林艺术家和建筑工人的高度智慧和杰出技能。

这里原名清漪园，是1750年清朝的乾隆皇帝下令修建的。这年，他为了给他的母亲庆祝六十岁"万寿"，在这里的瓮山上修建大报恩延寿寺，改瓮山名为万寿山。在山前的湖水东岸筑堤蓄水，使湖增大，模仿汉武帝在长安凿昆明池练水军的故事，也在这里观看水操，并命名为昆明湖。这一处湖山，从此便成了圆明园附近的又一所禁苑。

1860年（咸丰十年），英法联军侵入北京，焚毁圆明园，清漪园也同时被毁。十几年以后，慈禧太后想修复圆明园供她游乐，但因需款太大，未能进行。又过了十几年，慈禧太后在建立海军以加强国防的名义下，责成各省年年拨解巨款，而暗地从中提取经费，于1888年重修清漪园，作为她"颐养天年"的地方，园名也改为颐和园。她搜刮了人民大量的膏脂血汗，修成了这个华美壮丽的庭园，供她一人享受游乐。1894年，中日甲午战争爆发，李鸿章负责经营的北洋舰队全军覆没，中国海陆军大败。第二年签订《马关条约》，割地赔款，丧权辱国，全国人民正悲愤莫名的时候，慈禧太后却仍旧安然地在颐和园避暑度夏。当时民间曾传述一副对联来表达他们的满腔愤懑：

台湾岛已割日本
颐和园又搭天棚

1900年，八国联军侵入北京，颐和园又遭到侵略军的破坏，慈禧太后从西安回来之后再予修整。清政府被推翻后，颐和园于1924年被辟为公园。但在北洋军阀、国民党和日伪统治时期，管理不善，日渐残破。新中国成立后，这所园林回到了人民手中。为了保护这一所大型园林建筑遗产，经过大力修整，颐和园面貌焕然一新。颐和园经过园林建筑艺术家和能工巧匠的精心创造后，获得了新的青春生命，每日以清爽愉快的风貌接待着成千上万的游人。

（张守常）

慈禧太后

　　慈禧太后（1835—1908）出身于满族贵族家庭，称叶赫那拉氏。1851年（咸丰元年）她十七岁时，被选进皇宫，成为清朝咸丰皇帝的嫔妃。初封"懿贵人"，是嫔妃的第五级。后来晋封为"懿嫔"。1856年时，她生了儿子载淳，随即晋封为"懿妃"。第二年又晋封为"懿贵妃"，仅次于一级的"皇贵妃"，列为宫廷中嫔妃的第二级了。她的"地位"扶摇直上，使她有机会参与政事，并产生了掌握统治权力的欲望。1861年咸丰皇帝死去，她的儿子载淳才六岁，便继承了帝位，这就是同治皇帝。同治皇帝的年龄很小，不能掌管国家政事，她就以皇太后的身份，打破清朝成例，实行"垂帘听政"，称为慈禧太后（或称西太后）。从此，慈禧就正式地爬上了统治中国的政治"宝座"，成为中国近代历史上最黑暗、最腐败、最反动的封建统治势力的代表，并且充当起帝国主义侵略中国最得心应手的工具。

　　慈禧太后为了巩固她的统治地位，头一件事就是联络奕䜣等洋务派势力，取得帝国主义的同情与支持，用阴谋手段发动了1861年的"北京政变"，把当时掌握清朝政府中央实权的满族亲贵载垣、端华、肃顺等"议政王大臣"处死，消灭了她的政敌。接着，又使用各种手段，培植她的党羽爪牙，在她周围形成了一个由许多满族亲贵和一部分汉族地主官僚组成的"慈禧集团"。

慈禧太后刚刚打倒了她的政敌，巩固了自己的统治地位，就立刻把大屠杀的刀锋指向了正在轰轰烈烈展开斗争的太平天国和捻军，她十分明确地宣称，这些革命农民是她的"心腹之害"。她迫不及待地和英法侵略者勾结起来，让那些火烧圆明园、抢劫京津、屠杀中国人民、犯下滔天大罪的侵略军队，来镇压中国人民。在慈禧的主持下，中外反革命势力对太平天国革命运动进行了联合进攻，终于在1864年将太平天国革命镇压下去了。不久以后，又血腥地镇压了捻军以及各地的人民起义。慈禧太后就这样扼杀了中国近代史上的第一次革命高潮，取得了封建统治的暂时稳定。

慈禧太后勾结外国侵略者镇压了人民起义以后，就一方面尽量地宣扬她镇压人民的"功勋"，挂出一面"同治中兴"的招牌；另一方面极力铺张挥霍，追逐骄奢淫逸的生活。她最宠爱的太监，先有安德海，后有李莲英，"招权纳贿"，肆行搜刮，以供挥霍，把宫廷弄得乌烟瘴气。今日宴会，明日赏赐，"天天过年，夜夜元宵"。除了宫廷靡费之外，她进一步大兴土木，劳民伤财。例如，修建颐和园，据说，"土木之费，几七千万，穷极奢侈"。其实修建颐和园的花费，远远超过此数。因为除挪用了"筹设海军经费"三千六百万两之外，还得加上各地官僚从人民身上搜刮来向她"报效"的许多银钱。1894年，慈禧太后为了庆祝她自己的六十岁生日，下令各省准备景物"点景"。从紫禁城到颐和园的路上，各省分布"点景"，实际成了一次铺张浪费的大比赛。

慈禧太后整日生活在骄奢淫逸之中，对于日益严重的民族危机，根本不闻不问，相反地，她还常常把外国侵略势力当作保护她统治地位的靠山。因此，她对外政策的原则就是屈辱投降、卖国求荣。她和她的集团曾经公开说过，他们对于外国侵略者的方针是："量中华之物力，结与国之欢心"。这两句话确实是慈禧和她的集团奴才嘴脸的最好的自我写照，是他们卖国求荣的反动本质的深刻的自我揭露。慈禧太后在处理所有对外交涉事件中，都是按照这个原则办事的。例如，1885年，中国军民在抗击法国侵略的战争中，和越南人民一道，在镇南关（今友谊关）一带打退了敌人的进攻，并且乘胜追击逃敌，取得了辉煌的胜利。但是以慈禧为首的清朝统治集团却把胜利作为议和的阶梯，提出"乘胜即收"的投降卖国论调，立即结束战争，并和法国签订和约，使中国丧失了大量主权利益。

在中日甲午战争中，中国进行的是正义的民族自卫战争，而且军事力量并不弱于日本，但是慈禧太后及其统治集团执行卖国投降的政策，始终对战争抱着消极态度，不做战争准备，却把希望寄托在别国的干涉和调解上，到处求人。结果战机全失，海陆军遭到惨败，还签订了割地赔款的《马关条约》，使中国又丧失了大量的主权利益。

在义和团反抗八国联军的战争中，慈禧太后统治集团害怕义和团强大的反帝反封建拳头，打到自己身上。他们一面假意表示支持义和团的反帝斗争，企图利用帝国主义达到消灭义和团的目的，另一面却又积极准备投降帝国主义。八国联军打到北京，慈禧太后立即逃往西安，她在逃跑的路上下令清军配合帝国主义屠杀义和团，完全公开地和外国侵略者结合起来。李鸿章、奕劻执行着慈禧太后的对外方针，于1901年签订了丧权辱国的《辛丑条约》，彻底地出卖中国、出卖人民。慈禧太后就这样阴险狠毒地反对和破坏民族自卫战争，又一次扑灭了中国近代史上第二次革命高潮。

中日甲午战争后，中国面临着被瓜分的危机。代表中国资产阶级要求的知识分子和一部分中小士大夫，掀起1898年的戊戌变法运动。企图通过自上而下的改良主义的变法道路，使中国摆脱被瓜分的危机，走上独立富强的道路。戊戌变法在当时的历史条件下，具有进步性。但慈禧太后统治集团，根本拒绝和害怕在政治上做任何改革。她纠合封建顽固势力，反对变法，反对进步，并暗中布置力量，又一次采取宫廷政变的手段，把光绪皇帝囚禁起来，废除维新政令，大肆捕杀戊戌变法的志士，扼杀了维新运动。

义和团运动后，资产阶级民主革命运动迅速地发展起来，形成了中国近代历史上的第三次革命高潮。反动的慈禧太后竭尽一切力量，想扑灭这次革命的火焰，破坏和镇压革命。但是，她的反革命事业并没有成功。1911年，终于爆发了辛亥革命，推翻了腐朽的清王朝。而慈禧太后比那个封建朝廷更早地结束了自己的生命，在1908年就在革命高涨的形势下死去了。

（袁定中）

赫德

赫德（1835—1911）是英帝国主义分子，他在帝国主义侵略中国的历史上是一个重要的角色。

1854年，上海正在进行轰轰烈烈的小刀会起义的时候，英、美、法等外国侵略者从清政府手里夺取了上海海关的管理权，接着，在几年之内，全国各地的海关管理权也都落入了外国侵略者的手里。1859年（咸丰九年），赫德担任了广州海关的副税务司（"税务司"是管理海关税务的官员）。由于赫德使用了"貌类忠诚，心怀鬼蜮"的两面手法，所以很快就得到了帝国主义和清政府两方面的信任。1863年（同治二年），他被正式任命为海关总税务司，统一管理全国的海关。

赫德担任总税务司的职务一共有四十六年之久，直到1909年（宣统元年）才去职回国。在这一段时期内，他深深地取得了帝国主义和清朝封建政权的信任，中外反动势力对他十分重视，倍加赞赏。英、法、日、俄等帝国主义政府给赫德的勋章、爵位共有二十四次之多，清政府给赫德的奖励也有八次。

赫德利用总税务司的职位，从各方面伸张帝国主义的侵略权利。他在上任后不久，就给中国海关制定了一套殖民地性质的管理制度。按照这套制度，总税务司掌握海关行政、用人和财务大权，各地税务司只向总税务司个人负责：各地税务司和高级职员都由外国人担任，中国人只能充当下级职员。通过这套制度，帝国主义便全部控制了中国海关的管理权。当时海关税收是清政府的一项很重要的财政收入，也是清政府借外债和偿付赔款的重要抵押，所以帝国主义控制了中国的海关，同时也就掌握了清政府的财政经济命脉。赫德因此也就可以利用他的总税务司的职位来干涉和支配清政府的内政和外交了。

赫德受任总税务司之后不久，就向总理衙门呈递了一篇叫作《局外旁观论》的建议书，里边说道："现在某事当行，某事不当行，已有条约可凭。"他还用威胁的口吻说："民间立有合同，即国中立有条约。民间如违背合同，可以告官准理，国中违背条约，在万国公法准至用兵。"赫德提出这个"建议"的目的很明显，因为这时各资本主义国家已迫使中国订立了许多不平等条约，进一步地，它们就要求保证"条约权利"的完全实现，赫德的建议书就是用软硬兼施的办法叫清政府充分满足侵略者在条约中规定的种种特权。

赫德的"建议"对清政府是很有影响的。一个外国人曾经这样说："（清政府在）一切国际问题上，从商议一个条约到解决一个土地纠纷，都常常依赖北京的总税务司的意见并求得他们的帮助。"事实的确是这样。赫德曾经一手包办地代替清政府谈判和签订过许多条约。例如，1876年，赫德作为清政府的外交顾问，参与了清政府和英国的谈判，他为了英国的利益，促使清政府和英国订立了《烟台条约》，使英国不仅扩大了在中国内地通商的权利，而且还取得了侵入云南和西藏的权利。又如，在中法战争的谈判中，赫德装成是热心公正的"和事佬"，竭力怂恿清政府向法国妥协。赫德自己在当时就曾扬扬得意地说："目前的谈判，完全在我手里！"正当中国在军事上取得胜利的时候，中国却在赫德的主持下签订了《中法和约》，丧失了许多利权。1900年的义和团反帝运动被镇压以后，当帝国主义各国正在争吵今后用什么办法侵略中国对他们更有利的时候，赫德又以中国通的资格提出了扶植清政府，通过清政府这个傀儡来间接统治中国人民的主张。以后帝国主义各国正是按照赫德的建议，采取了"以华治华"的办法，扶植清政府作为奴役中国人民和扩大侵略势力的工具。

（荣国汉）

李提摩太

李提摩太（1845—1919），英国人，他是一个典型的披着传教士外衣的帝国主义分子。他从1870年（同治九年）起，在中国住了近四十五年，在对中国"友好"的伪善面孔下干了许多侵略中国的罪恶勾当。

李提摩太初来中国的时候，正是英国侵略者阴谋把它的侵略势力从中国的沿海沿江地区伸入中国内地的时候。英国侵略者为了实现这个目的，派出一批人打着"传教"的幌子到中国来进行欺骗活动，并在暗地里收集有关各地民情风俗、地理交通、资源气象等方面的情报，为以后进一步侵略做准备。李提摩太就是奉了这个使命来到中国的。他起初在东北、西北、山东等地活动，一方面收集情报，一方面收买勾结各地大大小小的封建官僚。后来，他又在英国政府的指使下，把他活动的中心转向清朝中央政府，拉拢更高一级的官僚，除了向他们刺探清政府在政治、经济、军事各方面的情报外，还向他们灌输一套反动卖国的奴化思想，使他们靠拢英国。李提摩太的这些活动，正好适合头号大卖国贼李鸿章的需要。1890年（光绪十六年），李鸿章请李提摩太到天津当《时报》的主笔。李提摩太喜出望外，便利用《时报》大肆宣传帝国主义强盗哲学，说什么世界上有三等人，在他看来，英、美等国的人属于上等人，大多数中国人属于中等人，而非洲人和中国的一些少数民族属于下等人。说什么英国不是来侵略中国的，而是给中国送文明来的。李提摩太就是用这样一些谎言谬论，向人们灌输奴化思想。1894年，日本在英、美帝国主义支持下，对我国发动了侵略战争。李提摩太立刻大卖力气，在大官僚群中奔走呼号，散播失败主义的调子，鼓动清政府向帝国主义侵略强盗投降。清政府向日本出卖大批国家主权后，帝国主义各国展开了一场抢夺中国的大竞争。李提摩太为了给英帝国主义夺得更多的利权，向李鸿章、张之洞等人提出一个所谓"救中国"的妙方。这个妙方的第一条是订立中英同盟；第二条是由英国派人管理中国的海军、陆军、财政、民政；第三条是英国人在中国有修筑并管理铁路、开采并管理煤矿和其他矿产，以及在通商口岸开办并管理各种工业的特权；第四条是增开新口岸，改订税收等。简单一句话，就是要把中国干脆送给英国保管，当英国的殖民地。

甲午战争以后，接着就发生了戊戌变法运动。李提摩太为了把这个运动引向有利于英国侵略利益的道路上去，便竭力装出赞成维新的姿态，并积极拉拢康有为、梁启超等维新人物。当他取得了维新派的信任之后，便别有用心地提出建议，要求任用外国人"帮助"中国实行"变法维新"。后来维新运动失败，李提摩太的阴谋也就落了空。

义和团反帝斗争像熊熊烈火一样燃烧起来后，李提摩太到处叫骂、诬蔑义和团，威胁清政府加紧镇压，鼓吹各帝国主义国家出兵干涉。义和团运动后，他向山西勒索了五十万两银子的"罚款"，成立"中西学堂"，后来又改为"山西大学堂"。他一手把持学堂的行政管理，灌输奴化思想，培养洋奴买办。辛亥革命以前，他又竭力反对孙中山领导的革命活动，对孙中山极尽造谣中伤之能事，企图破坏革命运动。可是螳臂挡车，革命的洪流终于抵挡不住，李提摩太只好眼睁睁地看着依附帝国主义的封建王朝在革命人民的打击下死亡。

（美　珍）

帝国主义在中国开设的银行

帝国主义在中国开设银行，是它们对中国进行经济侵略和政治侵略的重要手段。

最早在中国开设银行的是英国。鸦片战争以后，英国资本主义把大量的纺织品、鸦片烟和其他商品运入中国，又从中国掠取丝、茶运回本国，他们通过这种掠夺性贸易获取暴利，剥削中国人民。为了办理大量款项的汇兑和周转，以便进行这样的贸易，他们便开始在中国筹设银行。1848年，他们在上海设立了第一家外国银行——东方银行的分行，中文名字叫作"丽如银行"。

1854年，英国又设立了"有利银行"，1857年设立了"麦加利银行"。后来，麦加利银行又在汉口、天津、广东、福州、青岛等地先后设立了分行。这些银行成立后，营业很兴盛，获得了高额的利润。特别是麦加利银行，更成为英国在中国最老的金融侵略机构。

第二次鸦片战争之后，英、法等资本主义国家取得了更多的侵略特权，接着，英、美、法等国又帮助清朝封建政权镇压了太平天国革命运动。在这种形势下，侵略强盗们准备对中国进行更大规模的经济侵略活动。1867年，在香港的英国资本家联合了当地一部分德国、美国商人，共同创立了"汇丰银行"，次年还在上海设立了分行。后来，汇丰银行就逐步发展成为英国对中国进行经济侵略的大本营。

据一个外国人的统计，英国银行"在中国支店的数目，1870年有十七个，1880年有十九个，1890年有三十个；它们的联合资本，在1880年时达一千六百八十一万英镑"。在这些银行中，势力最大的是汇丰银行，"它为了英国人的利益而用不正当的手段操纵贸易"，而且成了"压倒一切的财政势力"。

与此同时，其他一些资本主义国家也不甘落后，纷纷在中国开设银行。如：1863年前后，法国的法兰西银行在香港和上海设立了分行；1872年，德国的德意志银行也在上海设立了分行；1889年，德国十三家银行合资在上海创设了"德华银行"，资本达白银五百万两。

到了19世纪末期，世界主要资本主义国家先后发展到帝国主义阶段，它们对中国的经济侵略已不只是商品输出，而日益注重于资本输出了。各帝国主义国家更加积极地在中国开设银行。银行的作用也根本改变了，它的主要任务已不是一般的为商品输出服务，而成为帝国主义垄断资本输出的指挥机构和执行机构了。

1893年，日本的横滨正金银行在上海开设了分行。1895年，沙皇俄国成立了华俄道胜银行。1899年，法国的东方汇理银行在上海成立分行。1902年，美帝国主义对中国进行经济侵略的大本营——花旗银行的上海分行正式开业。

这些银行成立之后，不但经营一般的银行业务，而且垄断了中国的财政金融。它们掌握了清朝政府的借款（甲午战后，清政府为偿付巨额赔款，向外国大举借债，各帝国主义国家在借款给清政府时取得很多权益），投资于铁路和矿山，发行纸币，操纵市场。例如，华俄道胜银行在章程中擅自规定："在中国境内承包税收；经营有关中国国库的各项业务；在中国政府授

权之下，发行货币，偿付中国政府所负的债息；修建中国境内的铁路及安装
电线"等。

据统计，一直至新中国成立之前，帝国主义在中国先后设立过的银行共
有八十多家。直到中华人民共和国成立，帝国主义垄断中国财政金融的状况
才被消灭。

（任　红）

退款兴学

1901年，帝国主义强盗在镇压了中国人民伟大的反帝爱国运动——义和团运动以后，强迫清朝政府订立了《辛丑条约》。帝国主义强盗向中国勒索了大批"赔款"。这批"赔款"就是历史上所说的"庚子赔款"。同其他帝国主义一样，美帝国主义在镇压义和团运动的血泊中，也捞得一笔为数不小的赔款。

1909年，美国资产阶级政府，把从中国掠夺去的"庚子赔款"的一部分，用来在中国兴办学校，"培养"中国的留学生，"教育"中国学生。这就是所谓的"退款兴学"。一贯处心积虑侵略中国的美帝国主义，为什么这时居然大发"善心"，竟"帮助"中国发展教育事业呢？原来美帝国主义在实行"退款兴学"手法的后面，隐藏着一个巨大的侵略阴谋。

1900年的义和团反帝爱国运动，沉重地打击了外国侵略者。同其他帝国主义一样，美国侵略者发觉单靠武力是不能征服具有光荣革命传统的中国人民的，他们决定配合使用武装侵略和精神侵略这两种不同的侵略方式。于是就开始酝酿"退款兴学"的侵略方案，企图用这种办法达到在政治上、思想上麻醉和俘虏中国人民的目的。1905年，由于美国虐待华工引起了中国人民的反美爱国运动，中国人民以抵制美货和经济绝交手段，给了美帝国主义重大的打击。1907年，一个长期在中国传教的美国侵略分子明恩溥出版了《今日的中国与美国》一书，积极鼓吹"退款兴学"的主张。他在这本书里还转引了1906年美国伊里诺州大学校长詹姆士给美国总统的《备忘录》。詹姆士在《备忘录》里毫不隐讳地道出了"退款兴学"方案的侵略目的，他说："哪一个国家能做到教育这一代的青年中国人，哪一个国家就将由于这方面所支付的努力，而在道义的、智力的和商业的影响上，取回最大可能的收获。如果美国在三十五年前已经做到把中国学生的潮流引向这一个国家来，并能使这个潮流继续扩大，那么，我们现在一定能够使用最圆满和最巧妙的方式，来控制中国的发展——这就是说，通过那从智力上与精神上支配中国的领袖的方式。"接着，他更加露骨地说："为了扩张精神上的影响而花一些钱，即使从纯粹物质意义上来说，也能够比别的方法收获得更多。商业追随精神上的支配，是比追随军旗更可靠的。"詹姆士的言论，已把美国"退款兴学"的阴谋实质，不打自招地供认出来了。

可见，美国侵略者"退还庚子赔款"的目的不是别的，而是为了对中国实行更为阴险毒辣的精神与文化上的侵略政策。美帝国主义对中国的精神侵略，不止于在中国办学校，同时还扩及精神、文化领域的各个方面，"由宗教事业而推广到'慈善'事业和文化事业"。

（马汝珩）

第七编

新政　预备立宪

义和团运动以后，一次新的革命高潮在酝酿着，各地农民的斗争此起彼伏，资产阶级革命派领导的革命运动也迅速地发展起来。

在这样的形势下，清政府已经不能照旧地统治下去了。为了挽救它的反动统治，清政府在1901年就发布了个"变法"的通告，宣布要实行所谓"新政"。

"练兵筹饷"是"新政"的主要内容。为了加强镇压人民的反动武装，清政府在中央新设"练兵处"，在地方设立"督练公所"，编练新军；并且设立"巡警部"，举办警政。为了搜刮钱财，清政府又增添了许多名目的捐税，加紧敲诈和勒索人民——这是"筹饷"的唯一手段。

为了讨好帝国主义，清政府还把原来的总理衙门改为外务部，列为政府各部之首，并且颁布了一系列有关保护外国资本在华特权的章程，进一步出卖国家的主权。

为了拉拢当时新兴的民族资产阶级，清政府还采取了一些向民族资产阶级让步的措施，包括：设立商部、学部，制定实业章程，废八股，停科举，设学堂，派遣留学生等。

从以上这些"新政"措施可以看出，清政府实行"新政"的目的，一则是做出姿态，表示自己要"革新政治"，企图用这些办法来欺骗人民、缓和人民的革命情绪，并拉拢民族资产阶级；二则是为了讨好帝国主义，通过实行"新政"和帝国主义进一步勾结起来；三则是想通过"新政"加强封建统治力量。

可是，清政府的"新政"并不能挽救它的垂危命运。1903年后，宣传革命的书报杂志像雨后春笋一样出现，革命团体也纷纷成立，各地人民的反抗斗争更是风起云涌。清政府越来越深地陷入摇摇欲坠的境地。

在革命运动蓬勃开展的同时，民族资产阶级中一部分上层分子却竭力要求清政府实行"立宪"，企图用改良的办法来对抗革命，以保存清朝统治，并使自己挤进这个政权中去。清政府为了抵制革命，拉拢资产阶级上层，便又装出一副准备实行"立宪"的姿态，想用这种办法来逃脱革命风暴的袭击。

1905年（光绪三十一年），清政府玩弄"立宪"的骗局，派遣亲贵载泽等五大臣出国"考察宪政"。但是人民早看穿了清政府的这一花招。革命志士吴樾就曾写文章揭露"立宪"的阴谋，并在五大臣启程的那天揣着炸弹到车站去炸他们，因炸弹爆炸过早，吴樾被捕牺牲。五大臣吓破了胆，有两个再也不敢出头，清政府只得重新拼凑了五大臣出洋。1906年载泽等回国奏请立宪，说它可以固帝位、减外患、除内乱，还说，今天立宪只不过是"明示宗旨"，至于真正实行立宪的时间尽可推迟。清政府自然很中意，当年9月宣布"预备仿行立宪"。接着，一面下令在中央筹设"资政院"，并在各省设"咨议局"；一面却以改革官制为立宪第一步的名义，积极推行由皇族独揽大权的政策，还加紧编练新式军队，加强反动武装力量。"预备立宪"的骗局要开了。

资产阶级改良派全力拥护清政府的预备立宪，他们在江苏、浙江、湖南、湖北、广东等地筹备立宪机构，并向清政府请愿要求早日召开国会；流亡海外的康有为、梁启超等也声嘶力竭地摇旗呐喊，请求立宪，因此，历史上又称他们是"立宪派"。这时，全国人民的反抗斗争和革命党人的武装起义更加发展了。清政府被迫在1908年8月又颁布了一个《钦定宪法大纲》，并宣布预备立宪期为九年。这个既是"钦定"又是"宪法"的非驴非马的"大纲"，一共有二十三条，其中十四条规定皇帝享有至高无上的权力，人民实际上得不到任何真正的权利。

"立宪派"为了取得政治地位，在1910年2月到10月，由各省派代表到北京连续三次请求清政府开国会、组内阁。他们向封建朝廷叩头请愿，痛哭流涕，却得不到清政府的半点怜悯。只是在国内革命形势更加发展的压力下，清政府才在1911年5月成立了一个内阁，因为主要阁员都是皇族，人们管它叫"皇族内阁"。不久，辛亥革命爆发，这场丑剧才没有继续演下去。

（吕翼祖）

派遣留学生

中国近代史上最早的留学生是容闳，他于1854年（咸丰四年）从美国耶鲁大学毕业。不过，清政府正式派留学生到外国留学是从1872年（同治十一年）开始的。

1840年以前，外强中干的清朝统治，表面上还是一个强大的封建国家，但实际上十分衰弱，早已危机四伏了。清朝统治者一方面自以为是天朝上国，对当时已经进入资本主义社会的西方国家很看不起；另一方面又很害怕本国人民与外国接触，深恐由此招来"内忧""外患"，危害自己的统治。所以，它严格地采取了"闭关锁国"的政策，也就是拒绝和外国往来的政策。

鸦片战争爆发，西方国家对中国发动了武装侵略，昏庸无能的清政府无力抵抗，"闭关政策"被"炮舰政策"冲破了。清朝统治者被洋枪洋炮吓破了胆，变得卑躬屈节，对洋大人恭顺起来，但同时他们也发现洋枪洋炮对镇压人民的反抗和维护封建统治大有用处。因此，便兴办军火工厂，制造枪炮轮船，以加强统治力量。同时，为了学会这方面的本领，清政府决定派遣留学生出国留学。

从1872年起，清政府每年派遣三十名十三岁至十五岁幼童去美国留学，四年之中，一共派出了一百二十名。原定留学期限是十五年，后来清朝统治者发现这些幼童受过几年美国教育之后，举止行动与中国封建统治阶级的礼教习俗大相背离，感到大为不安。因此在1881年，又下令一律撤回。这样，派遣留学生一事就中断了一个时期。但不久由于培养封建统治工具的需要，又恢复了。

清政府早期派遣的留学生的人数不多，主要派往欧美各国，学习军火生产的技术和军事。甲午战争以后，人数逐渐增多，学习的内容也从军事扩大到农业、工业、商业和矿冶、铁路工程等方面。

派遣留学生的极盛时期是在义和团运动被镇压以后。当时清政府为挽救垂死的封建专制统治，实行了一套骗人的"新政"，并且为此向外国、特别是日本大批派遣留学生。全国广大知识分子，这时基于对外国的侵略和清政府的统治的不满，也纷纷自费出国留学，寻求救国的办法。一时留学外国蔚为风气，留学生之多，达到了空前的程度。其中以去日本的为最多，在1906年达到了一万二三千人，去欧美的也不下几千人。

帝国主义对中国实行军事的、政治的、经济的侵略的同时，也注重文化上的侵略。为了实现侵略的野心，它们很需要从精神方面毒害中国人民，很需要培养为它们服务的买办奴才，因此，都加紧吸收中国留学生，其中以日本和美国尤为积极。在日本，不但为接纳中国留学生设立了许多学校，而且还派了大批特务在留学生中大肆活动。后来，狡猾的美国强盗为了侵略的需要，装出一副伪善面孔，从血腥镇压义和团而掠夺去的"庚子赔款"中，拿出一部分来，美其名曰"退还赔款"，用来作为培养留美学生的费用。

但是，事情恰好走向帝国主义和清朝反动统治者所希望的反面。除了少数一部分人甘心替中外反动势力服务，媚外卖国，成为毫无骨气的民族败类外，大部分留学生都是爱国的，不但不肯为中外反动派效力，而且为祖国的独立和进步，做出了贡献。许多留学生回国以后，致力于中国的社会改革，把西方文化介绍到中国来，如严复翻译了许多资本主义社会学说的著作，并且参加了戊戌维新运动。还有许多人从事于祖国的建设事业，如第一批留美学生中的詹天佑，在中国铁路建设上，创造了很大的成绩，成为清末杰出的工程师。特别是在辛亥革命时期，大部分留日学生投身到革命的洪流之中，成为辛亥革命的先锋、骨干或领导人物，对于推翻清朝统治的旧民主主义革命，起了一定的作用。

（鲁　素）

日俄战争

　　义和团运动失败后，帝国主义对中国的侵略更加深入和剧烈了，中国的东北是它们争夺得非常激烈的地区。帝国主义之间，明争暗斗，互不相让，矛盾十分尖锐，后来发展到必须用武力来解决的程度，终于在1904年爆发了日俄战争。

　　义和团运动期间，沙皇俄国以武力侵占了中国东北，直到日俄战争前，大部分东北地区，还处在沙皇俄国的军事占领之下。日本对东北早有野心，力图排挤沙俄，取代它在中国这个地区的侵略地位。美帝国主义企图利用日本达到它插足东北的目的，英帝国主义害怕沙俄在中国势力的发展，影响它在中国的侵略利益，也积极支持日本。1902年1月，英国和日本结成了反对俄国的军事同盟。1904年2月7日，日本军队突然袭击在旅顺口的俄国舰队，战争爆发了。

　　日俄战争从开始到结束都是在中国领土上进行的，目的是抢夺中国的东北。腐朽透顶的清政府不但不采取任何保卫国家领土和主权的措施，反而宣布在战争中"严守中立"，把辽河以东的地区划做战场，听凭日俄两国军队在东北残杀中国人民，劫掠财物，焚毁房屋，破坏生产，并且严令各地官吏加紧监视和镇压反抗的人民。

这一场战争，打了将近一年零七个月，最后俄国被打败了。

1905年9月，日俄两国代表在美国的朴次茅斯缔结和约，这就是《朴次茅斯条约》，条约的主要内容是沙皇政府同意把在中国东三省的一部分侵略权益转让给日本，其中包括旅（顺）大（连）租借地，长春到大连的铁路（所谓"南满铁路"），及与这些租借地和铁路有关的一切权利。清政府不但不反对，并且还送给日本很多额外利益。

（美　珍）

英国侵略西藏

英国侵略者自从把印度变为殖民地后，就野心勃勃地企图通过印度进占我国西南广阔富饶的边疆地区——西藏。19世纪60年代后，英国侵略者就从印度派遣了大批特务间谍扮作传教士和商人，潜入西藏，搜集情报，做进攻西藏的准备。1888年，英国侵略者公然派出军队，向西藏实行武装侵略，曾遭到西藏人民英勇的抗击。

1903年12月，英国侵略者发动了大规模的新的武装进攻。侵略军一踏上西藏土地，立即遇到西藏军民的英勇反击。藏族人民不分男女老幼，拿起土枪、土炮、大刀、长矛，甚至"恶多"（这是平时打鸟、打牲口用的，为一包小石头和一条绳子，用时把石头用绳缠起用力甩出），奋勇战斗，誓死保卫祖国，保卫家园。

江孜的保卫战最为英勇壮烈。江孜是西藏中心拉萨的屏障，藏族人民在这里布下了天罗地网，英勇阻击敌人。进攻江孜的侵略军被西藏人民和西藏地方军队包围了两个多月，最后，率领这支侵略军的军官只带领了三四十个卫兵趁夜逃出重围。

1904年6月中旬，英国重新拼凑的侵略军，携带各种新式武器，再次向江孜进犯。守卫在江孜的西藏地方军队和藏族人民一道重新布置战斗，第一天就在乃尼寺把侵略军打退。第二天，侵略军用大炮把乃尼寺的围墙轰倒，从缺口爬进寺内。寺内守军，个个手持大刀，奋勇杀敌，经过两小时的白刃战，杀死敌人多名，后来因侵略军愈聚愈多，才杀出重围退出乃尼寺。他们退到江孜城内，和守卫在那里的军队会合，利用江孜城内制高点的有利地势，向进城的侵略军英勇反击。侵略军用大炮、机枪几次发动了猛攻，都失败了。不幸，正在紧张战斗之时，军队的火药库突然失火爆炸，敌人趁机发动总攻。守在山上的军队在弹尽药绝的情况下，用石头坚持战斗，打退了敌人好几次进攻，直到最后，才边打边撤。等敌人集中火力冲到山顶时，山上已空无一人了。

江孜失守后，7月14日，英国侵略军开始向拉萨进攻。这时，达赖十三世已经出走，而清政府驻藏大臣有泰又存心媚外，不支持抗战，所以，虽然西藏的人民和士兵曾经英勇抵抗，但侵略军很快就侵入了拉萨（8月3日）。

侵略军在西藏各地杀人放火，奸淫抢掠，破坏寺庙，无恶不作。藏民游击队不时出没于拉萨城内和郊区，不断地给敌人以意料不到的袭击。侵略者饱尝了藏族人民的铁拳，知道不可能长期占领西藏土地，便急急忙忙逼迫西藏部分地方官吏签订所谓《拉萨条约》，匆匆退走。

《拉萨条约》规定给英国侵略者在西藏保有极广泛的经济、政治特权，严重损害了中国主权，激起了全国人民，首先是西藏人民的坚决反对。清政府对此条约也不予承认。1906年中英双方重订条约，英国侵略者虽然取得了一些侵略利益，但它企图分割中国领土西藏的阴谋最终遭到失败。

（美　珍）

1905年的反美爱国运动

　　自19世纪40年代起，美国为了开发西部地区，曾大批拐骗中国人去做苦工。到1868年（同治七年），在美国的中国工人已经有九万多人。这些中国工人受尽了美国资本家和美国政府的残酷剥削、压迫和折磨，他们为开发美国西部地区贡献出了巨大的力量。

　　1877年，美国发生了经济危机，工人大批失业，工人运动到处兴起。美国资产阶级为了转移国内工人阶级的斗争目标，便极力散布种族仇恨，把资本主义的罪恶——工人失业，说成是由于华工夺去了他们的饭碗，借此挑起了排华风潮。当时，美国政府陆续订立了许多排华的法律。排华惨案在各地不断发生。比如1886年发生的洛士丙冷惨案，美帝国主义不仅将当地华工房屋一举烧光，并且残杀华工二十八人。又如1900年檀香山的美国当局借口检查疫病，竟放火烧尽了当地唐人街，华侨财产损失二百六十余万元。几十年中，为美帝国主义所蓄意挑起的这类排华惨剧，几遍全美，举不胜举。美帝国主义不仅对华工横加残害，还把暴行扩及旅美的中国学生和过境的一切中国人，只要是中国人到了美国，美国海关即以检查疫病为名，横加欺辱。对于美帝国主义虐待和残害华工的暴行，中国人民极为愤慨。

　　1904年，中美签订的《华工条约》有效期限——十年满期，美帝国主不仅对中国人民提出的废除这一不平等条约和改变虐待华人各种措施的要求一概不加理睬，反而强迫清政府继续签订更为苛刻的条约。这样，就激起了中国人民更大的愤怒，全国人民很快就掀起了声势浩大的反美爱国运动。

1905年5月10日（光绪三十一年四月七日），上海商界人士召开商务总会，讨论抵制美货的办法。议决以两月为期，到时如果美国仍然拒不接受中国人民的正义要求，便以不运销美货相抵制。这一倡议立即得到了广大人民的支持，全国许多城镇的工商业者、学校和群众团体都起来响应，加紧反美爱国运动的宣传，通过抵制美货的决议。等到两个月的限期已满，美帝国主义仍然没有理会，反美爱国运动便迅速进入高潮。

这时，全国各界人民以及海外华侨一致行动起来，积极地开展了抵制美货的各种活动。运动一开始，各地学生和知识分子就纷纷举行集会演说，散发宣传品，相约不用美制书籍文具。许多妇女团体不仅提出了不用美货的约言，并且还到各地各家进行宣传鼓动。留日学生以及美洲、欧洲的许多华侨宣布不用美货，积极支持祖国人民的斗争。

在这次反美斗争中，工农劳动群众表现得最为坚决彻底。如上海报关行工人召开了特别大会，议定坚决不用美货并拒绝装运美货；上海刻字业工人开会决定不刻印美货商标，而对刻印抵制美货的宣传品则减半取值；上海裁缝工人也相约不为顾客做美国布料的衣服。广州食品业工人集议拒用美面。汉口、镇江、营口等地的码头工人都拒绝装运美货。南京、苏州、扬州等地的工人提出了永远不用美货的坚决主张。无锡农民代表唐克昌宣布响应抵制美货的号召，表示如美不废约，将坚持到底。嘉定及其附近各县农民的态度更为坚决，他们除了烧毁美货外，还传唱着一首《哀同胞》的民歌，积极宣传反帝爱国思想。

民族资产阶级由于抵制美货符合他们的利益，因此发起了这次运动，但是他们十分软弱，当运动广泛展开后，就动摇了。他们不敢得罪洋人，害怕运动搞得过火，后来甚至号召"文明"抵制，极力限制广大群众的斗争。作为运动重要发起者的资产阶级代表人物曾铸还公然提出取消抵制办法。

反美爱国运动兴起后，美帝国主义一面胁迫清政府加紧镇压，一面又使用欺骗的办法极力分化、破坏这次运动。清政府在美帝国主义的威胁下，公然下令实行镇压；买办资产阶级则采取卑鄙的手段进行破坏；加上民族资产阶级又中途动摇退却，这一运动终于在中外反革命势力的联合压迫下失败了。

这次运动虽然失败了，但它所起的作用却是很大的。它迫使美国和清政府没敢继续订立虐待华工的条约；同时使美帝国主义在经济上也受到了一定的打击，1906年美国对中国的棉布输出较上年减少了一半以上，煤油输出也有减少。

（全国华）

中国同盟会

　　中国同盟会（简称同盟会）是孙中山建立的革命组织。早在同盟会成立以前，资产阶级和小资产阶级知识分子的革命活动，随着全国革命形势的发展，已日益活跃起来。他们组成了许多革命的小团体，分散于国内外。其中影响较大的有兴中会、华兴会和光复会。兴中会是孙中山于1894年在檀香山创立的革命组织，曾在广州和惠州组织起义，产生了不小的影响。华兴会是黄兴、陈天华、宋教仁等，于1904年在长沙建立的，联络湖南会党，活动于湖南、湖北一带。光复会是蔡元培、章炳麟、陶成章等，于1904年在上海组织的，活动于江苏、浙江一带。这些革命小团体，各自分散活动，行动互不一致。

　　1905年7月，孙中山从欧洲抵达日本。在全国革命日趋高涨的形势下，孙中山感到各革命小团体的分散活动，不利于革命斗争的开展，有必要把它们统一起来，汇集成一股巨大的革命力量。8月20日，孙中山联合各革命团体的领导人黄兴、宋教仁等在东京集会，会上决定以兴中会、华兴会为基础联合光复会，成立一个统一的革命组织——中国同盟会。推孙中山为总理，并通过了孙中山提出的"驱除鞑虏，恢复中华，建立民国，平均地权"的政治纲领。

　　同盟会的成员比较复杂，它包括小资产阶级（中小商人、留学生）、资产阶级、工人和农民（主要是会党中的成员）、华侨，以及地主阶级中的反清分子。他们是在推翻清朝统治这一共同要求的基础上联合起来的，虽然暂时都表示承认同盟会的纲领，但在超出推翻清朝统治这一点以外，彼此在政治思想上便产生了分歧。

　　同盟会成立后，创立了《民报》作为机关刊物，宣传自己的政治纲领，同改良派进行了激烈的论战。在国内各地也建立了组织，联络会党与新军，发动过多次武装起义，一直到发动辛亥革命，用武装力量推翻了清朝封建专制主义的反动统治。

（马汝珩）

三民主义

　　三民主义是我国近代民主革命卓越的先行者孙中山提出的。孙中山（1866—1925），名文，号逸仙，广东省香山县（今中山市）翠亨村人，出生在一个农民家庭。他幼年就喜欢听洪秀全、杨秀清的故事，向往太平天国革命。后来他依靠他的经营畜牧业发了家的哥哥生活，先后在檀香山和香港接受资产阶级教育，耳濡目染，产生了憧憬西方资产阶级"文明"的思想。19世纪末和20世纪初，帝国主义的疯狂侵略和我国人民波澜壮阔的反抗斗争，激发了孙中山"倾覆清廷，创立民国"的志愿。1894年，他到檀香山联络华侨，成立了革命团体兴中会。次年2月他返回香港成立兴中会，提出了"驱除鞑虏，恢复中华，创立合众政府"的纲领，开始为建立资产阶级共和国的理想而斗争。到了1904年前后，他又把这个纲领丰富和发展为"驱除鞑虏，恢复中华，建立民国，平均地权"四句口号。1905年，同盟会成立时，接受了这四句口号作为自己的纲领。孙中山把这个纲领称为三民主义，即民族主义、民权主义和民生主义。

　　孙中山倡导民族主义，是为了进行反对满族贵族反动统治的民族革命。"驱除鞑虏"并不是要驱逐满族人民，而是要推翻以满族贵族为最高统治者的清政府。孙中山虽然是一位真诚的爱国者，但是他所代表的民族资产阶级的软弱性，使得他没有能够提出反对帝国主义侵略，以实现民族的真正独立的战斗口号，这成为他的民族主义的一个根本弱点。

孙中山倡导民权主义，目的在于进行推翻"君主专制政体"，建立"民主立宪政体"的政治革命。孙中山认为，中国几千年来的君主专制政体都不是"平等自由的"，都是"国民所不堪受的"，所以，只有民族革命还不行，必须同时进行政治革命，才能实现资产阶级民主共和国的理想。按照孙中山的想法，到了那个时候，凡国民都是平等的，都有参政权，议会由民选议员组成，总统由国民公选，制定中华民国宪法，人人共守，"敢有帝制自为者，天下共击之！"，要求推翻君主专制制度，建立资产阶级民主共和国，这在当时的政治思想中是一个很大的进步。但是孙中山所向往的共和制度，其实只是资产阶级的专政。在这种制度下，国家一切权力完全操纵在资产阶级的手里，广大劳动人民则被剥夺了民主权利。即使真能实现，也绝不能做到全体国民一律平等，人人都有政治权利。

孙中山倡导民生主义，是因为看到欧美资本主义国家的贫富悬殊和社会革命的兴起，天真地以为只要"平均地权"，就可以使中国避免重蹈欧美的覆辙，预防将来发生社会主义革命。按照他的想法，所谓"平均地权"并非要从根本上触动封建的土地制度，"夺富民之田为己有"，而只是由国家核实地价，原价仍归原主，革命后因社会进步所增长的地价，将通过征收地价税的方法收归国有。这种做法正是为资本主义的迅速发展创造了条件，因为这只能限制地主对土地价格的垄断，使土地更适合于工商业的发展而已。孙中山在土地问题上不赞成农民"夺富民之田为己有"，实际上是惧怕农民群众用革命暴力来摧毁封建统治的根基。

上面介绍的，是辛亥革命时期孙中山的三民主义，即旧三民主义。旧三民主义是旧的半殖民地半封建社会资产阶级民主革命的行动纲领，是团结当时一切反对清朝统治、反对外国侵略的人们为建立资产阶级共和国而奋斗的旗帜。辛亥革命就是在这个纲领的指导下爆发的，但是辛亥革命并没有实现民主革命的目的。它的失败表明：在帝国主义时代，资产阶级共和国的道路在中国是行不通的。1924年，孙中山在中国共产党的帮助下，对三民主义重新做了解释，获得了新的历史特点：民族主义以反对帝国主义为主要内容；民权主义主张民权"为一般平民所共有"；民生主义在主张平均地权和节制资本之外，还提出了"耕者有其田"的主张。这样，旧三民主义就发展成了联俄、联共、扶助农工三大政策的新三民主义。这表明孙中山当时已开始放弃旧的民主革命的纲领，而接受了中国共产党提出的新的民主革命的纲领。

（苑书义）

保皇会

　　戊戌政变后，梁启超、康有为先后逃到日本东京，他们并没有从维新运动的失败中吸取到教训，在政治上仍然坚持钻改良主义这条死胡同。那时，革命思想已经在国内外广泛传播，孙中山建立的革命团体兴中会也有了发展。康有为、梁启超等为了抵制革命的兴起，就公开树起保皇的旗帜，成立了保皇会。他们以拥戴光绪皇帝、反对慈禧太后、鼓吹君主立宪制度为宗旨，在日本、美洲、南洋各地的华侨中建立组织，进行活动。保皇会用诡辩的词句把君主立宪的反动主张涂饰起来，说什么"名为保皇，实则革命"，迷惑了不少爱国的青年知识分子，就是孙中山所领导的革命团体兴中会中也有不少会员受到欺骗，竟被拉到保皇会里去了。保皇会还在海外各地大力发展组织、兴办报刊，专门搞宣传保皇、吹捧立宪和破坏革命的勾当。其中，梁启超在东京主办的《新民丛报》是保皇会的喉舌，它的反动宣传使不少人在思想上分不清改良和革命的界限，对革命思想的传播起了极有害的作用。很显然，如果不粉碎保皇会的反动宣传，不战胜《新民丛报》的反动影响，革命的发动就要受到极大的障碍，甚至一时成为不可能。因此，一场思想战线上的大斗争，已经是不可避免的了。

　　1905年8月，同盟会成立，接着出版了它的机关报——《民报》。以孙中山为首的革命党人逐期在《民报》上发表论文，宣扬资产阶级的革命道理，介绍西方资产阶级革命时期的进步学说，同时也刊登揭穿改良派反动嘴脸的文章。这样，革命派的同盟会跟改良派的保皇会就分别以《民报》和《新民丛报》为主要阵地，展开了要革命还是要改良的激烈论战。

论战的主要问题有三个方面：

1. 要不要革命。改良派是反对革命的，他们要保皇立宪，说革命会带来"内乱"，招致列强瓜分，要爱国就不能革命。革命派认为要爱国就要革命，并且指出推翻清政府，正是为了救中国，拯救国家民族的危亡；清政府是卖国的政府，一日不打倒它，瓜分危机一日不除。还指出改良派嘴里的爱国，就是爱充当"洋奴"的清政府。

2. 要不要民主共和制度。改良派是反对民主共和制度的，他们极力主张君主立宪，说中国人恶劣，不配实行民主共和制度，只能请求皇帝实行君主立宪。革命派要民主共和，说中国人并不恶劣而是清政府恶劣，还揭露了改良派这种说法是给清政府的封建专制统治打掩护。他们用"中国之蟊贼""国民之公敌"来声讨改良派。

3. 要不要改变土地制度。改良派要维护封建土地制度，谩骂革命派的"平均地权"主张是为乞丐、流氓着想，是想煽动"下等社会"的人起来骚动，实行起来会破坏社会秩序。革命派要平均地权，说平均地权是为了追求革命的平等社会，不是破坏社会秩序。改良派维护封建剥削秩序和仇恨人民的反动面目在这一点上完全暴露了，他们的活动就遭到了更多人的反对。

经过这一场大论战，革命派在理论战线上击败了改良派，使得革命思想大大地扩展开来，促进了革命形势进一步的发展。

（吕翼祖）

《革命军》《警世钟》《猛回头》

　　《革命军》为邹容所著，《警世钟》和《猛回头》为陈天华所著。邹容和陈天华都是清末著名的资产阶级民主革命宣传家。

　　邹容（1885—1905）字蔚丹，四川巴县（今重庆）人，出身于商人家庭。1902年留学日本，并积极参加当时留学生的革命活动。1903年回国，与章太炎一道从事革命宣传工作，后因著《革命军》一书被捕入狱，1905年病死于狱中，年仅二十一岁。

　　陈天华（1875—1905）字星台，号思黄，湖南新化人，出身于贫寒家庭。1903年留学日本，1904年与黄兴等组织革命团体华兴会。1905年，孙中山领导的同盟会在东京成立，陈天华是它的发起人之一，并参加书记部工作。《民报》创刊，他又参加了编辑工作，后因日本政府颁布取缔中国留学生规则，他忧愤交集，投海自杀，年仅三十一岁。

　　邹容在1903年5月写成的《革命军》一书中，用通俗的文字宣传了革命的民主思想。在这本书里，他大胆揭露了清朝的封建专制统治是使中华民族陷入帝国主义瓜分危机的根源；并且指出革命是"世界之公理"，是顺天应人，符合时代潮流的。他大声疾呼，中国人民要想摆脱清朝封建统治的压迫，在世界上取得独立富强的地位，就必须起来革命。他根据西方资产阶级革命时期的政治学说，提出了建立资产阶级共和国的政治纲领，并把这个国家称为"中华共和国"。他认为，这个国家应该是独立和民主自由的国家，不许侵略者沾染中国丝毫的权利，永远根绝封建主义君主专制制度。主张全国人民不分男女，都享有言论、思想、出版的自由以及选举、被选举的权利；同时也都负有纳税、服兵役和忠于建设新国家的义务。他还认为，新政府的任务就在于保护人民的权利，如果政府侵犯人民的权利，人民不仅有权利而且有义务立即起来革命，重建新政府。他号召人民为在中国建立这样的资产阶级共和国而起来进行长期、艰苦的革命斗争。

陈天华在1903年末撰写的《警世钟》和《猛回头》中，运用了群众喜闻乐见的说唱形式及浅显的白话文，宣传了激烈的反帝爱国的革命思想。在这两本书里，他着重地指出由于帝国主义强盗对中国进行的政治、经济、文化等各方面的侵略，已经使中国人民完全丧失了自由，人民处于被奴役的地位。为了改变这种悲惨的境遇，他大声疾呼："改条约，复政权，完全独立"（《猛回头》），并认为"须知事到如今，断不能再讲预备救中国了，只有死死苦战，才能救得中国"（《警世钟》）。因此他号召："洋人若来，奉劝各人把胆子放大，全不要怕他。读书的放了笔，耕田的放了犁耙，做生意的放了职业，做手艺的放了器具。齐把刀子磨快，子药上足，同饮一杯血酒，呼的呼，喊的喊，万众直前，杀那洋鬼子，杀那投降洋鬼子的二毛子。"（《警世钟》）他呼吁妇女要和男子一样，为保卫祖国的独立自由和捍卫民族的生存权利，对帝国主义进行顽强的战斗。他还指出清政府已经成为帝国主义驯服的工具，要想抵抗帝国主义的侵略，就必须推翻清朝专制统治，"这中国，哪一点，还有我份！这朝廷，原是个，名存实亡。替洋人，做一个，守土官长；压制我，众汉人，拱手降洋。"（《猛回头》）因此他号召人们革命到底，争取独立自由，"或排外，或革命，舍死做去；父而子，子而孙，永远不忘。这目的，总有时，自然达到"（《猛回头》）。

邹容着重地宣传了反对封建专制主义的民主主义思想，而陈天华则着重地宣传了反帝爱国的革命思想。虽然二者有所区别，但这三本书都充满着爱国感情和不可屈服的革命意志，在辛亥革命时期都曾起过巨大的作用。

（全国华）

《苏报》案

　　"《苏报》案"是1903年在资产阶级民主革命形势正日趋高涨的情况下发生的。

　　义和团运动后，一方面民族危机空前严重，另一方面清政府的卖国面目彻底暴露，于是，革命形势开始出现了新的高涨。这时资产阶级在政治上已经分成改良与革命两个显然不同的派别。到20世纪初，资产阶级革命派逐渐成为一支影响较大的革命力量。许多革命志士在国内和国外成立了革命小团体，并纷纷出版书刊杂志，宣传和鼓动革命。《苏报》，就是在上海发行的一个宣传革命思想的报刊。

　　《苏报》的主办人陈范，是清朝的退职官吏。《苏报》最初标榜的是改良主义思想，后来在革命派的影响下，逐渐倾向革命，并且与当时的革命小团体——爱国学社建立了密切的联系，实际上成了爱国学社的机关报。

　　爱国学社是1902年由蔡元培等在上海组成的，形式上类似学校，吸引许多资产阶级和小资产阶级的青年知识分子入学，由当时著名的学者章太炎等做教员，实际上却是用来宣传革命思想，团结革命力量的一种组织形式。

　　1903年5月以后，《苏报》陆续刊登了许多激烈地宣传革命的文章，旗帜更为鲜明。当时，邹容的《革命军》在上海出版，章太炎的《驳康有为论革命书》也公开发表。这两篇极其犀利的革命文字问世之后，立即产生了很大的影响，引起了清政府的敌视。接着，《苏报》节录了《驳康有为论革命书》中痛骂清朝统治者和揭露康有为改良主义的一段文字发表，并且发表文章，介绍《革命军》的内容，向读者推荐《革命军》。这一些激烈的革命宣传和它所产生的影响，使清政府感到极大的恐慌和震怒，便公然采取镇压手段，下令封闭《苏报》，逮捕章太炎、邹容等人。

但是，《苏报》社设在租界内，清政府不敢轻举妄动，便请求帝国主义帮助镇压。1903年6月底，帝国主义的"工部局"封闭了《苏报》，逮捕了章太炎；当天晚上，邹容自动到"工部局"投案。他们被捕后，清政府曾要求帝国主义引渡，但是，由于帝国主义坚持自己在中国的特权，不同意引渡，结果就在租界的帝国主义的法庭（会审公廨）上开审。清政府在帝国主义的法庭上以原告的身份去控告革命党人，这种情况彻底暴露了它的依附于帝国主义、和人民为敌的面目。当时章太炎就曾指出："这次事件是清政府公开与四万万人民为敌的事件。"最后，租界法庭判决章太炎三年徒刑，邹容两年徒刑，并查封了《苏报》。帝国主义还通知各地领事：禁止中国人在租界内办报纸宣传革命和出版革命书籍。

章太炎、邹容在帝国主义监狱中，仍然坚持斗争。章太炎在狱中写了《答新闻报记者问》，在这篇文章中他满怀信心地说："四万万人民都会同情我们，而公理一定会战胜的。"他在狱中还参与组织江浙革命组织"光复会"的筹划工作。但是邹容在帝国主义监狱生活的折磨下，于1905年4月3日病死在狱中，年仅二十一岁。这个年轻的革命活动家还没有度完他的青春就被帝国主义和封建势力摧残了。1906年章太炎刑满后出狱，便动身前往日本东京，参加了孙中山先生所组织的同盟会，主编《民报》。但后来他和孙中山意见不合，脱离了《民报》。辛亥革命以后，他对中国革命的前途逐渐丧失信心，思想消极退化，提倡复古，钻研佛学。此后，逐渐从一个早期的资产阶级民主主义革命者倒退为一个政治上、思想上极其保守的人物。

　　"《苏报》案"发生后，邹容的《革命军》风行国内外，发行数量达到了清末革命书刊发行的第一位，使革命思想在国内外产生了广泛的影响。

（马金科）

秋瑾

　　秋瑾（1875—1907）是清末有名的资产阶级女革命家，字璇卿，别字竞雄，又称鉴湖女侠，浙江绍兴人。她出身于封建官僚家庭，幼时读书很聪明，能写一手好诗文。二十二岁时，在家庭的包办下，与湖南湘潭的封建官僚子弟王廷钧结婚。

　　秋瑾受到封建家庭的束缚，时常感到愤愤不平。后来看到清政府的腐朽卖国和帝国主义的野蛮侵略，便逐渐产生了为妇女谋求解放和推翻清朝腐朽统治的宏大志愿。1900年，她住在北京，亲眼看到帝国主义侵略中国的无数暴行，更加强了从事革命的决心。她在《致某君书》里就坚决地说："吾自庚子（指1900年帝国主义八国联军侵入北京事件）以来，已置吾生命于不顾，即不获成功而死，亦吾所不悔也。"可见这时她已下定了为革命情愿牺牲自己生命的决心。在这种强烈的革命思想推动下，1904年，秋瑾毅然决然地冲破封建家庭的樊笼，离开了丈夫和子女，只身去日本留学，开始踏上了革命生活的道路。

　　在日本留学期间，秋瑾积极地进行革命活动，与革命党人刘道一等组织了秘密团体"十人会"。1905年，孙中山由欧洲到日本，成立了同盟会，秋瑾立即加入，被推为评议部评议员和浙江省主盟人。她还联络当时留日的女同志，组织"共爱会"，自己担任会长。清政府勾结日本政府，颁布取缔中国留学生规则，压迫留日学生，秋瑾愤然返归祖国，在上海创办中国公学。1906年，由徐锡麟介绍，加入了光复会。和一些同志在上海设立革命机关，并主持了《中国女报》，进行革命宣传活动。

1906年，同盟会发动了萍（乡）浏（阳）醴（陵）起义，全国革命形势汹涌澎湃。这时秋瑾返回绍兴，主持大通学堂。大通学堂原为徐锡麟、陶成章等创办，是光复会训练干部、组织群众的革命据点。在大通学堂，秋瑾为了进一步训练革命力量，成立了"体育会"，招纳会党群众和革命青年，进行军事操练，并积极联络浙江各地的会党，组成"光复军"，推徐锡麟为首领，秋瑾任协领，积极地进行起义的筹备工作。

1907年5月间，徐锡麟准备在安庆起义，约秋瑾同期于浙江的金华、处州等地响应。但徐锡麟起义计划先期泄露，7月6日，徐锡麟仓促地刺杀安徽巡抚恩铭，在安庆发动起义。由于准备不够充分，起义很快失败，徐锡麟也被捕牺牲了。安庆起义的失败，使秋瑾主持的浙江地区起义计划完全泄露，形势十分危急。当时有人劝秋瑾暂时走避，秋瑾毅然地拒绝说："我怕死就不会出来革命，革命要流血才会成功……我决不离开绍兴。"

1907年7月13日，清军包围大通学堂，经过一场激烈战斗，终因寡不敌众，大通学堂学生的抵抗失败了，清军逮捕了秋瑾。审讯时，敌人虽用酷刑逼供，但秋瑾坚贞不屈，没有吐露半点革命机密，只坚决回答清吏说："革命党的事，不必多问！"万恶的清朝官吏只好伪造供词，捏造罪证，草草结案。7月15日，秋瑾于绍兴轩亭口英勇就义，死时年仅三十三岁。

（马汝珩）

中国最早的铁路

　　中国最早的铁路，是1881年修成的唐胥铁路，从唐山到胥各庄，计十八里。修筑的目的是便利开平煤矿向外运煤，把煤矿同运河衔接起来。以后，这段铁路逐渐由两端向东西延伸，断断续续地，到了1911年，京沈铁路才全部修通。

　　在这以前，外国侵略者很早就想在中国修铁路。他们知道，不仅铁路本身可以营利，更重要的是铁路可用来推销他们的商品，掠夺中国的农产品和丰富的自然资源。同时，筑成铁路对他们进一步扩大政治和军事侵略，也将提供更为方便的条件。所以，在1864年，就有一个叫作斯蒂芬生的英国人，做了一份中国铁路系统计划，送给清政府。这个铁路计划是：以汉口为中心，东至上海，通向太平洋，西经四川、云南，通往英国当时的殖民地印度，大体上是沿着长江，用一条横贯东西的铁路，把中国纳入英国的殖民体系中去。清政府拒绝了英国人的这份计划，说如果要修铁路，中国人会自己来修的。腐朽落后的清政府拒绝这份计划的真正原因，并不是为了保卫国家主权，而是害怕帝国主义修了铁路，威胁自己的封建统治。第二年，另一个叫作杜兰德的英国人，在北京宣武门外，私自修起了一条一里左右的轻便铁路，用来打动清政府。清政府不但不为所动，而且下令将之拆除。可是英国人并没有死心，1876年，又在上海吴淞间，擅自修了一条淞沪轻便铁路。清政府发觉后，非常生气，提出强烈抗议，经过许多交涉，才用二十八万五千两银子买了过来，全部拆除，把器材丢在海里。这样，外国侵略者的目的没有达到，清政府对这种新式交通工具，也没有发生兴趣。不过此后不久，在清政府内部，关于修铁路的问题，却发生了很大的争论。这一争论一直持续了近二十年。

争论的一方是守旧派官僚，他们从极其落后和自私的心理出发，担心铁路修成之后，原来的旧商路都要废弃，商税就要减少。他们还特别害怕铁路修成以后，原来的船工车夫大批失业，这些人会起来造反，反对自己的统治。更可笑的是，他们还说：火车冒烟要烧坏庄稼，架桥梁，开山洞，移坟墓，会破坏风水，使祖宗之灵不安，山川之神不宁，等等。

另一方主张修铁路的开始只是少数人，主要是一些洋务派官僚。他们在内政外交上都很有势力，是当时的实力派。他们认为，修铁路既便于调运军队，又便于转运粮食，对加强封建政府对人民的统治，是一项非常重要的和必需的措施。同时，这些洋务派官僚知道，兴办铁路不但可以为他们的外国主子效力，加强相互之间的勾结，提高自己的政治地位；而且能够从中渔利，大发横财。因此，尽管朝廷内外舆论激烈反对，他们还是坚持要修。

在这场统治阶级的内部争论中，清政府对修路的政策也反反复复，动摇不定。比如前面说到的唐胥铁路的修筑，起初本来批准了，但是还未动工，又改变主意，不许修建了。后来再次同意修建了，可是仍然不准使用机车。所以唐胥铁路在开始的时候，竟出现了用骡马拉着列车在轨道上行走的怪现象。

经过洋务派的力争，守旧派的阻挠逐渐被战胜了，然而清政府筹不出资金，不能大举兴办铁路。主持修筑铁路的洋务派官僚非常腐败，办不好事情，已经修建的铁路，效率很差。特别是外国侵略势力，通过不平等条约和借款，攫取了在中国修筑铁路的特权，几乎完全控制了铁路的修造和经营管理，这就更加妨碍了中国铁路事业的正常发展。所以在清末，中国自办的铁路，不但少得可怜，而且办得很糟。百分之九十以上的铁路都直接或间接落在帝国主义控制之下。

（潘　喆）

保路运动

　　保路运动又称"铁路风潮"，是广东、湖南、湖北、四川等省人民反对清政府将民办的川汉、粤汉铁路（合称为湖广铁路）出卖给帝国主义的群众运动。

　　帝国主义为了进一步奴役中国人民和掠夺中国财富，从19世纪末以来，便开始对中国进行铁路投资，争夺铁路的修筑权。粤汉、川汉铁路是沟通南北和深入内地的两条重要干线，因而就成为帝国主义争夺的目标。

　　早在1898年，大买办盛宣怀和美国就订立合同，借美金四千万元，把粤汉、川汉铁路的修筑权让给美帝国主义。这个卖国行为立即遭到群众的坚决反对。后来经过广大人民，特别是广东、四川、湖南、湖北四省人民和绅商的长期斗争，才收归自办。当时，由于清政府缺乏财力，一般工商业者的经济力量又很薄弱，无力筹划筑路经费，因此，便采用征集"民股"的办法，由地方政府在税收项下附加租股、米捐股、盐捐股来聚集资金。负担最重的是广大穷苦的劳动人民，他们挣扎在饥饿线上，还要在苛捐杂税的重重剥削之外，勉力缴纳"股金"，甚至为此卖儿卖女。当时四川有一首歌谣里说："最可怜的是庄稼汉，一两粮食就要出这项钱"，正是当时情况的真实反映。经过几年的筹集，铁路股本已收集了不少，四川、广东收到一半以上，粤汉铁路已开始修筑，川汉铁路从宜昌到万县的一段也已动工，从当时实际情况来看，这两条铁路是可以自力修成的。但是，帝国主义不肯让中国自己修成铁路，它们利用清政府财政困难进行要挟。1911年1月，清政府在大买办盛宣怀的"利用外资开发实业"的建议下，又大借外债，和美、英、法、德组成的四国银行团订立了铁路借款合同，宣布铁路干线国有政策。

根据借款合同，美、英、法、德等帝国主义不但掌握了路权，而且还要以湖南、湖北两省的盐税厘金作为抵押，所以，所谓铁路"国有"，不但剥夺了中国人自办铁路的主权，而且实际上是把全部川汉、粤汉铁路完全拍卖给帝国主义了！广大人民在两路筹办的时期内，吃尽了苦头，现在看到清政府公然出卖路权，更加愤恨；许多绅商也因铁路国有损害了他们的利益，非常不满，于是，一个具有广泛群众基础的、轰轰烈烈的保路运动爆发了。

保路运动是由民族资产阶级上层的代表立宪派发起的。他们叩头请愿，向清政府请求"收回成命"。湖南的绅商，聚集于咨议局开会，散发传单，指责铁路国有政策。湖北绅商派代表去北京请愿。广东也召开粤汉路股东会议，要求维持商办。四川成都的立宪派要市民供奉光绪帝神位，并从光绪帝的立宪论旨中摘出"庶政公诸舆论""铁路准归商办"两句话作为口号，表示他们不反对朝廷，只为"争路"的政治态度。

在各省绅商向清政府请愿的同时，各省的广大人民突破请愿运动的限制，掀起了激烈的反抗斗争。四川各府州县遍设保路同志会，参加者数十万人；万余湖南长沙、株洲工人举行了罢工示威，湖南学生也举行罢课；数千湖北宜昌筑路工人与清军发生了武装冲突；留日学生也声援保路运动，提出"路存与存，路亡与亡"的口号；旅美的广东华侨也集会反对，决议："粤路股银，皆人民血汗……有劫夺商路者，格杀勿论。"这时，革命党人乘机展开活动，湖北詹大悲在《大江报》上发表文章，鼓吹革命；同盟会员陈少白在香港主办的《中国日报》及其他港报，都刊载了反对铁路国有的言论，抨击清政府。

在保路运动中，以四川人民的反抗最为激烈。工人、农民、学生、市民纷纷投身到运动中来。在四川总督赵尔丰用武力血腥镇压成都请愿市民而造成"成都惨案"之后，四川人民更被激怒了，保路运动很快发展成为声势浩大的武装起义。同盟会积极地展开了革命活动。同盟会员龙鸣剑、王天杰等人联合哥老会，组成保路同志军，占据了一些州县，围攻成都，邻近各州县的农民也纷起响应。当时，回到四川工作的同盟会员吴永珊（玉章）也于荣县组织起义，而且一度宣布独立，建立革命政权。这样，就更促进了革命形势的高涨。就在四川人民展开声势浩大的武装斗争，而清政府加紧镇压的时候，1911年10月，湖北新军中的革命党人（文学社、共进会）发动了武昌起义，辛亥革命爆发了。

（马汝珩）

长沙抢米风潮　莱阳抗捐斗争

义和团运动被镇压以后，帝国主义利用《辛丑条约》所抢到的一些权利，争先恐后地在中国抢着修铁路、办工厂、开银行，无孔不入地压榨中国人民。清政府这时候已经彻底变成帝国主义统治中国的工具。它对外要赔款还债，对内要练兵筹饷，于是捐外加捐，税外加税，疯狂地进行搜刮。在帝国主义和封建主义的双重压迫剥削下，广大人民实在被逼得无法生活，只好起来反抗。在辛亥革命爆发前十年间（1901—1910），全国各地曾经多次掀起了大大小小各种形式的反侵略、反压迫的斗争。据不完全统计，1905年，各地人民的反抗斗争共计九十余次，1906年骤增到一百六十余次，1907年又增加到一百九十余次，到了1910年，达到了二百九十余次。风起云涌的"抗捐""抗税"和"抢米"风潮，就是各种形式反抗斗争的一部分。从1907年到1910年，仅仅在长江中下游，这种斗争就达八十多起。其中以1910年湖南长沙的抢米风潮和山东莱阳的抗捐斗争规模最大。

1909年（宣统元年），湖南遭到水灾和旱灾，粮食歉收，灾民达十余万人。广大人民在帝国主义和封建主义的双重剥削压迫下，丰年尚难一饱，遇到水旱灾荒，生活就完全陷入了绝境。许多人卖儿卖女，许多人因饥寒疾病而死，景象十分凄惨。反动统治者不但不加救济，反而趁火打劫，加紧剥削。如安乡县令赵廷泰，竟以救灾为名，丧心病狂地把五千石平粜（tiào）粮全部按高利贷放出，每石收息二斗；长沙有一个大地主，甚至把农民积蓄备荒的赈粜捐款十七万两全部私吞。一些官绅富商以及外国洋行也是个个囤积居奇，抢购粮食，哄抬粮价。平时一二千文一石的大米，一下子涨到七千文一石，最高的时候达到了八九千文一石。广大人民挣扎在死亡线上，可是湖南巡抚岑春蓂还说："一升米八九十钱，何足为奇？"大地主叶德辉，家里囤有积谷一万余石，每天请客欢宴，赋诗饮酒，照旧逍遥自在，过着骄奢淫逸的生活。

1910年4月12日，长沙城外有一乡民，只有七十文钱，买不到一升米，忧愤交集，全家四口投河自杀。这件事立即激起了群众的悲愤，当时就有一二百人聚集起来，涌向长沙城内，向官府要求开仓平粜。清朝官吏先是欺骗，后来就实行武装镇压，有几十人横遭残杀，三十多人被捕。但是，血腥屠杀并没有吓倒已经起来进行斗争的群众；恰恰相反，人们更被激怒了，参加斗争的人也越来越多，很快就达到两万余人。他们怀着仇恨和反抗的心情，捣毁碓房、米店、钱庄、税卡，以至外国领事馆、洋行、教堂，并且放火烧巡抚衙门，掀起了轰轰烈烈的反帝反封建的斗争。最后，清政府出动了水陆大军，英、美、法、日、德等帝国主义也纷纷从上海等地调来军舰，帮同进行更大规模的屠杀，甚至向这些赤手空拳的群众开炮轰击，才把这次风潮镇压下去。长沙群众这一反抗斗争，给了清朝统治者和帝国主义沉重的打击，迫使清政府下令撤换了有关官吏，开仓平粜，对湖南人民做了一些让步。这显示了人民群众英勇斗争的伟大力量。

1910年，莱阳群众的抗捐斗争，也是由于群众不堪忍受残酷的剥削和压迫引起的。

山东和全国各地一样，苛捐杂税，多如牛毛，加上贪官污吏层层加派，额外勒索，广大人民过着牛马不如的生活，非常痛苦。

1909年，赃官朱槐之当上了莱阳县令，这个剥削鬼上任以后，就和当地的大地主勾结起来，借口兴办"新政"，加捐加税，搜刮民脂民膏。他们不但任意增加税额，而且在已经十分繁重的正税、杂税之外（当时的杂税已有地亩捐、契纸捐、户口捐、人口捐、学捐等），又挖空心思，巧立名目，增加了许多捐税，如什么油房捐、戏捐、铺捐、草帽捐、骡马捐等。在这样残暴的掠夺下，阶级矛盾日益尖锐，人民群众对贪官污吏、恶霸土豪，莫不咬牙切齿，痛恨到了极点。

1910年春天，莱阳因霜成灾，而地主劣绅却乘机大量囤积粮食，官府照旧逼交各种捐税，农民为了应付捐税，准备动用备荒的积谷，但积谷已为以朱槐之为首的官僚豪绅把持侵吞。这样，本来已经被逼得无路可走的农民群众，怀着旧仇新恨，在联庄会首领曲诗文的领导下，以清算积谷、反对滥加捐税为号召，掀起了轰轰烈烈的反抗斗争。

这次斗争从5月开始，坚持了将近三个月之久。参加的群众由最初的五六千人，发展到四五万人之多。朱槐之虽然用欺骗、拖延、武力镇压等各种手段，企图瓦解和消灭农民的反抗，但广大群众一直坚持斗争，没有动摇。他们拿起了镰刀锄头，梭镖土枪，组成了革命的武装，和反革命武装英勇搏斗。他们围县署、捣大户、捉富豪，给封建势力以沉重的打击。后来清朝统治者从各地增调了大批军队，用巨炮猛烈轰击，滥肆屠杀，这一次气势磅礴的自发武装斗争才失败了。

（郑　理）

黄花岗七十二烈士

同盟会成立以后，曾多次发动武装起义，结果都失败了。到1910年春，部分革命领导者如黄兴等，对革命前途产生了悲观失望的情绪。为了鼓舞士气，准备再举，孙中山召集他们在马来西亚的槟榔屿开会。孙中山鼓励大家说："今日革命风潮已盛，民心归向我们，只要我们意志不衰，困难是挡不住我们前进的！"经过讨论，大家决定：1911年春在广州集合各省革命之精华，发动大规模起义，先占广州，再由黄兴统率一军出湖南湖北，由赵声带领一军出江西攻南京，两军会师长江，然后长驱北上直捣北京，倾覆清廷。

会后，一部分革命党人就到南洋和欧美各地，向华侨募集革命经费，经过革命党人的宣传鼓动，各地爱国侨胞都积极捐款相助，有的人甚至变卖家产以相捐助。这次捐款共得十几万元，经费问题基本解决。1910年底，黄兴、赵声等返回香港，着手筹备起义，成立了领导机关——"统筹部"，黄兴任部长，赵声为副部长，统一领导起义的准备工作。接着，革命党人纷纷潜入广州，熟悉环境，刺探敌情，还设立了许多秘密机关。为了转运军火，他们常常将女同志打扮成新娘，利用花轿来抬运枪支、炸弹。经过几个月的筹划，准备工作大体上就绪，革命党人摩拳擦掌，只等一声号令，就发动起义。

起义的日期原定在1911年4月13日，不料在4月8日发生了革命党人温生才刺杀广州将军孚琦的事件（他本来计划刺杀水师提督李准，结果刺中的是孚琦），反革命立即加强了戒备，广州戒严，并且到处搜捕革命党人。这样，原定的起义计划受到了影响。

以后，形势日有变化，起义日期几次改变，最后确定在4月27日发动起义。

4月27日下午，黄兴在小东营住所召集了队伍，每人发给白毛巾一块，缠在左臂作为标志。许多革命党人抱定为革命牺牲的决心，事先写好了绝命书，如林觉民给他父亲写的绝笔信说："儿死矣！唯累大人吃苦，弟妹缺衣食耳。然大有补于全国同胞也。"起义即将发动，白发苍苍的谭人凤赶到，要求加入，黄兴婉言拒绝说："先生年老，后方尚需人照料，这是决死队，望老先生不要去。"谭人凤很生气地说："你们不怕牺牲，难道唯独我怕死吗？"黄兴等很受感动，只好发给他两支手枪。

下午五点半钟，螺号齐鸣，起义的时间到了。革命队伍人人精神抖擞，斗志昂扬。黄兴率领先锋队直扑总督衙门，两广总督张鸣岐闻风逃跑，黄兴等找不到张鸣岐，就放起火来，当他们退出衙门的时候，碰到了敌人的大队人马。林时爽误信其中有革命党人，便挺身向前，企图晓以大义，不幸，话未说完，便中弹牺牲了。接着，激烈的战斗开始了。革命党人数虽少，但人人奋勇当先，十分英勇，给敌人很大打击。如喻云纪等一路，先由后面进攻总督衙门。后又攻打督练公所，喻云纪胸前挂着满满一筐炸弹，所向披靡，敌人十分害怕。革命党人虽然英勇，但他们没有发动广大群众参加斗争，仍然以单纯的军事行动为主，结果，在寡不敌众的情况下，牺牲很大，不得不退出战斗，起义又告失败。

这次起义，因为是在阴历三月二十九日发动的，所以叫作辛亥三月二十九日广州起义。在这次起义中，许多革命党人壮烈牺牲，一部分人被捕后英勇就义。后来广州人民收得尸体七十二具，合葬于黄花岗。因此，这次起义又称作"黄花岗起义"。

（胡俊明）

文学社　共进会

　　文学社和共进会是两个资产阶级性质的革命团体，是武昌起义的发动者。

　　文学社，1911年1月成立于武昌，它是同盟会在湖北新军中的革命团体（新军是清政府采用新式武器装备，以"西法"编练起来的一支近代化的军队），领导人蒋翊武（社长，同盟会员）、王宪章（副社长）、刘尧澂（评议部长，同盟会员）等都是贫寒家庭出身的知识分子。他们投身行伍，在新军士兵中进行了艰苦的革命宣传和组织工作，同时还出版《大江报》，公开宣传民主革命思想，他们曾以"大乱者救中国之药石也""亡中国者和平也"等为题发表评论，猛烈地抨击清政府，热情地赞美革命。文学社的这些活动大大加强了新军士兵的革命情绪，不到半年，参加文学社的便从八百余人骤增至五千人以上。

　　共进会于1907年秋成立于日本东京，组织者是同盟会内一部分和会党有联系的会员，如四川张伯祥，湖北刘公、孙武，湖南焦达峰等。他们希望借此改变同盟会与会党隔绝的局面，把全国所有的会党通通联合起来。共进会的入会誓词与同盟会相同，其中只有"平均地权"改为"平均人权"。当时的解释是："满人压迫汉人，人权不平均，所以要平均人权。"其实当时压迫"汉人"和其他各族人民的，除了以满族贵族为首的反动统治者以外，还有帝国主义。1908年秋，共进会着手派人回国，"运动军队，运动会党"。第二年春天，孙武回到武汉，创立了共进会鄂部总会，以孙中山名义相号召，积极开展活动。他们联络会党群众秘密编成五镇（一镇相当于一师）军队，准备待机起事。但因会党不受约束，编制未成，起义计划即遭破坏。从此共进会鄂部总会便将工作重心从会党转向新军，希望依靠新军为主力，以会党做补充，争取武装起义的胜利。

文学社和共进会的基本成员都是新军士兵。当时湖北新军共约一万六千人，参加文学社的有五千多人，有两千多人参加了共进会；文学社和共进会在各标、营、队都建立了比较严密的代表制度，因而在事实上已经控制了湖北的新军。这就为武昌起义的迅速胜利创造了条件。

文学社和共进会本来是各自为政、不相统属的。同盟会领导人谭人凤曾经劝导他们要"和衷共济，相辅而行"。加上革命形势的突飞猛进，客观上也要求他们尽快联合起来。因而他们几经磋商，终于在1911年8月建立了暂时的联盟，成立了临时组织，刘公任总理部总理，孙武、蒋翊武分任军务部正副部长，并组成总指挥部，蒋翊武任总司令，孙武为参谋长，统一领导起义的准备工作。武昌起义就是依靠这个联盟发动的。武昌起义后，文学社社员全体加入同盟会，共进会会员有的参加了同盟会，有的另组民社，和同盟会相对抗。

（苑书义）

武昌起义

武昌起义发生在1911年10月10日。这次起义是中国资产阶级、小资产阶级和广大的人民群众，为反对帝国主义的走狗——清朝封建政权而掀起的革命斗争，是在同盟会的影响和湖北革命团体文学社、共进会的直接组织领导下进行的。

自1905年孙中山领导组织了同盟会以后，中国革命运动进入了一个新的发展时期。到了1911年，革命高潮已经到来。这一年春天，紧接在全国各地爆发的抢米、抗捐、抗税的斗争之后，又爆发了轰轰烈烈的广州（黄花岗）起义，接着，两湖、四川、广东等地人民又掀起了汹涌澎湃的保路运动。清朝反动统治好比一所即将倒塌的破屋，完全呈现出土崩瓦解之势。

湖北在中国近代史上历来是一个重要的革命地区。武汉素称九省通衢，既是反革命统治的心腹要地，也是革命势力活动的中心之一。在这里，早在1904年便成立了革命团体"科学补习所"，以后又有日知会、共进会等革命团体的建立。同盟会成立后，曾经派人到这里成立湖北分会，与日知会建立了联系。日知会很重视革命的宣传组织工作，他们在当地的新军中曾经做了许多深入、细致的工作。以后成立的军队同盟会、群治学社、振武学社、文学社等，几乎都是新军中的革命组织。文学社继承着日知会的传统，他们不但在新军中发展了很多革命同志，而且培养了一批骨干力量。当时湖北新军约有一万六千人，参加文学社的就有五千多人，还有许多参加了共进会。共进会主要在会党中做工作，在下层群众中很有影响。由于这两个革命团体的积极努力，湖北地区的革命运动获得了深厚的群众基础和良好的条件。

"保路运动"爆发以后，文学社和共进会认为发动起义的时机已经成熟，便于八月间组成湖北革命军总指挥部，推定文学社负责人蒋翊武为总司令，共进会负责人孙武为参谋长，刘尧澂、彭楚藩等为军事筹备员，筹划起义工作，并定于中秋节（10月6日）起义。后因准备不及，又决定将起义日期推后十天。

10月9日，孙武等在汉口俄租界宝善里十四号制造炸弹，不慎失事，弹药爆炸。孙武头部受伤被送入医院，其余各人被迫仓促转移。该处所藏准备起义的旗帜、符号、文告、印信等物，为闻声赶来的军警搜去，起义领导机关及其主要人物因此暴露。清政府立即派军警四处搜捕。蒋翊武看到事机危迫，发出紧急命令，决定当晚十二时举行起义。规定由南湖炮队在晚间十二时鸣炮为号，城内外新军各标营听到炮声一齐动作。这时，刘尧澂、彭楚藩、杨洪胜等先后被捕，形势已十分紧张，但起义命令没有送到、信炮未发，各标营还在等待观望。

刘尧澂、彭楚藩、杨洪胜被捕后，表现了革命英雄坚贞不屈的高贵品质。他们在敌人的酷刑之下，毫不动摇，直到10月10日清晨湖广总督瑞澂下令杀害他们，仍然坚定不移，高呼革命口号，从容就义。三烈士被害后，瑞澂等一面继续搜捕革命党人，一面严禁新军各标各营互相往来，情况更加紧急。

反动派以为恐怖的屠杀足以遏制革命的爆发，然而事实恰好相反，革命热情高涨的广大新军士兵，怀着满腔愤怒，自发地起来进行武装反抗。当天晚上（10月10日），驻武昌城内黄土坡的第八镇所属工程第八营，革命党人熊秉坤、金兆龙等打响了第一枪，轰轰烈烈的武昌起义，就这样开始了。

起义发动以后，熊秉坤等率众直奔楚望台军械局。把守军械局的工程营士兵纷纷加入起义队伍，大大加强了起义士兵的战斗力和信心。驻守军械局的工程营左队队官吴兆麟，曾经参加过革命团体日知会，被推为临时总指挥，带领队伍往攻总督衙门。这时各标营新军革命士兵听到枪炮声和工程第八营起义的消息后，也都纷纷起义，声势更加浩大。在猛烈的攻击下，瑞澂破墙而逃，跑到停泊在长江的楚豫兵舰上躲了起来。第八镇统制张彪闻变后也逃往汉口刘家庙。经过一夜战斗，到11日拂晓，武昌就被革命军全部占领了。

起义取得了第一步的巨大胜利后，如何建立一个革命的政权，就成为刻不容缓的大事。然而，起义的士兵在当时还不能认识到由自己掌握政权的重大意义。在他们看来，新的革命政权的领导者，应该是社会上有声望的人物。当时，孙中山还在国外，起义前原推定的总司令蒋翊武因机关破坏逃亡在外，孙武又因制造炸弹受伤，还在医院治疗，各标营代表资历较浅，而且各不相下。怎么办呢？一时都拿不出主意。这时立宪党人就乘虚而入，他们推荐了曾经杀害起义士兵的原清军协统（相当于旅长）黎元洪，认为他是最合适的人选。当天午后就在立宪派首领汤化龙主持之下，开会决定成立湖北军政府，以黎元洪为都督，汤化龙为民政总长。这样，起义后第一个建立起来的革命政权，就被封建官僚和立宪派分子窃据了重要的职位。

但在广大人民的响应和支持下，革命形势在全国范围内迅猛地向前发展，到了11月下旬，全国二十四个省区，已经有十四个省先后宣布独立。腐败不堪的卖国的清政府终于被推翻了，两千多年的封建帝制也就此结束。

（应　清）

中华民国的成立

武昌起义以后，各省纷纷响应。到11月间，全国绝大多数省份都已宣告独立，与清政府断绝关系。清政府陷入土崩瓦解的局面。客观形势要求有一个统一的领导机构，作为革命的领导中心。

11月初，宣告独立的各省的代表开始商讨组织临时中央政府。12月29日选举孙中山为临时大总统，1912年元旦，孙中山在南京宣誓就职，宣告成立临时中央政府，中华民国正式诞生。

中华民国的诞生不仅宣布了统治中国两千多年的封建君主专制制度的死刑，而且在广大群众面前树立了资产阶级共和国的具体形象，从而使民主共和国的观念深入人心。但是中华民国并不是在彻底打碎旧的国家机器的基础上建立起来的。辛亥革命并没有触动旧的封建的、半封建的、半殖民地的经济和政治制度，而且领导这次革命的资产阶级既没有掌握一支革命武装作为支柱，又不能充分发动群众，尤其是以农民群众来作为自己依靠的力量。因此，中华民国虽宣告成立，但是它如同建筑在沙滩上的房屋一样，没有什么基础，在帝国主义和封建势力的反击之下，很快就只剩下一个空名，而实际上仍为大地主、大买办阶级统治的国家。

从中华民国的诞生开始，帝国主义便采取了种种卑劣手段，力图绞杀它。在经济上，一方面扣留革命势力管辖地区的全部海关收入，另一方面对北洋军阀的头子、大地主、大买办的代表人物袁世凯给予大量的经济援助。在外交上，一方面拒绝承认中华民国，另一方面极力扶持袁世凯窃夺政权。不仅如此，帝国主义还以军事行动恫吓革命派，长江上集中着英、日、美、德各国的军舰，日、俄两国还把军队直接开入东北，企图乘机打劫。

袁世凯由于得到了帝国主义的支持，便肆无忌惮地对革命派实行一打一拉的狡猾伎俩，向革命猖狂进攻。混入革命的立宪派则联合资产阶级右派（妥协派）逼迫孙中山向袁世凯妥协，叫嚷如果不向袁世凯让步，就有亡国的危险。孙中山在中外反革命势力的夹攻和妥协派的压力下，表示如果清帝退位，袁世凯宣布赞成共和，誓守参议院所定的《临时约法》，即选袁世凯为临时大总统。袁世凯便抓住机会，逼迫清帝于1912年2月12日宣布退位，并致电南京政府声明拥护共和。南京参议院这时只好选举袁世凯为临时大总统。

孙中山被迫与袁世凯妥协，但对袁世凯是存有戒心的。因此，在辞去临时大总统的职位时，就提出了一些条件来束缚袁世凯。但是因为没有实力做后盾，这些条件不但没有什么约束的力量，而且很快就被袁世凯用狡猾手段破坏了。3月10日，袁世凯在北京就任临时大总统。4月5日参议院又议决将临时政府迁到北京。中国人民经过长期努力而争得的革命果实，就这样被大地主、大买办的代表人物袁世凯所篡夺，辛亥革命失败了。

（全国华）

《中华民国临时约法》

　　《中华民国临时约法》（以下简称《临时约法》）是在1912年3月，经南京临时参议院制定，由中华民国第一任临时大总统孙中山颁布的一部法律。这是一部具有资产阶级共和国宪法性质的法律。

　　《临时约法》是辛亥革命的重要成果之一。清朝末年，中国人民为了争取国家的独立和民主，进行了不懈的斗争。以康有为为首的资产阶级改良派，发动了著名的戊戌变法运动，幻想在保持清朝统治的基础上，实行君主立宪，结果，遭到了清政府的镇压而失败了，改良主义的道路没有走通。以孙中山为首的资产阶级革命派和改良派不同，他们的理想是从根本上推翻清朝的统治和封建君主专制制度，在中国实行资产阶级的民主政治。因此他们采取了革命的手段，屡蹶屡起地进行了武装斗争，终于推动了辛亥革命的爆发。这次革命推翻了清朝的统治，结束了中国两千多年来的封建帝制，产生了中华民国和以孙中山为首的革命的南京临时政府。有了这个胜利，资产阶级革命派才能把自己的理想制成法律，并且把它颁布出来。因此，《临时约法》是革命斗争的产物。

　　《临时约法》一共七章五十六条，主要内容可以分成三个方面：

　　第一，规定了国家的政权性质。约法明确规定："中华民国之主权，属于国民全体。"宣布了中国已不再是皇帝或少数人垄断的专制国家，而是"国民全体"的民主的国家。

第二，规定了国民的民主权利。约法写下了国民有言论、著作、出版、集会、结社等自由权，有保有财产和营业的自由权，有选举和被选举权等。

第三，规定了国家的政治制度。中国资产阶级革命派为了防止专制独裁的再现，采取了内阁制。约法规定由参议院、临时大总统、国务员和法院行使国家的统治权，对临时大总统的权力做了限制。临时大总统不但要执行参议院的决议，而且还要受国务员的制约。参议院是国家的立法机关，由各省选派的议员组成，有权议决一切法律，决定国家大政。临时大总统由参议院选举产生，代表临时政府，总揽一切政务。但临时大总统在制定官制官规、任命国务员和外交使节、宣战媾和、缔结条约以及宣告大赦等问题上，都必须取得参议院的同意。国务总理和各部总长都称为国务员，国务员辅佐临时大总统担当政府工作。临时大总统在提出法律案、公布法律和发布命令时，需要由国务员副署，表明国务员也要负其责任。临时大总统和国务员的这种关系，就是内阁制的体现。

《临时约法》并没有得到实现。辛亥革命是一次不彻底的革命，革命的果实不久就被帝国主义的走狗和封建势力的代表袁世凯窃夺了。袁世凯窃取政权之后，为了恢复封建的独裁统治，立即破坏了资产阶级民主共和的原则，撕毁了《临时约法》，把中华民国变成一块空招牌。

《临时约法》是一部资产阶级的法律，它所标榜的民主是为了实现资产阶级专政的资本主义的民主。这种民主，和社会主义的民主是根本不同的。即使实现了，也只有资产阶级能享受民主权利，而广大工农群众仍然是得不到什么民主与自由的。但在当时，《临时约法》的颁布，还是有进步作用的。

（潘　喆）

袁世凯

袁世凯（1859—1916）是河南项城人，字慰亭（又作慰廷），别号容庵。他的伯祖父袁甲三是清朝的大官僚，在太平天国时期，以镇压捻军出名；他的父亲袁保中在老家仗势作恶，是当地地主武装的首领，农民群众的死对头。他从小就过继给他的叔父袁保庆做儿子，这个袁保庆在清朝军队中当官，长期跟随袁甲三镇压革命，也是一个沾满人民鲜血的刽子手。袁世凯生长在这样一个反动透顶的大官僚地主家庭，耳濡目染，自小就深受反革命的熏陶，长大后也继承了这份反革命的衣钵。

袁世凯年轻时候是一个花花公子，整天游手好闲，寻欢作乐，学会了一套流氓无赖的本领。他为人十分阴险、奸诈，无恶不作。在他父亲、叔父都死去以后，他参加科举屡试不中，这才跟随着他叔父的一个朋友到军队中当了一名很低的文职官员，开始了他的政治生涯。

袁世凯原先只不过是一个微不足道的小官，但因为他很会钻营拍马，又干了很多反革命勾当，很合卖国贼李鸿章的心意，就逐渐得到了重用。中日战争后，他被派到天津附近的小站训练新式陆军，从此他掌握了一支反革命军队，有了发家的本钱。以后，他就靠着这支反动武装，从事反革命活动，步步高升。

1898年，他向慈禧太后告密，使康有为等领导的戊戌变法运动遭到镇压而失败；1900年，他又帮助帝国主义在山东血腥屠杀中国人民，镇压义和团反帝爱国运动。这样，就更加得到了清朝统治者和帝国主义的赏识。1901年，李鸿章临死时，特地向清朝皇帝推荐袁世凯为直隶总督兼北洋大臣。从此他成为清朝统治集团中很有权势的一个大官僚了。

为了报答帝国主义和中国封建统治者的赏识和提拔，他一方面继续扩充军队，增强自己的实力；一方面更加紧了反革命活动。1905年，他镇压了反美爱国运动，此后又在轰轰烈烈的收回路权运动中，不顾中国人民的反对，和英、德两国订立津浦铁路借款合同，和英国订立沪杭甬铁路合同。他就是这样无耻地以出卖民族利益来讨好帝国主义和维护清朝统治。

1911年武昌起义爆发，清朝统治迅速走向崩溃。帝国主义看到这种情况，决心另外找一条忠实走狗来代替清朝统治者。他们认为袁世凯是最合适的人物。但这时的袁世凯因为满洲贵族的排挤，已经被迫辞职，赋闲在家。于是帝国主义就极力制造言论，说收拾残局"非袁不可"。清朝统治者这时已经走投无路，见帝国主义如此推重袁世凯，权衡轻重，觉得除了起用袁世凯也别无他法。于是，袁世凯在1911年11月，被重新起用，担任内阁总理大臣，掌握军政大权。帝国主义看到他们中意的走狗上了台，非常满意，英国政府甚至在袁世凯就任之前，就迫不及待地表示："这样的政府将要得到我们所能给予的一切援助。"

袁世凯在帝国主义支持下上台后，立即着手对付革命势力。他知道在当时那样高涨的革命形势之下，光用武力不可能把革命镇压下去。于是施展了阴险诡诈的反革命两面派手法：一方面派他的北洋军向革命军猛攻，以武力相威胁；另一方面又虚伪地表示愿意和革命派谈判议和，放出"和平"的烟幕。

这种一打一拉、软硬兼施的两面派手法非常毒辣。革命派果然被袁世凯的"和平"伪装蒙蔽了。他们没有识破袁世凯的反动面目，反而以为袁世凯倾向革命，可以利用，因而接受了和平谈判，甚至推迟了临时大总统的选举，虚位以待袁世凯倒戈反正。

1911年12月18日，双方开始谈判。在谈判中，帝国主义一直给予袁世凯极大的支持。它们表面上伪装中立，实际上却张牙舞爪，对谈判横加干涉。谈判才一开始，英、美等六国就联合发出照会，威胁革命派必须尽速和解，以后又动员帝国主义报纸，制造舆论压力，硬说谈判如果破裂，要由革命派负责，甚至表示如果谈判不成功，就要实行武装干涉。谈判期间，革命派在南京成立了中华民国临时政府，选举了孙中山为临时大总统，帝国主义非常恐惧，于是更加恶毒地进行攻击，英国甚至阴谋支持袁世凯在北方另组临时政府来对抗。由于中国资产阶级的软弱性，革命派经不住帝国主义的威胁、讹诈，对袁世凯抱有很大幻想，被迫节节退让，最后以袁世凯逼清帝退位，就选他做临时大总统为条件，达成了协议。

（汝　丰）

宋教仁

宋教仁是辛亥革命时期的一个资产阶级政治活动家。

1904年，宋教仁和黄兴等一起在长沙创立了革命团体"华兴会"。这个革命团体成立以后，就决定在这一年阴历十月清朝执政者慈禧太后的生日那天，在湖南发动起义。但是，由于计划被泄露，起义没有成功。参加起义的革命者被清政府到处追捕，宋教仁在国内无法存身，只好逃亡日本。1905年，孙中山在日本联合"华兴会""光复会"等革命团体组织"同盟会"，宋教仁是其中一个积极的参加者。

1912年，袁世凯窃取了辛亥革命的胜利果实以后，宋教仁和当时许多同盟会会员一样，并不认为把革命的政权交给袁世凯是一个严重的错误。他反而认为民国已经建立，革命就算成功了，于是就沉浸在建设这个空有其名的资产阶级共和国的梦幻之中。

袁世凯所要的不是什么资产阶级民主共和国，而是代表旧势力的反动独裁统治。他上台以后，就开始集中权力，排挤革命势力，逐渐暴露出他的狰狞面目。当时迫切的问题是通过革命手段与这个反动派进行斗争，把革命果实夺回来。但是，作为同盟会实际负责人之一的宋教仁，放弃了革命的主张，仍然力谋和袁世凯妥协。他提出了"新旧合作""朝野合作"的口号，幻想通过所谓资产阶级的"政党政治"来限制和约束袁世凯。他特别热衷于选举活动，亲自游说各地，宣传说："世界上的民主国家，政治的权威是集中于国会的，在国会里头，占得大多数议席的党，才是有政治权威的党，所以我们要致力于选举运动……"当时的宋教仁，十分迷恋资本主义国家的议会政治，以为只要通过政党的"合法"活动，就可以掌握到实际权力。

为了争取在国会中占到绝对的优势，实现所谓"政党政治"，宋教仁把同盟会改组为国民党，不加区别地滥肆吸收党员，把许许多多投机政客、封建旧官僚，以及向来与革命为敌的立宪派分子都拉进国民党。这样一来，本来就十分松懈的同盟会，完全变成了一个七拼八凑的烂摊子，很难发挥什么战斗力了。在国会选举中，国民党人多势大，果然表面上获得了压倒多数的胜利。于是，国民党人大为欢欣，并且宣称要以多数党的资格，成立一党内阁，而宋教仁出任内阁总理的呼声，也在这一片选举的胜利声中越来越高。这时的宋教仁，满以为经过议会斗争完全可以取得胜利，对资产阶级议会的幻想达到了顶点。

宋教仁的这些活动，对袁世凯实行专制独裁的野心是很大的妨碍，早就引起袁世凯的注意。袁世凯在他以金钱诱惑宋教仁，遭到了拒绝以后，就决心用毒辣的手段拔掉这颗眼中钉。当宋教仁游说各地的时候，袁世凯派遣暗探，随时密报宋教仁的行动。当他看到宋教仁的活动已经日益严重地威胁着自己的统治地位，就通过他的爪牙——内阁总理赵秉钧和国务秘书洪述祖，秘密安排了刺杀宋教仁的阴谋。这时，宋教仁正风云一时，沿着京汉路南下，到湖南、湖北、安徽、南京、上海等地，到处发表演说，批评时政，抒发抱负，满以为胜利在望。1913年3月20日，他正准备结束南下的宣传活动返回北京，就在上海车站被袁世凯派出的特务暗杀了。他临死以前，还留下一个遗电给袁世凯，对袁抱着殷切的希望说："望总统开诚心，布公道，竭力保障民权，俾国会确立不拔之宪法，则仁虽死犹生。"他哪里知道，杀死他的正是他所殷切期望的"袁大总统"呢！在暗杀宋教仁以后，袁世凯发动反革命内战，打败了南方革命势力的反抗，最后干脆把国会也解散了。至此，宋教仁一心为之劳碌奔波、极力宣传的议会内阁制也就结束了。

（汝　丰）

二次革命

　　"二次革命"发生在宋教仁被袁世凯暗杀以后，是孙中山企图挽回辛亥革命的失败而发动的一次革命斗争，目的是要推翻袁世凯，重新恢复资产阶级革命派的领导权。

　　宋教仁被暗杀以后，袁世凯为掩盖全国耳目，还装腔作态，命令江苏地方当局，要"穷究主名，务得确情，按法严办"。但"穷究"结果，从捕获的凶手和搜到的密电、密信等一切罪证证实，谋杀的主使人就是大总统袁世凯自己。真相大白，全国舆论哗然。这时，孙中山从日本回到上海，他看清了袁世凯的反动面目，认识到"非去袁不可"，极力主张出兵讨袁，发动二次革命。

　　本来，暗杀宋教仁只不过是袁世凯彻底镇压革命力量的信号。袁世凯左手拿着枪，右手也拿着枪，只有照他那样也拿起枪来反抗，才是办法。但是，在国民党领导人之间，孙中山的主张，除了担任江西都督的李烈钧和其他的一些人积极支持外，很多人都不同意。黄兴、陈其美等，认为武装反抗的条件还不成熟，主张等待法律解决；在北京的国民党议员，大唱"法律倒袁"的高调，仍旧在那里做着合法斗争的迷梦；国民党在南方握有一些实力的其他几个都督各有打算，也不积极。这样，组织涣散，意见分歧，二次革命迟迟不能发动。

政权掌握在袁世凯手里，所谓"法律解决"自然只是一种空想。实际上，当谋杀宋教仁的真相败露以后，袁世凯已经决心进一步用武力来彻底消灭国民党的反抗。他一面向帝国主义借钱求援，一面秘密地调兵遣将，积极准备发动反革命内战。

帝国主义知道袁世凯要镇压革命，就积极出来支持。1913年4月，英、法、德、日、俄五国，联合借给了袁世凯二千五百万英镑（这就是所谓的"善后大借款"），同时，各帝国主义都纷纷表示，将正式承认袁世凯反动政权，从政治上给袁世凯撑腰。他们说："承认袁世凯政权，不仅意味着袁世凯权力实际增加，而且将相当加强其反对中国南部分裂运动的地位。"美帝国主义最积极了，它一马当先，于1913年5月2日，首先承认了袁世凯政权。

有了帝国主义的支持，袁世凯胆子更大了。5月24日，他杀气腾腾地说："现在看透孙（中山）、黄（兴），除捣乱外无本领……彼等若敢另行组织政府，我即举兵讨伐之。"接着就在6月里先后撤销江西李烈钧、广东胡汉民、安徽柏文蔚的都督职位，同时命令事先已经集结在九江、南京附近的军队发动进攻。于是，李烈钧于7月12日在江西湖口宣布独立，发表讨袁通电，起兵讨袁。黄兴也在15日赶到南京响应。其余安徽、广东、福建、湖南、四川及上海等地也先后宣布独立。至此，讨袁战争爆发，孙中山号召的"二次革命"，在十分仓促的被动局面下开始了。

这时，帝国主义强盗又直接或间接地在军事上给了袁世凯很多援助，德国还派了军官，出动了军舰，帮助袁世凯军队作战。1913年7月30日，德国外交大臣曾说："德国因为它的重大经济利益，不得不要求立即扑灭革命。"

"二次革命"的领导者没有发动广大的人民群众参加讨袁斗争，宣布独立的各省之间又缺乏统一指挥，因此，袁世凯在帝国主义支持下，以优势的武力，很快就把讨袁军打败。8月18日，南昌落入敌手，9月1日，南京又被攻占，原来宣布独立的各省，在战争失利的情况下，先后撤销独立。二次革命就这样在不到两个月的短时间内失败了。领导这次革命的孙中山，又一次被迫逃亡日本，重新组织力量，准备发动新的革命斗争。

（汝　丰）

袁世凯的皇帝梦　护国运动

　　袁世凯盗窃了辛亥革命的胜利果实以后，立即着手巩固和加强他的大地主大买办阶级的反动专政。他表面上口口声声民主共和，实际上实行独裁专制。

　　帝国主义和封建势力是不容许中国实现资产阶级的民主政治的。袁世凯不但是民主政治的死对头，而且是一个永不满足的野心家。他暗杀了宋教仁、镇压了二次革命之后，又玩弄权术，当上了正式大总统。到1914年1月，他就下令解散了国会；5月，又宣布废除了《临时约法》，把辛亥革命奠立的最后一点民主原则全部破坏。这时，他把自己的权力扩大到了最大限度，但还不满足，决心要去掉"民国"这块空招牌，恢复封建帝制，来一个黄袍加身，由他来当袁氏朝廷的始皇帝。

　　他在废除了《临时约法》后所颁布的新《约法》中，把责任内阁制改为总统制，规定的总统权力和世袭皇帝相差无几；把国务院改为政事堂；内阁总理改为职位和名义都与封建朝廷的宰相相仿的国务卿；各省都督也改称将军，民政长则改称为巡按使……一切都按封建帝王的老办法来做，恢复帝制的阴谋活动，在"民国总统"的外衣的掩盖之下，越来越积极，越来越露骨了！

　　辛亥革命虽然把封建帝制摧毁了，但是对封建帝制的根子——封建土地制度，连一根毫毛也没有动。帝国主义和中国封建反动势力在这个基础上照旧进行统治，袁世凯也在这个基础上大做皇帝梦。

　　帝国主义为了扩大它在中国的侵略权利，积极支持袁世凯恢复帝制的阴谋活动，以便趁机多捞一把。袁世凯的顾问、美国人古德诺写了《共和与君主论》一文，为袁世凯恢复帝制鼓吹，文中胡说八道，诬蔑中国民智低下，不适于共和制度，只适于君主制度。甚至威胁中国人民说："如果不采君主制，将会引起外国的武装干涉。"德皇威廉二世接见袁世凯的大儿子袁克定时就露骨地表示："……革命分子势力甚脆弱"，要袁世凯"挟大总统之威权，一变中华民国为帝国皇帝"。还说："我德誓以全力赞助……"英国也不落后，驻中国公使朱尔典就曾经多次向袁世凯表示极力赞成帝制。但是，当时第一次世界大战已经爆发，袁世凯看到这些国家无力东顾，最有力量的还是日本，因此极力讨好日本，乞求支持。日本当时想乘机独霸中国，于是提出了极为苛刻的"二十一条"，作为支持帝制的交换条件，表示只要袁世凯承认了，就可以请"贵大总统再高升一步"。"二十一条"的内容实际等于灭亡中国，但袁世凯为了实现他的皇帝梦，竟不顾中国人民的反对，丧心病狂地签字接受了。

　　有了帝国主义的支持，帝制活动逐渐走向高潮。各种反动势力、牛鬼蛇神都忙碌起来了。以杨度为首的拥戴和鼓吹帝制的"筹安会"出现了，接着各式各样的支持帝制的"请愿团"也出现了。这些请愿团名目繁多，不但有所谓"乞丐请愿团"，还有所谓"妓女请愿团"，真是五花八门，无奇不有。分散在中央和地方的袁世凯的走狗喽啰们，这时又是通电，又是公函，纷纷"劝进"，说什么"恭戴今大总统袁世凯为中华帝国皇帝，并以国家最上完全主权奉之于皇帝，承天建极，传之万世"。

　　到了1915年12月，袁世凯迫不及待地要参政会出面，召集了所谓国民代表大会，进行所谓国体投票。在开会期间，袁世凯又是武力威胁，又是金钱收买，各省投票结果，全部同意改行君主政体，推戴袁世凯为皇帝。12月11日，参政院以代表民意的资格上书劝进，袁世凯还假惺惺地表示谦逊，退还了推戴书。参政院于是再次开会，在十五分钟之内完成了第二次推戴书，当晚再度送去。第二天，袁世凯装成不得已的样子，正式接受了帝位，第三天，袁世凯就在居仁堂受百官朝贺，并封黎元洪为武义亲王，宣布将民国五年改为"洪宪"元年，积极准备登基做洪宪皇帝了。

但是，就在袁世凯扬扬得意，准备登上皇帝宝座的时候，反袁的烽火已经燃烧起来了。以孙中山为代表的革命派是反袁最坚决的力量，他们在各地组织暴动，策划起义。可是由于他们没有发动广大群众，停留在单纯的军事冒险上，因此不断失败。然而，反袁的火种既已点燃，就难以扑灭，人民群众是绝不容许封建帝制再现于中国的。

1915年12月25日，云南宣布独立，爆发了护国起义，组织护国军分兵北上。护国军的力量并不大，但由于反袁是人心所向，所以很快就得到了广大人民的拥护和支持。随着护国军的胜利，1916年1月，贵州宣布了独立，接着广西也宣布独立，四川、湖南、广东等省，形势也十分紧张。帝国主义这时害怕反袁的怒火烧到自己身上，也来了一个向后转，拒绝继续支持袁世凯称帝。袁世凯开始感到大事不好，在3月22日被迫宣布撤销帝制，还想继续当大总统。但护国军不答应，他们声明袁世凯是叛国的罪人，不能再当总统，要他辞职。形势急转直下，对袁世凯越来越不利，四五月间，广东、浙江、陕西等省又先后宣布独立，最后连袁世凯最忠实的走狗控制的四川、湖南两省在广大人民的压力下，也宣布了独立。众叛亲离，袁世凯走到了绝境。6月6日，这个窃国大盗在全国人民的唾骂声中死去了！

（鲁　素）

张勋复辟

　　"张勋复辟"发生在1917年7月。提起这件事来，还得从张勋头上的"辫子"以及他率领的"辫子军"说起，因为张勋和他率领的军队，在民国建立以后，是以留辫子出名的。

　　把头上四周的头发剃掉，在中间留起一条辫子垂在背后，这是从前满族人的习俗。满族贵族建立了清朝政权以后，强迫其他各族人民也遵照这种习俗。无论是谁，都必须剃去头发，留起辫子，不这样，就是谋反，就要砍头。这就是所谓的"留头不留发，留发不留头"。成千上万的汉族和其他各族人民，因为反抗清朝统治者这一野蛮残酷的压迫措施，遭到了残酷的屠杀。在遭受剥削和压迫的广大人民心目中，辫子便成了清朝反动统治的标记。那些依附清朝统治者的忠实奴才，则把留起辫子当作投靠满族贵族，感恩献媚的手段。

　　张勋就是这样的奴才，他做过清朝署理两江总督、江苏巡抚、江南提督等要职，一贯善于压榨和迫害广大人民，对清朝皇帝则十分忠心。在清朝统治之下，他对那根奴才的辫子视同珍宝是十分自然的。到了辛亥革命之后，清朝皇帝已经被推翻了，全国人民都兴高采烈地剪掉了辫子。但是，已经换上了民国衣冠的张勋，不但自己舍不得剪掉那根辫子，他的军队，也都仍然留着辫子。因此，他的军队被称作"辫子军"，他自己也得到了"辫帅"的徽号。

张勋为什么要留着辫子呢？用意非常清楚。他虽然被迫归顺了民国，但无时无刻不在梦想复辟。复辟，在当时就是要恢复封建皇帝的专制统治。因此，张勋为了表示自己曾是大清的忠臣和对皇帝的怀恋，一句话，为了复辟，就把辫子保留着。这个顽固透顶的反动军阀，对清朝封建帝制的覆灭是不甘心的，对革命抱有刻骨的仇恨。武昌起义时，他率领军队盘踞南京，与革命军顽抗；袁世凯窃国后，他拖着辫子做了民国的大官，但仍然企图恢复清朝帝制。袁世凯镇压"二次革命"，他最为卖力。"辫子军"攻下南京，他下令放假三日，任凭他们杀人放火，奸淫抢掠，使南京人民遭受了劫难。

辛亥革命是一次不彻底的资产阶级民主革命，清朝统治下的孤臣遗老、皇亲贵族无一不想卷土重来。尽管他们头上的辫子被迫剪掉了，但心里的辫子牢固地存在着。一旦机会到来，他们就要复辟。袁世凯就是辛亥革命后第一个企图复辟的人物，不过他是把原先的清朝皇帝撂在一边，而梦想自己登上皇帝的宝座罢了。袁世凯做了八十三天皇帝梦就倒台了，接着而来的就是张勋。他自知力量远远不如袁世凯，还不敢梦想自己做皇帝，但是他梦寐以求的是拥护清朝废帝重掌江山，做一个复国元勋。到了1917年，民国的总统黎元洪和国务总理段祺瑞争权夺利，发生了尖锐的矛盾，张勋看到有机可乘，就拥兵北上，演出了复辟的丑剧。

段祺瑞是北洋军阀中皖系的首领，很有实力。黎元洪虽然是总统，但政府的实权操纵在段祺瑞手中，他等于是一个傀儡。第一次世界大战爆发以后，段祺瑞在日本的支持下，以参战为借口，企图驱逐黎元洪。但黎元洪得到美国的支持，反对参战，极力向段反击。后来段祺瑞跑到天津以辞职相威胁，黎元洪就以罢免段祺瑞的国务总理职务相报复。双方的矛盾达到了不可调和的程度。这时，段祺瑞决心以武力来对付黎元洪，在他的唆使下，北洋军阀皖系、直系督军纷纷宣布独立，准备进兵北京。久谋复辟的张勋就利用这个机会，一面通电要求黎元洪退职，以此讨好段祺瑞；另一面又表示愿意入京调停黎段之争，为拥兵复辟设下圈套。段祺瑞为了利用张勋推翻黎元洪，极力怂恿他来北京，甚至暗中表示支持复辟。黎元洪正在四面楚歌之中，见有非皖系的张勋出来调停，想借张以对抗段祺瑞，因而也表示接受张勋的调停。1917年6月，张勋就打着调停的旗号率军北上。到天津后，这个以调停为名、复辟为实的"辫帅"就改了腔调，发出通电，威逼黎元洪解散国会，否则就不负调停之责。黎元洪知道上了大当，但已经无力挽救，被迫于6月13日宣布解散国会，张勋随即进入北京，着手复辟。

张勋入京后，头一件大事就是到紫禁城向清朝废帝溥仪（宣统皇帝）叩头请安。清朝皇室和那些贵族王公早就盼望有死灰复燃的一天，这时，他们从张勋身上又找到了希望。一时之间，什么"恢复祖业"啦，"光复旧物"啦，"还政于清"啦，这些奇声怪调立即嚣张起来。保皇党的首领康有为也赶来北京，为张勋出谋献计。复辟的活动进入了高潮。

1917年7月1日，经过一番仓促的准备，张勋正式宣布清帝溥仪复辟，恢复清朝旧制。同时还颁布了许多上谕：改民国六年为宣统九年，封黎元洪为一等公爵，冯国璋（原副总统）为两江总督兼南洋大臣，张勋为直隶总督兼北洋大臣，各省督军改称巡抚，等等。这时，北京街头龙旗飘扬，多年不见的清朝袍服也重新出现，那些曾经被迫剪掉辫子的封建余孽，用假辫子拖在脑后，摇头摆尾地庆贺大清一统重建，十分得意。

张勋宣布复辟，黎元洪逃到东交民巷日本使馆，一面通电由冯国璋代行总统职务，一面被迫重新任命段祺瑞为国务总理。段祺瑞见解散国会和驱逐黎元洪的目的都已达到，又看到复辟非常不得人心，就乘机而起，宣布反对复辟，自任"讨逆军"总司令，在天津马厂誓师，北上讨伐张勋。

"讨逆军"于7月12日攻进北京，张勋慌忙逃到外国使馆避难。这时，先前那一切乌七八糟的景象，又烟消云散了。大街小巷，到处都是辫子军逃命时剪下来的辫子，复辟的丑剧，前后只演了十一天！

此后，段祺瑞重新掌握了军政大权，民国有名无实依然如故，但是中国人民反抗军阀的斗争越来越发展了！

（鲁　素）

北洋军阀

　　"北洋军阀"是近代中国社会的一支反动势力，它们在帝国主义的支持下，拥有以新式武器装备的军队，控制着北京政权，代表帝国主义和中国大地主大买办阶级的利益，对广大人民实行黑暗而残酷的统治。在辛亥革命后的十多年中，中国社会一直处在北洋军阀反动势力的统治之下。

　　中日甲午战争后，清政府在1895年开始编练新军。袁世凯被派在小站（天津附近）编练"新建陆军"，他把原来淮系官僚胡燏棻（yù fēn）所练"定武军"四千七百五十人接收过来，并扩充到七千人，这就是后来"北洋军阀"武装的基础。以后北洋军各派系的首领如段祺瑞、冯国璋、曹锟、王士珍等，当时都在袁世凯手下当军官，后来都是随着这支反动武装的发展而爬上去的。

　　1898年后，袁世凯的"新建陆军"和董福祥的"甘军"，聂士成的"武毅军"同属清政府反动首脑之一的北洋大臣荣禄统率，并称"北洋三军"。"北洋"的名称自此开始。在"戊戌变法"运动中，袁世凯用出卖维新派的卑劣手段，得到了反动头子慈禧太后的信任。到1899年，"新建陆军"改编为"武卫右军"（"武卫军"分左、右、中、前、后五军），编制达万人左右，归武卫军统领、大学士荣禄节制。

在义和团运动期间，袁世凯积极镇压人民的反帝斗争，表现了忠于帝国主义的奴才本质，得到了帝国主义的赏识。1901年李鸿章死后，在中外反动派的共同支持下，袁世凯继任为直隶总督兼北洋大臣。这时的北洋"武卫军"中的其他四军都在八国联军的进攻下溃散了，只有袁世凯的右军因随他到山东屠杀义和团群众而保存下来。这支反动武装以后不断扩充，并改名"北洋常备军"，几乎完全由袁世凯一人控制。到辛亥革命前，北洋军的势力由直隶扩展到了山东、河南、江苏及东三省等地。依靠这支反动武装和帝国主义的支持，袁世凯成了清廷中"举足轻重"的人物。辛亥革命爆发后，他利用这种地位和实力，对抗以孙中山为首的革命势力，窃夺了革命果实，自己当大总统，开始了以他为首的"北洋军阀"的反动统治。

袁世凯大量地出卖民族利益，换取各帝国主义对他的支持，成为各帝国主义共同统治中国的总工具。因此，在他死前，"北洋军阀"集团尚能维持表面的"统一"。他死了以后，"北洋军阀"在帝国主义强盗分别收买和互相争夺之下，开始分裂，在分裂的各派军阀中，比较大的是直系、皖系和奉系。

直系军阀的首领是冯国璋、曹锟和吴佩孚等，他们主要投靠英、美帝国主义，是英、美侵略中国的工具。

皖系首领是段祺瑞、徐树铮等，他们和直系的首领原来都是袁世凯手下的重要角色。袁死后，两系间争权夺利的斗争特别厉害。

奉系首领是张作霖，盘踞在东北地区。

皖系和奉系都是投靠日本帝国主义的，成为日本侵略中国的工具。

此外还有很多大小不同的军阀派系，各自占据一块地盘，掌握一部分武装，投靠一定的帝国主义。这些军阀为了争权夺利，经常互相发生冲突，形成了连年不断的军阀混战局面。

袁世凯死后，黎元洪继任大总统，直系冯国璋任副总统，皖系段祺瑞任国务总理，掌握实权。为了对付非北洋系的黎元洪，直、皖系曾暂时合作，但由于投靠的帝国主义不同，互相间的利害冲突和矛盾还是很大的。1917年，冯、段终于借"张勋复辟"事件，挤走了黎元洪。接着，冯国璋当了大总统，段祺瑞仍做国务总理，他们变本加厉地出卖民族利益，继续北洋军阀的专制统治。不久，冯、段之间为了扩充势力、抢占地盘，矛盾逐渐尖锐起来。1920年7月，直系联合奉系打皖系，皖系战败，中央政权开始由直、奉两系联合控制。

直、奉军阀也只是暂时的联合，因为它们投靠的帝国主义不同，帝国主义之间的矛盾必然影响它们之间的利害关系。1922年4月终于又爆发了直奉战争，结果奉系战败，退出关外，中央政权由直系全部控制。奉系军阀不甘失败，1924年9月又挑起了第二次直奉战争，这次奉系取得了胜利，皖系段祺瑞也乘机攫取了北京"临时执政"的地位，在奉系卵翼下重新把持中央政权。

"北洋军阀"的黑暗统治和它们之间的混战，给全国人民带来了深重的苦难。富有优良革命传统的中国人民，曾经进行了多次的反军阀斗争。

五四运动以后，中国人民革命进入了一个全新的历史时期，就是新民主主义革命时期。特别是从1921年起，由于有了中国共产党的领导，革命的面貌焕然一新，反军阀的斗争迅速向前发展。1926—1927年，在共产党的领导和推动下，广东的革命政府举行了"北伐战争"。在全国人民的积极支援下，终于摧毁了"北洋军阀"的黑暗统治。但是，隐藏在革命内部的反革命头子蒋介石，在帝国主义的收买和支持下，发动反革命政变，窃夺了革命的胜利果实。代替"北洋军阀"统治的是国民党新军阀的黑暗统治，新民主主义革命时期的第一次国内革命战争失败了。

（刘守诒）

护法运动

　　1916年袁世凯死后，北京反动政府的政权落在另一个北洋军阀亲日派段祺瑞的手里。段祺瑞想独揽大权，但1912年公布的《临时约法》，对他实行独裁统治是不利的，因此他解散了旧国会和废除了《临时约法》。

　　当时的很多资产阶级革命家是把1912年的《临时约法》和国会作为共和国的象征的。坚持民主主义革命的孙中山便起来号召保护约法，召集旧国会。1916年7月，孙中山到达广州，大部分国会议员也跟着南下。海军受了革命影响，也宣布"拥护约法，恢复国会"，并且将舰队开到广州。当时，盘踞在两广的桂系军阀陆荣廷和称霸云南的滇系军阀唐继尧在争权夺利上和段祺瑞的矛盾很大，又感到自己的力量不足，想利用孙中山的名义来对抗段祺瑞，于是假意地也表示拥护约法。9月孙中山在广州召集了非常国会，组成了护法军政府，孙中山为大元帅，陆荣廷、唐继尧为元帅，和段祺瑞的北京政府相对立。

　　北洋军阀中，以段祺瑞为首的皖系，和以冯国璋为首的直系之间，也存在很深的矛盾。当时段祺瑞决心"武力统一"中国，派直系军队进入湖南攻打护法军。冯国璋却企图勾结西南军阀，排挤段祺瑞，因此，指示他的军队采取消极态度，并提出了"和平统一"的口号，对护法军政府表示让步。

　　以政治投机为目的的陆荣廷、唐继尧这时也大肆活动，拉拢国会议员，共同排斥孙中山，破坏护法运动。1918年2月拥护孙中山的军政府海军总长程璧光被人暗杀，甚至孙中山招募的卫队也被反动派捕杀。反动派在解除了孙中山控制下的军事力量以后，接着又进一步改组军政府，取消大元帅制，改为七总裁制，由老官僚岑春煊当主席总裁，把孙中山变为一个毫无实际权力的七总裁之一。孙中山见护法运动毫无进展，在广州也无法立足，就在1918年5月离开广州去上海。离开广州时发表宣言说："南北军阀都是一丘之貉。"他开始了解到依靠这些人是不能护法的。孙中山离开广州以后，军政府便完全操纵在桂系军阀的手中。后来南方和北方进行和平谈判，护法运动就这样不了了之地失败了。

（鲁　素）

中国工人阶级的成长和壮大

辛亥革命以后，中国民族工业曾有些发展。在第一次世界大战期间，由于欧洲几个主要的帝国主义国家忙于互相厮杀，暂时放松了对中国的压迫，民族工业更有了较快的发展。从1911年到1919年的八年间，近代工业中的民族资本增加了一亿三四千万元，超过了以往的五十年。但是因为半殖民地半封建的社会情况没有什么改变，民族工业的发展主要只表现在某些轻工业上，特别是纺织业和面粉业发展得比较迅速。1911年投资纱厂的资本，不过一千七百万元；到1919年，投资总数达到六千万元，增加了两倍半还多。1911年全国面粉厂和机器磨坊只有四十家，资本不过六百多万元；1919年增加到一百二十多家，资本达四千五百万元；每昼夜生产面粉的能力，也从四万三千袋增加到十八万八千袋。生产出来的面粉还大量运销国外，变过去的入超为出超，1919年的出超额在一千万海关两以上。

随着民族工业的发展，中国工人阶级的队伍，也很快壮大起来。辛亥革命以前，中国近代产业工人约有五六十万人；到1919年，已增加到二百万人左右。他们大都集中在上海、天津等少数几个大城市里；集中在矿山、铁路、纱厂、面粉厂等少数近代工厂大企业里。这种高度集中的情况，在世界上是少有的，这使他们便于联合和团结，容易组织起来进行斗争。

在北洋军阀统治期间，中国工人阶级没有从辛亥革命得到任何实际利益，他们仍然受着帝国主义、封建主义和资本主义的三重残酷的剥削和压迫，过着极其苦痛的生活。一般工人的工资，每天只有两三毛钱，连最低的生活都很难维持。女工和童工的收入，比这还要少。工人的劳动时间，一般在十二小时左右，有些矿厂甚至长达十六至十八个小时。由于设备简陋，劳动条件十分恶劣，工伤事故层出不穷。抚顺煤矿从1913年至1917四年之内，发生工伤事故一万六千多起，死伤工人七千二百八十人。许多厂矿中还普遍地存在着把头制、包身工和养成工等野蛮的超经济的剥削，把工人的血汗榨得干干净净。在这期间，工人阶级所遭受的政治压迫也越来越重。工人本来就没有丝毫政治权利，军阀政府又颁布了一些像"暂行新刑律""治安警察法"等反动的法令，来严格限制工人的活动。同时，这些军阀还一贯用野蛮的血腥镇压的手段来对付工人的反抗。

在这期间，工人罢工的次数大大增多了。据统计，从1912年1月至1919年5月的短短七年半，发生了一百三十多次罢工，这比以往七十年里罢工的总次数还要多。这期间的罢工次数也有逐年增加的趋势，例如1916年为十七次，1918年增加到三十次。同时，罢工斗争的规模和激烈程度也远远超过了以前的罢工。

在这期间，工人为提高工资，缩短工作时间，改善工作条件，反对非人的待遇和野蛮的压迫，掀起了多次的反抗斗争。1915年4月，湖南乾城大王岩煤矿工人因要求增加工资和反对延长劳动时间而举行罢工，曾对军警和地主武装的联合镇压进行了坚决抵抗。同年7月，苏州全城三千丝织业工人要求增加工资，举行了同盟罢工，并组织了纠察队。1916年3月，北京政府财政部印刷局工人举行罢工，军阀政府派警察镇压。被激怒的工人群众捣毁印刷局，夺取警察枪械，进行抵抗。1917年7月，上海英美烟厂工人三千人，为反对减低工资而举行罢工，坚持了三个星期。

1915年，反对日本"二十一条"抵制日货运动和1916年反对法国强占老西开做租界的斗争，是这一时期两次大规模的群众性的反帝运动。工人阶级在这两次运动中都起了主力军的作用，把运动推向高潮。在抵制日货运动中，全国各地工人先后举行了罢工和示威游行。上海所有在日本企业里做工的工人，几乎都参加了斗争。上海日商大阪公司和三井煤栈的码头工人举行了罢工，并散发了"不准给日商做工"的传单。工人抵制日货，也最为坚决而彻底。在反对法国侵占老西开的罢工斗争中，天津工人显示了工人阶级坚定和团结的力量。他们在罢工期间，组织了"工团"，成立了"工团事务所"，指挥罢工，领导示威游行。他们以一致行动，粉碎了法帝国主义的分化和破坏。法商电灯公司中国工人的罢工，使法租界"化为一片黑暗"，靠这个公司供电的工厂，也只得停工。在全国人民声援之下，这次罢工坚持了五六个月，沉重地打击了法帝国主义的侵略野心，迫使它最后不得不同意将老西开划为中法共管。

1912至1913年间，在上海、武汉、广州、香港等地出现了最初的工会。1917年，商务印书馆工人在罢工中，还提出要把"不得干涉工会活动"作为复工条件之一。在新民主主义革命时期，由于中国工人阶级和中国人民找到了解放自己最好的武器——马克思列宁主义，成立了中国工人阶级的先锋队——中国共产党，中国革命的面目就焕然一新。中国人民在中国共产党和毛泽东同志的领导下，经过长期的艰难曲折的英勇斗争，终于战胜了强大的敌人，取得了民主革命的伟大胜利，结束了一百多年来半殖民地半封建的旧中国的历史。从此，中国人民又进入一个崭新的历史时期——社会主义革命和社会主义建设时期。

（钟　青）

第八编

我国有文字记载的历史　正式纪年

　　我国有文字记载的历史是从夏朝开始的。根据晋朝太康二年（281）在汲郡（今河南卫辉一带）战国魏墓中发现的《竹书纪年》一书的记载推算，夏朝大约创立于公元前21世纪或稍前一些，距离现在已有四千年光景。也就是说，我国有文字记载的历史已经有四千年之久了。

　　从夏朝创立开始，到西周厉王时止，虽然有可靠的历史记载做根据，能推算出帝王的世系和大约的年代，但这些年代都不是十分可靠的，因为当初并没有正式的纪年可以查考。周厉王以后，周朝有十三年没有王，由周公、召公两人摄政，摄政开始的第一年称为共和元年（公元前841），这是我国历史上有正式纪年的开始。

　　从周朝周公、召公摄政的共和元年起，到西汉武帝即位的前一年止，中国历史上虽然有了正式的纪年，但是还没有帝王的年号。汉武帝即位后，把开始的第一年定为建元元年（公元前140），"建元"就是我国历史上的第一个帝王年号。从此，我国历史上除朝代以外，还有了帝王的年号。帝王的年号少则一个，多则数个、十数个，没有一定的准则。从汉武帝建元元年起，历代帝王都各有年号，从来没有中断过。直到1911年，孙中山领导的辛亥革命推翻清朝的统治，结束了君主专制的制度以后，帝王年号才被废止。

1912年被定为中华民国元年。但是，这个纪年法和世界上大多数国家采用公元的纪年法也不一致。新中国成立后，根据中国人民政治协商会议第一届全体会议的决议，决定采用公元纪年法纪年，从此，中国的纪年就和世界大多数国家通用的纪年完全一致了。

（朱仲玉）

我国历史上的朝代

　　从有文字记载的夏朝开始，我国历史上经历了夏、商、周、秦、汉、晋、隋、唐、宋、元、明、清等主要朝代。

　　夏朝的起讫年代没有可靠的文字记载，无法知道它确切的年代。根据有关资料来推算夏朝的世系，知道它传了十七个王，大约的年代是在公元前2100年前后到公元前1760年前后，一共存在了四百多年。

　　商朝的起讫年代到现在也没有搞清楚，只知道它传了三十一个王，大约年代是公元前1760年前后到公元前1120年前后，一共存在了六百多年。

　　周朝分为好几个阶段。开始一段叫西周，从公元前1120年前后起，到公元前771年止，存在了约三百五十年。接下来的是东周，从公元前770年起，到公元前249年止，连头带尾共存在了五百二十二年。从东周的第一个国王平王迁都洛邑（公元前770）开始，到威烈王二十三年（公元前403）为止，诸侯称霸，称为春秋时代，春秋时代长三百六十多年。从威烈王二十三年起，到秦始皇统一中国（公元前221）止，七国争雄，称为战国时代（战国最后的二十八年东周已经灭亡），战国时代长一百八十多年（春秋、战国的起止年代，算法不一）。

　　秦朝从公元前221年统一中国起，到公元前207年灭亡止，只传了二代，连头带尾共十五年。

汉朝的前期称西汉，从公元前206年起（刘邦做皇帝是在公元前202年，从公元前206年到前202年为楚汉相争时期），到公元8年止，共存在了二百一十四年。8年，王莽称帝，改国号为"新"。23年，"新"灭亡。淮阳王刘玄在位三年（23—25）。汉朝的后期称东汉，从25年起，到220年止，共一百九十六年。

东汉以后、西晋统一以前，我国历史上出现了分裂局面。魏、蜀、吴三国鼎立，历史上称为三国时代。三国时代自220年曹丕称帝起，到280年东吴灭亡止，共六十一年。

晋朝也分西晋、东晋两个阶段。西晋从265年司马炎取代曹魏起，到316年，共五十二年。东晋从317年到420年，全长一百零四年。

从东晋灭亡到隋统一，这一段时期，历史上叫作南北朝时期，南北朝时期长一百七十年。

隋朝从589年统一中国算起（隋的建立为581年），到618年止，全长三十年。

唐朝从618年起，到907年止，全长二百九十年。

唐朝以后，我国历史上又出现了分裂局面，这个分裂时期历史上叫作五代十国时期。五代十国时期从907年唐灭亡算起到979年宋统一全国（宋的建立为960年）止，共七十三年。

宋朝也分为两个阶段，前一个阶段称北宋，从960年到1127年，共一百六十八年。后一个阶段称南宋，从1127年到1279年，共一百五十三年。

元朝从1279年灭南宋起，到1368年止，全长九十年。

明朝从1368年起，到1644年止，全长二百七十七年。

清朝从1644年入关算起，到1911年辛亥革命时被推翻止，全长二百六十八年。

（朱仲玉）

我国的民族

　　我们伟大的祖国是一个以汉族为主体的统一的多民族国家。除汉族以外，还有55个少数民族。少数民族人口共约三千八百万，占全国总人口的5.8%（1957年统计）①。

　　我国各少数民族都具有悠久的历史和丰富的文化。就拿百万以上人口的少数民族来说，在我国各种史书、方志上很早就记载着有关这些民族的生产、生活和风俗习惯等情况。我国历史上的元朝，就是以忽必烈为首的蒙古贵族在13世纪建立的。回族是13世纪以来迁入我国的部分中亚人、波斯人、阿拉伯人和7世纪以来少数久居我国的波斯人、阿拉伯人与汉族、维吾尔族、蒙古族等族人在长期相处的过程中发展而成的一个民族。藏族在汉文的古文献中称为吐蕃、西蕃、乌斯藏、唐古特、图伯特等。公元前3世纪至公元后3世纪，汉文史书上曾提到丁令（丁零、丁灵），4世纪到6世纪曾提到铁勒（敕勒、赤勒），这都是说的维吾尔族的远祖。从北魏到隋代称为乌护（乌纥）、韦纥（袁纥），唐宋时称为回纥、回鹘，元明时称为畏兀儿，都是维吾尔一词的不同音译。古代称居住在洞庭湖附近和沅江流域一带的居民

_____

① 根据2020年人口普查数据，少数民族人口共约12547万，占全国总人口的8.89%。

为武陵蛮（五溪蛮），苗族就是他们的后裔。古代史籍记载的邛（qióng）都夷、滇、劳浸、靡莫和昆明都与彝族的源流有关，叟、爨（cuàn）、乌蛮和部分地区的白蛮是彝族的组成部分；直到元明以来，罗罗这个名称才逐渐普遍起来，并开始成为彝族的泛称。春秋时代的越人与今天壮族、傣族等族的源流有密切的关系，史籍上曾有陆梁、西瓯、骆越、乌浒、俚以及僚、俍（liáng）、侬、沙等不同称谓，便都是泛指壮族而言。布依族是由古代百越中的骆越一支发展起来的，《元史·地理志》里第一次出现了仲家的名称，就是布依族的祖先。朝鲜族是自19世纪中叶开始先后从朝鲜迁入我国东北的。远在周、秦时代，居住在东北松花江、牡丹江等流域的肃慎人，以及后来史书上所称的挹（yì）娄人、勿吉人、靺鞨（mò hé）人和10世纪后所称的女真人的一部分，都是满族的祖先。

（施联朱）

首都北京

北京在历史上正式成为首都，是从金政权贞元元年（1153）开始的。当时北京称燕京，金在此定都后，改称中都。

今天北京广安门内外大街，就是自东而西横贯金中都城的一条干路。中都的内城，位于今广安门以南，是金皇宫所在的地方。金亡后，元朝仍以这里为都城。由于金的中都城长期遭受战争破坏，残毁不堪，因此元朝的开国皇帝忽必烈在此定都后，索性放弃中都的旧城址，在它东北的旷野上另外兴建了一座新的都城，命名为大都。大都城的建筑工程主要分宫殿、城池、运河三部分。初期主要是宫殿的建筑，然后以宫城及其东西两面的太庙和社稷坛为基点，配建王府、官署，兴建街坊，最后开通大都的水路交通动脉——通惠河，使大都和大运河直接联系起来。经过全国无数劳动人民二十几年的辛勤努力，一座规模宏大的新的大都城终于落成。新的大都城基本上为今天的北京城奠定了最初的基础。

1368年，朱元璋在南京做了皇帝，建立了明朝。这一年秋天，明军攻入大都，改称大都为北平。明成祖时，为了适应国内新的政治形势，决定把都城从南京迁到北平，改称北平为北京，并大规模营建北京。明朝北京城的修建工程，从成祖永乐二年（1404）开始，至永乐十八年（1420）完成，前后共费时十七年。就在北京营建工程完成的这一年，明成祖正式下令迁都。嘉靖三十二年（1553）为了便于防守的关系，明政府又给北京加筑部分外城。

明亡后，继明之后的清朝，仍旧以北京为都城。

（穆淑燕）

六大名都

西安、洛阳、开封、北京、南京、杭州，是我国历史上的六大名都。关于北京，已在前一题中专门讲过。这里，分别谈谈其他几个名都。

西安地处陕西关中平原渭水之滨，是我国古代文明的发祥地之一。公元前11世纪，周文王在今西安附近户县东建立丰京，文王的儿子武王又在今西安市长安区西南建立镐（hào）京。武王灭殷以后，建立了周朝，镐京成为周的国都，这是西安附近第一次出现全国性的政治中心城市。历史上把建都镐京的周称为西周。

公元前202年，西汉建立。汉于渭水南岸营建国都，取名叫长安。西汉建立的二百年间，是长安的繁盛时期。这时，长安不仅是全国的政治、文化中心，而且是交通西域的枢纽。此后，前赵、前秦、后秦、西魏、北周，都以长安做过国都。

隋、唐两代，也都以长安为国都（隋在583年迁都大兴，仍在长安附近）。但隋、唐时的长安已不是汉长安旧城，其规模比汉长安城大得多。这个时期，特别是在唐代，长安是我国乃至全世界最大、最文明的一个城市。

洛阳位于河南省洛河北岸。周武王的儿子成王即位后，为了加强对东方殷遗民的统治，派周公旦在洛水之北营建洛邑，叫作东都。公元前770年，周平王把都城从镐京迁到洛邑。从此，历史上把迁都洛邑后的周称为东周。战国时洛邑被改称洛阳。东周是以洛阳为都城的第一个朝代。东周以后在洛阳建都的，有东汉、曹魏、西晋、北魏（北魏初都平城，孝文帝时始迁都洛阳）。隋、唐时期，虽然政治中心在长安，但隋、唐的皇帝如隋炀帝、唐太宗、唐高宗、武则天等都经常居住在洛阳。五代十国时，后唐也在洛阳建过都。

黄河中游南岸的开封，早在战国时期，就是魏国的都城，当时叫作大梁（战国时，魏的都城最初在安邑，魏惠王时始迁都大梁）。大梁在隋、唐时称为汴州。唐朝末年，朱温废掉唐朝皇帝，建立后梁，定都汴州，升汴州为开封府。后晋、后汉、后周也都在这里建都，把汴州称作东京。960年，赵匡胤发动兵变，建立宋朝（史称北宋），仍定都开封（宋亦称开封为东京）。北宋以开封为都城，达一百六十八年之久，这是开封的极盛时代。金灭北宋，称开封为汴京，后又改称南京，也曾一度定都于此。

山川雄伟的南京城，是我国最大的文化古都之一。三国时期，南京是东吴的国都，加上以后的东晋、宋、齐、梁、陈共六个朝代，都以南京为都城，所以南京被称为六朝古都。南京在东吴时叫作建业，从东晋到陈，称为建康。后来南唐也以它做过国都，改称江宁府。明朝初年，朱元璋定都南京，明成祖时迁都北京。太平天国革命时期，起义军攻下南京后，定都于此，改称天京。1927年，北伐军攻克南京，以南京为首都，在南京成立中华民国国民政府。1949年4月，人民解放军横渡长江，解放南京，成立南京市人民政府。1952年归为江苏省，并成为江苏省的省会。

景色如画的浙江杭州城，是闻名中外的游览胜地，也是我国历史上的著名古都。杭州曾做过五代十国时期吴越的都城。南宋时，杭州又成为南宋的首都。南宋称杭州为临安府。

（黎　虎）

天干　地支

　　天干就是甲、乙、丙、丁、戊、己、庚、辛、壬、癸。地支就是子、丑、寅、卯、辰、巳、午、未、申、酉、戌、亥。用天干、地支记载年、月、日，是我国人民长期以来的一种传统习惯，它的起源很早。根据地下发掘出来的商朝甲骨文，我们知道，那时已经有了用干支记日的办法。商朝距今三千多年，也就是说，用干支记日的办法，至少在三千年前就已经采用了。至于用干支记月、记年，则比较晚些。现在可以考查出来的干支纪年，是西周的共和元年（公元前841），那一年是庚申年。

　　用干支记载年、月、日的方法，是把天干和地支搭配起来，如甲子、乙丑、丙寅、丁卯、戊辰、己巳、庚午、辛未、壬申、癸酉。因为天干只有十个，而地支却有十二个，所以当搭配到癸酉年时，天干又得从头轮起，即搭配成为甲戌、乙亥。同样的道理，十二个地支全轮完以后，也得从头轮起。这样从头到尾周而复始地轮流，当天干轮完六遍的时候，地支正好轮完五遍；其年数整整是六十年，称为一个甲子或称一个花甲。因此，凡六十岁的老人或六十岁以上的老人，我们可以称他们为"花甲老人"或"年过花甲"的老人。

　　大约从西汉初年起，民间习惯上又把地支和十二生肖联系起来。它们之间的关系按顺序排列是：子鼠、丑牛、寅虎、卯兔、辰龙、巳蛇、午马、未羊、申猴、酉鸡、戌狗、亥猪。凡是在子年出生的人，无论是甲子或丙子，还是戊子、庚子或壬子，他的生肖都是鼠；在丑年出生的人，无论是乙丑或丁丑，还是己丑、辛丑或癸丑，他的生肖都是牛。别的生肖也依此类推。

用天干地支记载年、月、日，在我国历史上曾起过一定的作用，它为我们考查历史上的年代带来了很大的方便，因为从西周共和元年以来，许多重要的历史文献古籍，记载时间都是采用这个办法，而且历久相沿，从未间断过。

（朱仲玉）

我国历史上的土地制度

世界上各个民族，在它们各自的历史上都经历过一个以公有制为基础的原始公社的阶段。在这个阶段，土地属于公社所有。公社的成员共同耕种着他们的土地，也就共同享受他们共同劳动所取得的果实。

中国各族人民在历史上也都经过了这个阶段。就汉族说，大约传说中的黄帝、唐尧、虞舜时代就属于这个阶段，这时期的土地属于公社所有。最初，可能是公社里很多人都在一大片土地上进行耕种；其后，氏族公社里有了家庭，公社的土地就被划分成一块一块平均大小一样的小块，分给各个家庭去耕种，但土地仍是属于公社共同所有。秋收以后，土地仍恢复为一大片，明年耕种时再分。

土地制度的第一个变化，是由公社公有制变为国王（天子）、贵族所有制。国王、贵族是由氏族公社时期各氏族部落的大小酋长发展来的。这些人原来是由氏族部落成员选举出来管理氏族部落的公职事务的，随着贫富的分化和阶级的分化，这些大大小小的酋长们就把氏族公社的公有财产——其中最主要的是土地——窃据为己有，成为自己的私有财产。于是，他们也就变成了一群氏族贵族。氏族公社破坏，国家出现，他们就成为国王、贵族阶级。

　　汉族历史上何时从公社土地所有制进入国王、贵族土地所有制，现在还不十分清楚，但可以肯定的是西周、春秋时期，土地是属于国王（周天子、各国诸侯）、贵族（卿、大夫）所有的。周天子、各国诸侯、卿、大夫等组成贵族阶级，他们都是土地所有者。直接耕种土地的农民，主要的是以前的公社成员，他们仍然依照传统的习惯耕种着按期分配来的每家大小平均的一块（一般是方块）土地。天子、诸侯可以把土地赐给他的卿、大夫，卿、大夫也可以把土地转给其他人，但耕种土地的农民却没有权力转让他们耕种着的土地。不过这些农民都是按照古老的传统习惯来耕种他们分来的那块土地的，贵族们似乎也不能赶他们离开这块耕种的土地。同时，这时期还没有土地买卖。

　　土地制度的第二次变化，是在春秋战国之际，这次变化是由周天子、诸侯、贵族土地所有制变为一般地主或农民小生产者所有的土地私有制。历史上有名的商鞅变法，就是这次土地制度变化的标志。

　　通过这次变化，一向按照传统习惯取得一块土地耕种的小生产者——农民，摆脱了传统习惯的束缚，取得了对其所耕种土地的更大支配权。他们有了可以出卖这块土地的权力，即史书上所说的"民得买卖"。但在这种土地私有制度下真正取得好处的却不是农民，而是地主阶级。地主阶级以政治的力量、经济的力量吞并农民的土地，使得绝大部分农民只有很少的土地，甚至陷于破产的境地。

　　从商鞅变法开始的这种土地私有制，在旧中国一直持续了几千年。在这期间，尽管耕种土地的农民就其身份而言，有时是自由民、奴隶，有时是农奴、佃户、雇农，但他们总是受地主的剥削压迫。全国绝大部分的土地掌握在地主阶级手里。

　　除地主阶级中的一般地主、贵族、官僚掌握的私有土地以外，历代统治者的国家政府或皇帝，还直接掌握一部分土地。这种土地在数量上，有时候也很大。各时期的国家政府或皇帝以不同的形式来管理、使用这部分土地。

在两汉时期，这种土地被称为"公田"，直接为皇帝所有。这部分土地数量很大，除大量耕地以外，全国的山岭、未开垦的草田，也都归皇帝所有。"公田"由皇帝"假"（租）给农民耕种。

魏晋南北朝到隋唐时期，国家政府掌握的土地更多，它们通过各种方式把土地分给农民耕种，并且用非经济的强制力量把农民束缚在土地上，不许他们随便迁移。

唐中叶以后，国家政府或皇帝仍保有大量的土地。他们一般都采用和当时一般地主经营土地方法差不多的形式来经营、管理这些土地。

这就是新中国成立以前几千年来汉族历史上土地制度发展变化的大体轮廓。最初阶段，土地属于氏族公社公有；西周、春秋时期，土地属于周天子及各国诸侯和卿、大夫贵族阶级所私有；商鞅变法以后，土地可以买卖，土地私有制进一步确立，但历代国家政府或皇帝仍然保有大量土地。

（何兹全）

我国历史上的赋税制度

战国时的孟子曾说过夏、商、周三代的赋税制度是："夏后氏五十而贡，殷人七十而助，周人百亩而彻。"据传统的解说，五十、七十和百亩一样，指的是亩数。"贡"，有一定的数量规定，无论五十亩每年的收成如何，都要交这一定的数给国家。"助"是助耕公田。七十亩的收成全归个人，但要抽出一部分时间去耕种国家的田，公田的收获全归国家。"彻"是将百亩的收获交纳出十分之一给国家。"贡"和"助"也大约是什一（十分之一）。

孟子的话可能反映了一部分事实。从远古以来，原始公社就有一种老习惯，它把土地划成平均大小相等的块分给公社成员去耕种，公社成员把收获的一部分，譬如说十分之一，交给公社做公用开支。进入阶级社会，有了国家以后，剥削阶级的国家可能就把这种老习惯继承下来，把原来公社的收入变成国家对农民的赋税。中国历史何时由原始公社进入阶级社会，目前还不十分清楚，因此，至少夏代的"贡"，是否是赋税，还很难说。

春秋战国之际，土地私有制进一步确立。随着这种变化，赋税制度也跟着变化。田亩的租税分裂为田租和田税。田租是农民向地主交纳的地租，田税是土地所有者向国家交纳的赋税。

战国时期，七国分立，赋税制度发展变化情况相当复杂，难以细说。到两汉时期，定型为一种租赋徭役制度。"租"是田税（当时仍称田租），战国时是十分之一，两汉时一般是三十税一。"赋"是人头税，有"算赋"，有"口赋"，成年人出"算赋"，小孩出"口赋"。徭役包括兵役和力役。兵役在兵制题目下再谈，这里只说力役。汉代人民，从二十一岁到五十六岁，每人每年要向政府出一个月的役，称作"更"。不能"践更"（出役）的，要出钱，称作"更赋"。

两汉的租赋徭役制到魏晋南北朝和隋时，变为"户调制"。户调制是赋税以户为单位，按户来征收的制度。户调征收的是布、帛、丝、麻。曹魏时，田租还在户调之外，是按亩征收的。晋以后，田租也合并在户调之内，都按户征收。以北魏孝文帝时的赋税为例：这时的均田户，一夫一妇（一个小家庭）每年向国家要交户调帛一匹，粟二石。另外，随乡土所出，还要交些丝、麻等物。户调之外，自然少不了还有力役负担。

魏晋南北朝和隋的户调制度，唐初小有变动，出现了"租庸调制"。租庸调制基本上和户调制相同，不同的地方在于：①户调制是以户为征收单位，租庸调改为以丁为征收单位。②户调制时期，农民除交布帛丝麻和租物之外，还要出力役。租庸调制规定，力役可以折收"庸"。"庸"是实物，役一日折绢布三尺。

以户为征收单位的户调制和以丁为征收单位的租庸调制都是以均田制为基础的。有了均田，才能假定农民每家耕地大小差不多，来按户或丁征税。

唐中叶均田制破坏，租庸调制不能适应客观情况了，"两税法"出而代替租庸调。这是赋税制度的一大变化。

两税法的施行是在唐德宗建中元年（780）。两税法的内容是户税和地税，按每家资产多少来征收户税。按田亩多少征收地税。每年的税，分夏秋两季征收。夏输不过六月（阴历，下同），秋输不过十一月。征收的税以钱为主。租庸调制正式被取消。

租庸调到两税法的主要变化在什么地方呢？一个变化是：在租庸调制度下，丁无论贫富，田无论多少，都是按丁出租庸调。而两税法则资产多、田亩多的出租税多，资产少、田亩少的就出租税少。另一个变化是：租庸调是收实物，两税主要收钱。

从唐到宋，两税中依户征收的资产税逐渐分化出商税、间架（房屋）税，于是所谓资产也就逐渐集中于土地，所保留的仅是夏秋两征的形式，两税也就蜕变成为二税。二税一半收钱，一半收谷物。

赋税制度的又一次大变化，是在明朝后叶，即神宗万历九年（1581）。这一年，明朝政府实行了"一条鞭"新税法。"鞭"是"编"的意思。一条鞭法，就是把当时政府所征收的各种租税，以及按丁征收的劳役，统统编（归并）为一条，按地亩来征收。一概征收银。

一条鞭法实施一百三十多年后，到了清朝康熙、雍正年间（1711—1729左右）又出现"摊丁入亩"的税制改革。在阶级社会中，赋税制度一直在随着时代的发展而不停地变化。在实行两税法的时候，租庸调里所包括的劳役本来都归并到两税里去了的，但是不久，除两税之外，又有了丁役。一条鞭法实行后，本来是所有的税目都并而为一了的，之所以称作一条鞭也就是这个意思。但是并入一条鞭的丁银，不久又分离出来，因此到清初又来了个"摊丁入亩"。

赋税是统治者对人民的剥削，赋税制度的变化，也反映了历史发展的进步。变化中的进步，有两点可以指出：一是课税单位从户、丁、地，逐渐集中到地；二是赋税形态由劳役、实物、货币，逐渐集中到货币。它反映了人身依附关系的逐步减轻。

（何兹全）

我国古代兵役制

　　我国古代的兵制，可以从周代讲起。商以前，大约还是部落兵，氏族部落成员都有当兵的义务。

　　周代的兵，基本上仍然是部落兵，只有周族的贵族、自由民（除奴隶以外的居民）才有当兵的权利和义务。周时是车战，车是战斗的核心。看《左传》的记载，我们知道春秋时期，各诸侯国出兵，还是以"乘"为单位来计算军力大小的，比如说"七百乘""五百乘"等，意思就是指七百辆战车、五百辆战车。国越大越强，车数越多。

　　周族以外被周征服的各族人，大约还不服兵役，他们没有当兵的权利。

　　战国时期，兵制起了变化。战国以前，只见有用马拉车、拉东西的记载，还没有看见有关人骑马的记载。战国时，赵武灵王胡服骑射，学会了匈奴人骑马打仗的技术，从此汉人历史上才开始有了骑兵。同时由于这时士兵的来源扩大，以前不服兵役的人，现在也服兵役了，步兵的地位显得日渐重要起来。由于骑兵的出现、步兵的增多，那种呆笨的车战方法逐渐被淘汰。骑兵、步兵逐渐成为主要的兵种。春秋时期，两国交战，出车多不过数百乘，若是超过千乘以上，那就要算很大的战争了；可是到战国时，参战双方动不动一来就是步骑几万人，甚至几十万人，这是以车战为主的春秋时代的人很难想象的。这个事实，反映了春秋战国时代作战方法的巨大变革。

经过战国时期的酝酿和发展，到秦汉统一国家时期，便出现了全国规模的"征兵制"。

就汉代来说，年满二十一岁到五十六岁的男子，每人一生都要服两年的兵役。一年在地方上，一年在京师或者在边疆。汉代守卫京师的兵，称为"南北军"；"南军"守卫宫廷，"北军"守卫京城。地方兵有"楼船"（水兵，多在江南）、"材官"（步兵，多在关东，即函谷关以东）和"骑士"（骑兵，多在北方边郡）的分别。汉代的兵役不分贵贱，只要是编入户口册籍的人，都要负担。

魏晋时期出现了"世兵制"。

"世兵"就是世代为兵，父亲是兵，儿子就一定做兵。这种世兵制，一直延续到南北朝时期。这时期，兵民是分离的。民有民的户籍，民户归郡县管理；兵有兵籍，兵家称作"士家""军户"，士家、军户受军府管理。兵的身份是低的，必须经过放免，才能取得普通人的身份。

南北朝后期，在北朝又出现了"府兵制"。

北魏拓跋氏是鲜卑人，统一北中国时，还处在氏族部落向阶级社会过渡的阶段。拓跋部落联盟的成员，都有当兵的义务。北朝前期，北方的汉人一般不服兵役，只有拓跋鲜卑的部落兵。

北朝后期，北方分裂为东魏、西魏。西魏地居关中，地方经济比较落后，人口比较少，力量较弱。西魏执掌政权的宇文泰一方面吸收汉人为兵，另一方面仍采取鲜卑人的部落兵形式，创置了府兵制。

从创置（西魏时）到破坏（唐中叶），府兵制前后维持了二百多年的时间。但这制度并不是一成不变的。在西魏北周时，府兵制的部落形式很明显，有六个"柱国"率领全部军队，"柱国"就好像部落的酋长，其部下都得改从"柱国"之姓。府兵不属于郡县管辖，和民籍是分开的；他们只管打仗，不负担其他赋税的义务。唐时，全国置有六百多个府，关中即占二百六十多个。设府的地方，人民有当府兵的义务；不设府的地方，人民不服兵役。

到唐中叶以后，募兵制逐渐成为主要的兵制形式。

作为其他兵制的补充，在战国时期就出现了募兵制。汉武帝时期、东汉时期、南北朝时期，都有过募兵。募兵成为主要的兵制，是在唐中叶以后。特别是宋朝时候，统治者把招兵看成缓和阶级矛盾的妙法，养兵数目不断增加，宋仁宗时候，有兵一百二十多万人，其中禁军（中央军）就有八十多万人。

募兵是兵民分离的纯粹职业兵。

到了明朝，又有"卫所制"。军队组织有"卫""所"两级。一卫兵士有五千六百人，卫有指挥使。卫下有千户所，千户所下有百户所。小据点设所，大据点设卫。初设卫、所时，兵士来源，除明初现有的军队以外，以后主要是从人民中抽调来的。明朝卫、所的军人是世袭的，兵士有特殊的社会身份，称作"军户"。军户一般都参加屯田，军队的给养就由屯田来解决。卫所制有些像世兵制，又有些像府兵制。

清初的兵制是"八旗"兵。最初，一"旗"就是一个部落，八旗就是满族的部落联盟。八旗兵就是满族的部落兵。八旗制是清太祖努尔哈赤时逐步建立起来的。八旗的基层组织是"牛录"，一牛录为三百人。牛录之上有"甲喇"，甲喇之上有"固山"，固山即"旗"。牛录、甲喇、固山之长称"额真"，实即各级的大小酋长。随着满族的阶级分化，部落进入国家，八旗兵也就成为王公贵族的兵了。

清军入关后又有"绿营兵"，绿营兵是以汉人为基础组成的军队。

（何兹全）

世卿政治　官僚政治

在西周和春秋时期，政治上最高的统治者是周王，以下有各国诸侯，再下便是卿、大夫。他们之中人数最多的是卿、大夫阶层。卿、大夫有世代传袭的固定封土——"采邑"，又有固定的政治权力；他们在自己的"采邑"内聚族而居，可以筑城、设置军队，有家臣管理政事；他们还凭借着贵族的身份，世世代代地做官或执掌国政。这样的情况就叫世卿政治。

官僚政治是伴随着封建专制的中央集权国家的兴起而出现的，它产生于战国，形成于秦，在秦以后两千多年的封建社会里，一直在继续不断地发展与加强。我们从世卿政治与官僚政治的比较中，可以清楚地看出官僚政治主要具有两个特点：

第一，世卿政治下的卿、大夫都是贵族世袭的，不是贵族出身的人是不能做卿、大夫的。官僚政治下负实际行政责任的大小官吏，一般是不世袭的，也不一定是贵族，都由皇帝任命或由皇帝任命的官吏指派，皇帝对官吏可以随时任用、罢免和调迁。当然被任用的人都是地主贵族阶级出身的人或他们的知识分子，劳动人民出身的人很少有可能被任命当官的。

第二，官僚政治是用俸禄来代替世卿政治的"采邑"的，也就是说，依照官吏的地位和职务给予他们定量的谷物或货币，不再封给他们以

"采邑"。

世卿政治表示国君权力的分裂，官僚政治显示皇帝权力的加强。皇帝对人民的统治，是一定要通过官僚系统来进行的。

（杨　钊）

从秦汉到明清的中央官制

　　秦是中国历史上第一个统一的专制主义中央集权的国家，确定了皇帝至高无上的权力，并建立了比较严密的官制。就中央官制来说，秦置丞相、太尉、御史大夫等官职。丞相协助皇帝处理国家大政；太尉掌军事；御史大夫一方面负责管理皇帝的秘书工作，另一方面负责监察百官。此外还有"九卿"，职掌的大多是皇帝宫廷的私务。

　　西汉初年基本上仿照秦制。自汉武帝时起，皇帝常常通过内廷管理文书的"尚书署"亲自裁决政务，这就使丞相和御史大夫的职权逐渐缩减。随后，尚书署改为尚书台，成为皇帝的机要秘书处。原来的丞相、御史大夫、太尉逐渐改名为大司徒、大司空、大司马，合称"三公"。原御史大夫的属官"中丞"保留下来专司监察，以后称为"御史台"，中国历史上专职的监察机构，从此正式建立起来。到了东汉，正式发号施令的是尚书台，长官称尚书仆射（yè）。三公的权力更为削弱，只能办一些例行公事了。

　　东汉末，曹操为了掌握大权，自任丞相，并一度恢复御史大夫等官职。曹丕称帝后，感到东汉的尚书台权力太大，另设中书省，首长称为中书监、中书令，掌管机要，起草和发布诏令，逐渐成为事实上的宰相府。至于尚书台，则已成为执行机构，事务日益繁忙，开始分曹（分职治事的官署为

"曹")治事，设侍郎、郎中等官，综理各曹工作。这时，"三公"基本上成了功勋大臣的虚衔。

晋代将汉代的侍中寺改为门下省，作为皇帝的侍从、顾问机构，长官为侍中。侍中在秦汉时侍从皇帝左右，出入宫廷，应对顾问，并常代表皇帝与公卿辩论朝政，地位虽不高，因能接近皇帝，故显得很重要。到南北朝时，凡属重要政令，皇帝每每征取侍中的意见，这就使门下省也开始成为参与国家大政的部门了。

隋唐时期，中书省、门下省、尚书省（南北朝时由尚书台改称）同为国家最高政务机构，分别负责决策、审议和执行国家政务，三省长官中书令、侍中、尚书令同列宰相地位。与此同时，原尚书省诸曹正式确定为吏、户、礼、兵、刑、工六部，部下有司。部的首长称尚书，副首长称侍郎；各司正、副负责人称郎中、员外郎。

隋唐三省六部制的确立，是秦汉以来封建国家中央官制不断变化的结果。其组织较完整，分工较明确，可以看作是封建社会已经发展成熟阶段的一个标志。

从隋唐至明清，六部制大体相沿，但是原来分立的三省到唐太宗以后却逐渐起了变化。由于唐太宗未做皇帝前曾当过尚书令，他做皇帝后，这个职务就空着不再授人。尚书省的长官，就只设左、右仆射；但不久左、右仆射成了听令执行的官员，不能再参决大政了。唐高宗时，常用别的官员以"同中书门下平章事"或"同中书门下三品"的名义参与朝政，执行宰相职务，中书令、侍中就不常设了。执行宰相职务的官员们常在"政事堂"商讨和办理国政。政事堂初设在门下省，后移中书省，改称"中书门下"。这样，政事堂就成了实际上的宰相府。五代除沿用唐制以外，又有枢密院（管理军事机密、边防、军马等事务）参与大政，首长称枢密使或知枢密院事。北宋以中书门下省为政事堂，简称中书，和枢密院分掌政务、军事，号称"二府"。元代中枢大政统一于中书省，首长为中书令，往往以太子充任，其次为左右丞相，下统诸部。此外，又在地方设行中书省为中书省的派出机构。因此，元代中书省的职权很重，至于枢密院，则大体上与宋相似。

明初废中书省，不设丞相，由皇帝直接处理国政，指挥六部。皇帝专制一切，由翰林院等机关选调几个官员，加以殿阁大学士的名义备顾问，办文墨。成祖时，选派大学士入午门内的文渊阁办公，参与机务，称为"内阁"。不过他们官位并不高，权势也还小。仁宗以后，内阁专任批答奏章，草拟诏令，品级渐高，权力渐增，极易假借皇帝的专制威力行事，号为"辅臣"，实际权势竟比历代的宰相还大。

清初仍然设置内阁，有三殿（保和、文华、武英）、三阁（体仁、文渊、东阁）大学士，但国家大政的决策机构是由满族最高贵族组成的"议政王大臣会议"，内阁职权低落。到了雍正年间，又另设置军机处，由满汉大臣任军机大臣，其下为军机处行走、学习行走等。军机处设于内廷，秉承皇帝意旨处理军国要务、官员任免和重要奏章。发布命令时，直接用军机大臣名义发出，称为"廷寄"。各地奏章也由军机处直达皇帝，不再经由内阁，于是内阁只办例行公事，内阁大学士也变得有点类似位尊而不重要的"三公"了。军机大臣由于亲近皇帝，综揽一切，名实俱重，是中国历史上封建专制集权中央官制的最高发展。

（陈继珉）

从秦汉到明清的地方官制

中国历史上专制主义中央集权封建国家的地方官制，也基本上是从秦朝统一后奠定下来的。

秦划分全国为三十六郡（后增至四十余郡），郡辖若干县，是二级制。郡置"守"，是行政长官；置"尉"，掌军事；置"监御史"（简称"监"），掌监察。大县置"令"，小县置"长"，为行政长官；县有"尉"，掌治安；有"丞"，辅佐县令或县长管理仓储、刑狱和文书。郡、县的行政长官都由皇帝直接任免，体现了专制主义中央集权的精神。

汉初承秦制，只改郡守为太守，郡尉为都尉。诸侯王国，官制略如中央。汉武帝为了加强中央对地方的控制，将全国划分为十三州（又称为部），每州设一刺史，奉皇帝诏巡察郡、国。到了汉成帝时，曾改刺史为州牧，以后或者仍然叫作刺史，或者再改称为州牧。但这时刺史或州牧只是监察官，官阶低于郡守；州（部）也是监察区，不是行政区。东汉末年，改刺史为州牧，居郡守之上，掌握一州的军政大权，形同最高地方政权。

魏晋南北朝时期，地方政权基本上划分为州、郡、县三级。州的长官或称州牧或称刺史，主民政；县的长官一律改称为令。那时，有些外州刺史往往被加上"使持节都督某州军事"或"假持节都督某州军事"的头衔，并加号"将军"，权势很大。

隋取消郡，只存州县。隋末改州为郡，唐又改郡为州，都是两级制。唐又置十个监察区叫"道"，每道派高级京官一人，先后称黜陟使、按察使、采访处置使等，掌监察州、县官吏事，有权罢免或提升地方官吏。此外，隋唐时还合若干州为一军区，长官在隋称总管，在唐称都督。后来唐在边境军区置节度使，都带京官和御史大夫衔，集数州以至十余州的军政、民政、财政和监察诸权于一身，权势很大。"安史之乱"后，节度使势力扩大，割据独立，世称为"藩镇"。

宋代削藩镇，集权中央，节度使成为空衔，因地置不同名称的州、府、军、监，都有属县，仍然是二级制。州县政务都由中央另派京官带原衔出任，称"知某州军州事"（"州"指民政，"军"指地方军队）、"知某县事"，简称"知州""知县"。宋在两级行政机构外，又设立称为"路"的监察区。路有都转运使，负责监察吏治和收纳地方上缴中央的赋税；有提点刑狱，稽考一路的民刑案件；有提举司，长官称"提举某路常平公事"，管仓储和茶盐专卖；此外有经略安抚使或安抚使，掌一路的地方军事，按例都以当路的知州或知府充任，实为一路的军政长官。宋代一路设官分职很多，目的主要是为了分散权力，避免地方割据。

元代设州和县。州上有"道"，一种道是掌军政民政的宣慰使司，一种道是掌稽查司法的肃政廉访司，基本上可以看作一级行政机构。道之上有行中书省，作为中央中书省的派出机构，权力很大。这样，元代的地方官制就形成省、道、州、县四级制。

明初改行中书省为承宣布政使司（习惯上仍称为"省"），长官为布政使，掌民政和财政。此外，省级地方官署有提刑按察使司、都指挥使司，分掌刑狱和军事，与承宣布政使司合称"三司"。下有府或直隶州，长官为知府或知州；再下为县或州（散州），长官为知县或知州。这就正式形成地方政权的省、府（或直隶州）、县（或散州）三级制。省府之间有"道"，道员由布政使僚属参政、参议分理各道钱谷的称"分守道"；由按察使的佐官副使、佥（qiān）事分理各道司法事务的称"分巡道"，是一种监察性的小区。

明代由中央派监察御史到地方执行监察职权，称"巡按某处监察御史"，简称"巡按"。后来有"巡抚"。巡区有的为一省，有的为几省的边区，使原来的布政使和提刑按察使几乎成为属员。再后来，为了军事目的，地方上又有总督的设立，往往加衔兵部尚书或兵部侍郎以及都御史等名号。自从有了总督，巡抚又渐成为副手，有些地方甚至不设巡抚了。

清代的府州县制与明略同。清在一些情况特殊的地方，主要是少数民族聚居地区，设"厅"。厅的行政级和州相似，有直隶厅和散厅，但直隶厅很少辖有属县。府以上的道依然保留，并成为一级行政机构，道员也成为专设实官。省级则由总督或巡抚综理军民要政，成为固定的"封疆大吏"；布政使名义仍然保留，但已成为总督或巡抚的属员，专管税收、民政，称为藩台；按察使管司法，称为臬台。巡抚辖一省，总督辖一省或二三省。这就构成省、道、府（直隶州、直隶厅）、县（散州、散厅）的四级地方官制，甚至有五级的趋势了。

总的说来，秦汉至明清地方官制的郡（州）县二级变动不大。地方最高政权的名称、组织、职掌等，则历代很不相同，这是中央集权和地方分权矛盾的具体表现。

（陈继珉）

古代选拔制度

在我国历史上，剥削阶级的国家选拔官吏，是从战国时期开始的；春秋以前，是贵族世卿政治，做卿、大夫的都是世袭的贵族。

战国时，世卿政治逐渐遭到破坏；也就是说，贵族照例做卿、大夫的世袭制度，逐渐被打破。这个变化是这样来的：由于社会经济的发展，国家政治机构和行政区域的扩大，也由于贵族们的养尊处优渐渐失去管理政治的能力，贵族卿、大夫的职务逐渐由他们手下的陪臣来执行，地方行政也多由他们的家臣来担任。封建统治阶级为了调解他们的内部矛盾，更好地加强他们对劳动人民的统治，就逐渐打破了各级官吏的世袭制度，而采用选拔制度。商鞅在秦国的变法中把这个变化比较彻底地固定了下来。从此，中央政府和地方政府的官吏，都由国王从他认为有才能的人中选拔、任用。

秦朝以后，国家选拔官吏的办法，各时代不同，大体上可以分为三个时期：

1.两汉时期。这时期国家选拔官吏的办法，主要的是"察举"和"征辟"。在皇帝的命令下，中央政府的大官和地方政府的长官，都可以把他们认为有才能、有品德的人推荐给政府。这些被推荐的人，依他们的才能、品德，有"孝悌""力田""秀才""贤良""方正"等名称。后来地方推举渐渐制度化，各郡依照人口多少按比例推举不同数目的人，有一定规定。这种推举人才的办法，称为"察举"。"除察举"之外，皇帝和中央公卿大臣还可以特别"征""辟"有特殊名望和才能的人来做官。由皇帝提名的称为"征"，由公卿大臣提名的称为"辟"。这种选拔人才的办法，称为"征辟"。

从汉武帝起，国家设有专门研究儒家经典的博士官，博士官都有弟子，博士弟子经过考试及格，也可以做官。

另外，官吏子弟，可以依靠父亲的功勋，荫庇为"郎"（官名）；富家子弟，还可以用钱补官。

2.魏晋南北朝时期。这时期国家选拔官吏的办法，是所谓"九品中正"制。"中正"是官名，州郡设有大中正，县有小中正。做这些大小中正的都是各地方在中央政府做大官的人。"九品"是区分被评选人的等级，共分上中下三等，上上、上中、上下、中上、中中、中下、下上、下中、下下九级，故称"九品"。根据中正官的品评，来作为任用官吏的标准，这种制度在历史上就被称为"九品中正"制。这些大小中正们，定期把本地的人加上评语，评定等级，推荐给政府。魏晋南北朝时期，世家豪族在政治上、社会上都有很大的势力。在政府做官的多是世家豪族，做各地大小中正的也都是世家豪族，他们所推荐的人，能够被列为上品的自然也都是世家豪族。在晋时，已经出现了这样一句流行话，"上品无寒门，下品无势族"。所以，这时期"九品中正"制只起了为世家豪族阶层服务和巩固世家豪族政治地位的作用，实际上并不能选拔真正的人才参与政事。

3.隋唐至明清时期。这时期国家选拔官吏的办法，主要的是科举制。科举制是隋朝时候创立的，唐初制度更加完备。唐代取人有三种：主要的是"乡贡"，由州县保送，所以唐代科举也称"贡举"。除乡贡之外，还有"生徒"和"制举"。生徒是由学校保送的，制举是皇帝特开制科考试以选拔"非常之才"的。参加贡举的士子，先向州县报名，州县检查合格后，由州贡于中央，称为"贡士"或"举人"。到京后，要分科考试。唐代以"明经""进士"两科考的人最多。进士考试严格，武则天以后，特别重文辞，所以科举中又以考进士为荣。

科举制代替"九品中正"制，是阶级斗争和社会发展的结果。门阀世族衰落，非贵族出身的新兴地主阶层兴起，豪门世族在政治上独占优势的地位已经动摇，"九品中正"制也跟着倒台。在这种情况下，靠考试成绩、不靠门第的科举制度才应时而起。"九品中正"制是以门第取人，取人的大权掌握在大小中正手里，科举制是以学业取人，取人的大权掌握在皇帝手里。隋唐统一全国，中央政府的权力在不断扩大、发展，科举制就是适应中央集权的需要而产生的。这种制度一直实行到清朝末年，才为新式学堂所代替。

科举制度一方面是统治者选拔官吏的一种途径，另一方面也是封建专制政府牢笼知识分子使他们变成书呆子的一种手段。科举的办法越往后越烦琐，到明清时，规定考试要用所谓"八股文"，考生只能按一定规格来写文章，不准有丝毫发挥自己意见的余地，以致一切聪明才能均被束缚。唐太宗有一句话最足以说明科举制的这种作用：有一次唐太宗在宫门楼上，看见新进士们正低头哈腰、小心规矩地排着队走出来，便高兴忘形地说："天下英雄尽入吾彀（gòu）中矣！（天下英雄尽入我的圈套了！）"

（何兹全）

科举制度

我国古代科举制度开始于隋朝。隋文帝开皇七年（587），设立"秀才科"，叫各州每年选送三人，其中考取优秀的为秀才；隋炀帝时又建立"进士科"。这就是我国科举考试的开端。唐朝考试科目增加，有"秀才""明经""进士""俊士""明法""明字""明算"等科（以后其他科目仅存空名，"进士科"成为科举制度的唯一科目）；考试方法有"帖经"（只露出经书内容的某行，把上下文默填出来）、口试、诗赋等（其中诗文较重要，这和唐代诗歌盛行有关系）。武则天考阅武艺，又开始了武举。宋朝实行弥封卷；王安石时，停止诗赋，改考经义，叫考生各选《易》《诗》《书》《周礼》《礼记》一经，兼论《论语》《孟子》。元朝规定，"四书"以朱熹的章句集注为主，从此考生答卷时就不能随便发挥了。到了明清时代，对考生的束缚更为严紧，命题专用"五经""四书"的内容，答卷必须用古人的语气说话，连文章的写法也有一定的规格，字数也有一定的限制，这就是所谓"八股文"。

科举制度从隋开始，中间经过不断的发展、变化，到清光绪三十一年（1905）废止，在我国历史上共实行了一千三百多年。

明清两代，参加科举考试的人，有秀才、举人、进士、状元、榜眼、探花、翰林等称呼，根据对这些称呼的了解，可以帮助我们更清楚地认识这时期科举制度的大致轮廓。

原来，明清时代的科举考试分为"院试""乡试"和"会试""殿试"等几级。

院试以前，还要经过两道考试：即由知县主持的"县试"和由知府主持的"府试"。县试及格的考府试，府试及格的才有资格参加上一级的院试。

院试由清政府中央任命的提督学政（简称"学政"，俗称"学台"）主持，分"岁试"和"科试"两种。岁试的目的是考试"童生"（一般通例，凡应考者均称"童生"）的学业，又称"岁考"。童生经院试考试及格，即取得入学资格（俗称"进学"），称为"附学生员"（俗称"秀才"）。科试的目的是在选送已入学的优等士子参加乡试，又称"科考"。院试在府城或直隶州的治所举行。

比院试高一级的考试叫乡试。乡试在南京、北京和各省城举行。乡试三年一考，在子、午、卯、酉年（也有因皇帝生日、登极等庆典加试的，叫"恩科"），叫作"大比之年"。考期在农历八月，故又称"秋闱（wéi，'闱'是考场的意思）"。乡试的主持者称"主考"，主考有正有副，正副主考都由皇帝任命。乡试录取的叫"举人"，俗称"孝廉"。乡试考第一的叫作"解元"。

比乡试再高一级的考试叫会试，在乡试的次年（丑、未、辰、戌年）春天（初定为阴历二月，后改为三月）举行，故又称"春闱"。考试地点在北京，由礼部主持，也称"礼闱"。参加会试的是各省的举人，考中的叫"贡士"（考第一的称"会元"）。贡士再经过复试（一般不会有落第的），就可参加殿试。

殿试（也叫"廷试"）是在会试后由皇帝亲自主持的一次考试。考期定在农历四月，在太和殿举行，考一场。殿试成绩分三甲：一甲取三人，赐进士及第，第一名叫"状元"（也叫"殿元"），第二名叫"榜眼"，第三名叫"探花"，合称"三鼎甲"。二甲取若干人，赐进士出身，其中第一名叫"传胪（lú）"。三甲取若干人，赐同进士出身。举人经过会试及殿试及格的都叫"进士"。读书人考到进士就算考到了头。

殿试揭晓时，在太和殿唱名，同时在长安街张挂榜文三天，"榜"用黄裱纸制成，称金榜。唱名后，一甲三人出午门（其余的进士由别门出宫），插花披红，在鼓乐仪仗和彩旗护拥下，骑马游街，然后回到住所。第二天，皇帝赐给新进士宴席，俗称"琼林宴"。黄梅戏《女驸马》里有一段唱词说："我也曾赴过琼林宴，我也曾打马御街前……"指的就是这些。

为了授给新进士官职，殿试后，还有一次"朝考"，按朝考的成绩，结合殿试及复试的名次，然后由皇帝决定分别授予何种官职。一甲三名在殿试后立即授官，状元授翰林院修撰，榜眼、探花授翰林院编修。二甲、三甲经朝考后，有的做翰林院的庶吉士，有的做主事、中书等京官，有的做知州、知县等地方官。凡进士经过朝考授予庶吉士官的，均称"翰林"。

（王克骏）

三教　九流

　　"三教"的说法起自三国时代，它指的是儒、释、道三种教派。

　　本来，以孔子为创始人，后来又经孟子加以发扬的儒家学说，只是一种学术流派，并不是一种宗教。不过，从汉朝时候起，崇尚儒家的人，为了抬高孔子的地位，把儒家学说渲染得像宗教一样，并且在祭孔的大典中，大量地加入了宗教的仪式，因此，到了三国时代，就有人把儒家学派当作一种宗教来看待了。

　　释教是指释迦牟尼创设的佛教。佛教起源于印度，大约在汉朝时候传入中国。到三国时，信仰的人已经相当多，人们便把它和产生在中国的儒教、道教相提并论，成为儒、释、道三教。

　　道教是东汉时候创立的一种宗教，最初称"太平青领道"。其中有一派叫作五斗米教（天师道），创始人是张道陵（道教中所称的张天师）；另一派叫作太平道，可能也是太平青领道的一派，创始人就是领导东汉末年黄巾起义的张角。信道教的人讲究炼丹修道，寻找长生不死之法，这是和佛教的出世思想最大的不同点。道教的教义原来并不含有反抗封建统治者的意图，但是道教的组织却常被农民阶级利用来作为联络群众发动起义的工具。在唐朝，由于统治阶级的提倡，道教曾盛极一时。

"九流"的名称要比"三教"的名称出现得早些，在《汉书·艺文志》里，就已经有了这个名词。它指的是春秋战国时代互相争鸣的儒、墨、道、名、法、杂、农、阴阳、纵横九种学术流派。

儒、墨、道、名、法、阴阳六家，《诸子百家》一题中已经介绍过，不再重复。这里我们只简略谈谈杂、农、纵横三家。

杂家的代表人物是战国末年的秦相吕不韦。吕不韦门下有宾客三千，他集中众宾客的智慧，在秦王嬴政（就是统一六国的秦始皇）即位八年后编出了一部有名的大书——《吕氏春秋》，分"十二纪""八览""六论"，合共一百六十篇，二十余万字。这部书兼收并蓄了流行的各派学说，加以融会贯通，自成一家之言。大体上讲，对于儒家和道家主要是采取尽量摄取的态度，对于墨家和法家则主要是采取批判的态度。它主张遵守儒家修身、齐家、治国、平天下的理论，重视道家的养身之道，反对墨家的"非乐""非攻"和法家的严刑峻罚。它宣传统一的思想，鼓吹儒家的"禅让"之说。

农家的代表人物是战国时期的楚国人许行。《吕氏春秋》卷第二十六中有《上农》《任地》《辩土》诸篇，也可看作是农家学说的一部分。农家学派讲究农业生产技术，对于总结我国古代的农业经验，曾有过一定的贡献。

纵横家的代表人物有苏秦和张仪。他们讲究纵横捭阖（bǎi hé，分化或拉拢）的手段，或者辅助各国君主联强攻弱，或者辅助各国君主抑强扶弱。为了统治阶级的利益，他们的策略可以随时根据形势的变化而改变。他们都是战国时代著名的外交活动家。在《战国策》一书里，收录了不少纵横家游说各国的说辞；这些说辞，反映了这一学派在当时的活跃情况。

（朱仲玉）

我国古代主要的农作物

我们的祖先很早就已开始种植各种作物。甲骨文中有禾、黍、稷、稻等字，后来在先秦古籍中又有了"五谷""百谷"等说法。

所谓"五谷""百谷"等究竟指的是哪些作物？这是一个一直没有解决的问题。前人对此有过种种不同说法，直到今天，还没有得出一致的结论。

今天我们能看到的、最古的记载有关农业的书，是战国时代的著作《吕氏春秋》，其中讲到了禾、黍、稻、麻、菽（shū，豆类）、麦。这是先秦时期我国人民种植的几种最主要的作物。汉代的《氾胜之书》以及北魏贾思勰的《齐民要术》里面所讲到的各种作物，主要的仍然是这六种。从古代农书中的具体描写可以断定，禾就是现代人平常所说的"谷子"（粟），它的粒实叫"小米"。那时，谷子是黄河流域广大人民的主要食粮；黍是酿酒的主要原料；麦和稻是供给贵族们食用的；豆类对缺少肉食的广大人民来说，是极好的副食品；麻则是一般人衣着的主要原料。由此看来，这六种作物之所以能成为我国古代种植对象的主体，绝不是偶然的。

谷原是各种谷类的统称，它的品种很多。先秦时期，稷被视为谷物的代表，它和象征土地的"社"合起来称为"社稷"，成为国家的代称。稷在今天北方许多地区俗称为"穈（méi）子"，在西北和长城内外一带种植特别普遍；这种作物能耐旱保收，生长期较短是它的优点。据《齐民要术》上说，当时一般人把稷认作谷子，那可能是由于当时（南北朝时）长城以北的人大量移居中原，仍然保持了种稷的习惯；而黄河流域的人民长期过着朝不保夕的生活，也乐于跟着种植这种比较保收、早收的作物，因此便笼统地把稷叫成了谷子。不过稷的食用价值究竟抵不上谷子，故后来种植谷子的人比种植稷的人还是要多得多。至于黍，单产本不是很高，作为经常性主食又不大适宜，又由于以后做酒的原料品种增多了，它的种植面积也就相对地减小了。清朝吴其濬（jùn）在他的《植物名实图考》里面说，"大凡北方之谷，种粱者什七，种黍者什二，种稷（jì）者什或不得一焉。""粱"就是谷子，"稷"就是稷（糜子）；这里说的这三种作物的播种比例，的确是很长时期内北方的基本情况。

稻在古代也有好多种，古书上也有种种不同的名称。水稻的栽培是离不开水的，随着我国人民对江南的开发，三国以后，在水源充足的长江流域及其以南的地区，水稻的种植得到了飞速发展。水稻本是高产作物，再加上一年两熟以至三熟，所以它受到了广大农民的欢迎，成了南方人民的主要食粮。大约自五代以后，水稻的生产在全国所占的地位，逐渐超过了谷子而跃居首位。此点只要从历代漕（cáo，利用水道转运粮食）粮北运的发展情况就可看出。宋朝以后，长江流域几乎成为唯一提供漕粮的地区，就是很好的证明。而所谓漕粮，指的也几乎完全就是稻米。"苏湖熟，天下足"或"湖广熟，天下足"这一类谚语，便是这样流行起来的。就全国范围而言，种植水稻的地区同时也就是农业最发达的地区，这样说丝毫也没有夸大的地方。

古人把大麦叫作"牟"，小麦叫作"来"。后者种得更多，尤其是冬小麦，古书上称为"宿麦"，一直是受到重视的。麦的产区主要在北方，播种面积比不上谷子。长城内外一带因为气候关系，向来只种春小麦。西北和西南山区的人多栽种"青稞"，那是一种春性裸大麦品种。

　　豆类作物的品种也非常多，主要是供人食用。农民们把豆类制成各种副食品，其中最普通的一种是豆腐。

　　我国虽然很早就知道了养蚕缫丝，但是广大人民穿着的原料最初主要还是麻。直到元明时期，棉花的种植逐渐推广，才代替了麻的地位。只有苎（zhù）麻，因为是织造夏布的重要原料，所以在南方种得还不少。

　　现在北方农民仍然喜欢种高粱，这种作物在古代叫作"蜀黍"或"蜀秫（shú）"，南方人叫它"芦穄"。它的种植开始得比较晚，《齐民要术》里面所说的"秫"，似乎并不是指它。普遍种植高粱大约是在唐代以后。这种作物不择地，不太需要施肥，抗旱、抗涝的能力较强，特别是它的高大的植株不但可以作为薪柴，而且又可充作农村的建筑材料和制造各种用具的原料，秫米还可酿酒，因为这个缘故，它能成为一般农家常年生产计划中几乎不可缺少的栽培对象。

　　玉蜀黍是16世纪中叶从国外引种进来的，当时没有受到重视，大约最初只种在瘠薄的田里或山坡上，没有能显示出它的高产优点来。过了大约两个世纪，到了清代中期，才开始被推广起来。从那时起，它就成为干旱地区最主要的种植对象之一，在一定程度上夺取了谷子的播种地域。

　　我国古代原来也有芋、山药等薯类作物，只是都不占重要位置。甘薯是在明朝末期从海外传进来的，比玉蜀黍还要晚些。

（王毓瑚）

四大发明

我国古代的"四大发明"是造纸术、印刷术、指南针和火药。

纸出现以前，人们记事时，就把文字刻写在龟甲、兽骨或竹片、木板上，可是这些东西太笨重，既不便于阅读，更不便于携带。后来就有人把文字写在丝帛上，但是丝帛价钱太高，一般人用不起。为了解决这些困难，劳动人民终于发明了书写文字最方便的材料——纸。提到纸，过去有许多人认为是东汉时蔡伦发明的，其实，在西汉年间就已经有了麻纸和絮纸。麻纸是用麻类纤维制造的，1957年考古工作者在西安灞桥西汉前期的坟墓里发现了这种纸的残片，这可算是世界上现存最早的纸了。絮纸是用制作丝绵时的副产品丝絮制造的，制造丝绵的时候，先把煮过的蚕茧放到竹席上，浸到水里去，然后把蚕茧捣烂，其中完整的部分拿出来就是丝绵，破碎的部分，则紧紧地粘在竹席上，形成一层薄片，把它晒干，取下来就可以在上面写字，人们把这种薄片叫作絮纸。不过这两种纸的产量都很少，还是不能满足人们的需要。东汉和帝时，曾经领导工匠们为皇帝制造过各种器械的蔡伦，总结了前人造纸的经验，在105年，以树皮、麻头、破布、渔网为原料造纸。这些原料都容易找到，价钱也很低廉，造纸过程比以前更为简便，能够大量生产。蔡伦所创造的造纸方法得到了普遍推广。后来人们又进一步用竹子、芦苇、稻草、木材等植物的纤维制造出各式各样的纸，来满足各种不同的需要。纸的发明和改进，为文化的发展创造了有利条件。

印刷术还没有发明的时候，书籍都是人们一个字、一个字抄写的。抄书不仅速度慢，而且容易出错，为了克服这些缺点，在唐朝前期，人们根据拓碑和印章的道理，创造了"雕版印刷"的方法：先在木板上刻出反体字，然后在上面涂墨，再把纸铺在上面轻轻按压，这样木板上的字就印在纸上了。目前我们发现的最早的雕版印刷品是唐朝咸通九年（868）刻印的一卷《金刚经》，这卷《金刚经》长达一丈六尺，上面不仅有字，而且有图，刻印得非常精美。这说明，到唐朝后期，我国雕版印刷的技术已经达到很纯熟的程度了。雕版印刷比抄书要快得多，可是如果要印一部字数很多的书，仍然要花费很多时间，使用很多材料才能刻出一套板，而且只能印一种书，再印别的书还得重新刻板。北宋仁宗时候（1023—1063），富有创造精神的毕昇，经过苦心钻研，发明了一种新的印刷方法——"活字印刷术"。他用很细的黏土，做成许多方形小泥块，晒干以后，在每个小泥块上刻上一个反体字，然后用火烧硬，这就是"活字"。印书的时候，根据书籍内容的需要，把活字一行一行地排列起来，用蜡和竹松等东西，把排好的活字牢牢地粘在铁板上，这就做成了"活字版"，这个活字版就同雕版一样，可以用来印书了。印刷完毕，再把活字拆开保存起来，以备下次再排印其他书籍的时候使用。活字印刷术的推行，大大地节省了用在刻板上的时间和材料，提高了书籍的生产速度。后来，活字的材料逐步改进，由泥活字发展到木活字、铜活字，近代又通行铅活字。印刷术的发明和改进，推动了文化的传播。

指南针是利用磁石的指极性制成的。据古书记载，我国人民在战国时代就发现了磁石的指极性，并且把天然磁石琢磨成勺状的"司南"，放在特制的"地盘"上，使它自由转动，用勺把来指示南方。这可以算是世界上最早的指南仪器。但是，天然磁石容易丧失磁性，勺状的司南指示方向也不够准确。北宋时候，有人发明了人工磁铁，它和磁石一样具有指极的性能。最初，人们把人工磁铁片做成鱼的形状，使它漂在水面，鱼头就会自动地向着南方；后来又经过许多人的不断改进，把磁铁片做成针的样子，在它的中腰顶上一根小针，使它能够灵活地旋转，以便测定南北，这就成了指南针。指南针发明以后，被利用在航海上，促进了海上交通的发展。宋朝的航船东到朝鲜、日本，南到南洋各地，并且与西亚、东亚许多国家建立了密切的贸易关系，这是与指南针的发明和使用分不开的。

在唐朝初年，我国人民就发明了火药。古时候，有些人到深山里去，打算利用各种矿物和植物配合起来烧炼"仙丹"和金银，这些人被称为"炼丹家"。炼丹家在制药过程中发现：按照一定比例配合起来的硫黄、硝石和木炭，具有容易燃烧和容易爆炸的性质，烧炼时稍不小心，就会发生强烈的爆炸，发生熊熊的大火。因此，人们把这种容易着火的药，叫作"火药"。火药就这样被人制造出来了。唐朝末年，军事家开始把火药运用在战争中。宋朝时候，火药的制造有了进一步发展，火药的威力更加增强。

中国古代的"四大发明"，都先后传入欧洲和世界各地，对世界文化的发展起到了积极作用。

（宋　生）

弓箭　弩

　　在我国古籍记载里，认为弓箭是在传说中的黄帝时代发明的。其实这一发明比黄帝时代要久远得多，至少在中石器时期我们的祖先就已经开始使用弓箭了。

　　在我国各地发现的新石器时代的各个文化遗址中，都发现了各种各样制工精致的箭镞（zú，箭头），而且数量也很多。这些箭镞有用石材磨制的，有用兽骨或蚌壳磨成的。

　　箭镞的形式不一：有扁平柳叶形的，有三棱尖锥形的，也有四棱形的，有的镞尾带铤（dìng，箭头装入箭杆的部分），有的具有双翼。另外，在代表北方草原地区的细石器文化遗址中，还有一些极为精致的小石镞，一般长不过两厘米左右，都是用质地坚硬、色泽优美的石髓、玛瑙、碧玉等矽（xī）石类石材制成，颜色有红、黄、灰褐、绿、乳白等多种，还有半透明的，显得非常漂亮。以上这些发现，证明了新石器时代弓箭的运用已极为普遍。

　　弓箭的发明和使用，有很大的意义：它使狩猎的效果大为增加，给食物的获得，带来了一定的保证。

　　弓箭是一种利用弹力由弓、弦和箭组合而成的较复杂工具。拉开弓弦，使弓弯曲变形，把所施加的力储存进去；再放开弓弦，给弓以恢复原状的机会，于是它就把储存的力放了出去，这样便产生了动能。利用这一动能，就能把扣在弦上的箭弹射到距离很远的地方。因此，有人认为弓箭的使用，是人类懂得利用通过机械储存起来的能量的第一个事例。

到了商代，我们的祖先已经知道大量使用青铜箭镞，这种箭镞常是一种有脊带双翼的形式。以后，铜镞逐渐改进，杀伤力更强了。到战国时，铜镞的种类虽然很多，最主要的则是一种圆脊三翼的形式，三刃都很锋利，往往在镞尾带有长铤。战国末期，铁兵器出现，但因镞的体积小，不容易锻造，所以还是大量使用青铜镞，不过箭铤改为铁铸。汉代以后，铁镞的使用才日益广泛。到南北朝以后，就再也看不到用铜来做箭镞了。

造弓，很讲究取材，既要坚韧，又要有弹力。据《考工记》记载，有七种材料可以做良弓，以柘（zhè）树木做的弓为上品，其次是檍（yì）木、㰙（yǎn）桑木、橘木等。后来做弓多用桦木，《武经总要》里就有"黄桦弓""白桦弓"等名目。

弩（nǔ）的原理和弓相同，只是力量更强，发射更远。我国大约在战国时，就已经发明了弩。

弩在发射时，是先把弦张在扳机上，射时扣压扳机，弦发箭出；这样弦在扳机上可以有一定时间，能够从容瞄准，射得更准。还有，弓只能用一个人两膀的拉力，弩则可以用脚蹬等办法，储入更多的弹力，不但射得很远，而且力量也很大，甚至还可以同时射出数目较多的箭。

根据考古发现的材料，得知汉代边境防守用的兵器中，以弓、弩为主，尤以弩的使用更为普遍。当时最常用的叫"具弩"，射力有八种不同的强度，其中以六石弩最常见，大约可射二百六十米，约合半华里。

到了宋代，又使用一种威力强大的"神臂弓"，实际也是一种弩。在曾公亮《武经总要》里记录了一些威力极大的"床子弩"，有"双弓床弩""小合蝉弩""三弓床弩"等。这种"床弩",是用几张弓组合起来用绞车拉弦的,每一弩要用五人、七人到十余人拉。最强大的"三弓床弩",又名"八牛弩",要用七十人到上百人才能张开;所用的箭,是木杆铁羽,和枪一样粗大。在攻城时,用这种箭按高低依次射入城墙上,进攻的战士可以踏着露出的箭杆爬上城去,故又称之为"踏橛(jué)箭"。这种弩又可以在弦上安铁斗,斗内放几十支箭。这样绞发一次,就可以射中几十个敌人,威力很大。

（杨　泓）

养蚕缫丝

养蚕缫丝是我们祖先的伟大创造之一。

历来，人们都把养蚕缫丝的发明归功于传说中的黄帝的妃子嫘（léi）祖。历代相传，说她曾经劝导人们种桑、养蚕，教会人们缫丝、织帛和制作衣裳。后来人们感激她，奉她为"先蚕"。实际上，养蚕缫丝和历史上其他许多重大发明一样，是千千万万劳动人民智慧的结晶，单靠一个人的力量是不能完成的。

1926年，考古工作者在山西夏县西阴村新石器时代遗址中，发现了半个茧壳。据研究，这个茧壳埋藏在坑的底部，那里的土色没有受扰的痕迹，不会是后来放入的；茧壳的断面极其平直，不像是自然破损，显然是经过人工割裂的。由此可见，我们祖先至少在四千多年以前，就懂得采集蚕茧来抽丝了。不过，那时究竟是利用野蚕茧抽丝还是利用家蚕茧抽丝？现在一时还难以做出肯定的结论。

在殷商时候的甲骨文里，已有"桑""蚕""丝""帛"等字。特别值得提出的是，其中还有一块把"桑""蚕"二字合刻在一起的甲骨片；"桑"字的字形好像用手摘桑叶的样子，"蚕"字的字形好像虫蠕动的形状。桑、蚕紧密地联系在一起，这表明，采桑是为了养蚕。这时，野蚕已变成家蚕，应该是无疑问的了。

随着养蚕缫丝技术的进步，我们祖先利用蚕丝制造出了各式各样的丝织品。现在能看到的最古老的丝织品，是新中国成立后在殷墟武官村大墓和大司空村大墓发掘出来的殷商绢帛和它的残迹。这块绢帛虽然经过长期埋藏已经褪了色，但是它那细致匀称的纹理，却显示了当时丝织技术的一定水平。

周朝时，桑树的种植非常普遍。《诗经》中有很多篇章都提到桑，如《魏风》的《十亩之间》篇写道（本书所引《诗经》的白话翻译，都是根据余冠英的《诗经选译》）：

> 一块桑地十亩大，
> 采桑人儿都息下。
> 走啊，和你同回家。
> 桑树连桑十亩外，
> 采桑人儿闲下来。
> 走啊，和你在一块。

有十亩大的桑田，许多人在一起采桑，说明蚕丝业在这个时期有了很大的发展。

另外，与丝织业有密切关系的染丝业，也在这时相应地发展起来。《诗经·豳（bīn）风·七月》篇说：

> 七月里伯劳（一种鸟名）还在唱，
> 八月里绩麻更要忙。
> 染出丝来有黑也有黄，
> 朱红色儿更漂亮，

得给那公子做衣裳。

春秋战国时代，沿海和长江中下游地区，都出产丝织品。齐国的"齐纨（wán）"和鲁国的"鲁缟（gǎo）"，尤为著名。"齐纨""鲁缟"精细、轻薄，誉满全国，行销各地，很受欢迎。

汉朝时，丝织品有锦、绣、绫、罗、绮（qǐ）、纱等很多类别。根据文献的记载和发现的实物来看，有些丝织品上还织有各种鸟兽、植物以及自然天象的花纹和多种多样的几何形图案。有的上面除了花纹以外，还织有"延年益寿""长乐明光"等表示吉祥的文字。当时，汉政府在临淄还设立有专门的组织，集中了很多织工，来为皇室制作各种名贵的丝织品。

丝织品一向是帝王、贵族们的主要衣着原料，历代统治者为了满足自己的贪欲，都非常重视蚕丝的生产。战国时，孟子曾劝说梁惠王奖励农民种桑。据《吕氏春秋》卷第二十六《上农》篇记载，古代后妃们每年都要举行种桑、养蚕的仪式，以表示提倡蚕桑。秦汉以后，历代统治者也都采取奖励桑蚕的办法。

养蚕缫丝业起源于我国，传播于世界，它和我国古代四大发明一样，也是中国人民对世界人类文明的重大贡献之一。

（易惠中　宋　生）

六畜

六畜是指猪、马、牛、羊、鸡、犬。原来这些都是野生动物，由于人们的长期饲养才逐渐成为家畜。

考古学家根据黄河中下游地区新石器时代遗址中出土的动物骨骼判断："仰韶文化"时期，人们已经驯化了猪和犬；稍后的"龙山文化"时期，人们又驯化了马、牛、羊、鸡。通过对殷商甲骨文的研究，我们知道，最迟在三千多年前，这六种动物就已完全成为家畜。殷商时，奴隶喂养这些动物，除了满足奴隶主对毛皮和食用的需要以外，还用来作为奴隶主祭祀的祭品和殉葬的用品。商代奴隶主用来殉葬的牲畜数量是很大的，有时一次便多达三四百头，显然，这样大的数目，如果光靠临时猎取是很难办到的。甲骨文中，有"牢""庠（xiáng）""家"等字，字的写法很像牛、羊、豕住在屋里的样子，说明当时已有了牛棚、羊栏、猪圈等专门饲养家畜的地方。西周时，农业逐渐发达起来，但是畜牧业仍占相当重要的地位。据《楚辞·天问》篇记载，连周族的首领周文王，也曾披过蓑衣，拿过鞭子，做过牧人。《诗经·小雅·无羊》篇，有人认为是周宣王时的作品，它生动地描写了当时畜牧业的情况：

谁说你家羊儿少，

一群就是三百条。

谁说你家没有牛，

七尺黄牛九十头。

你的羊儿都来了，

羊儿犄角挨犄角。

你的牛儿都来了，

牛儿都把耳朵摇。

春秋战国时，贩卖家畜也成了唯利是图的商人们发财致富的途径之一。春秋末期弃官经商的大商人陶朱公（范蠡）曾说："子欲速富，当畜五牸（zì）。""五牸"就是牛、马、猪、羊、驴五种家畜的母畜。

在畜牧业发展的过程中，劳动人民积累了丰富的经验，出现了很多养牲畜的专家。如春秋时秦国的伯乐，就以相马出名。据说他能根据马的体形、外貌，一眼望去，就能评定出它的好坏。有这样一个故事：有一次，伯乐遇见一匹马拖着一辆盐车上高坡，累得汗流满身，仍拖不上去；谁也不认为这是一匹好马，可是伯乐却断定这是一匹千里马。在他看来，这匹马之所以连一辆盐车都拖不动，不能怪马不好，应该怪它的主人对它使用不当、爱护不够。千里马的特长是善于驰走，拖盐车用不着跑得很快。假使好好地喂养它，爱惜它，使它身强体壮，用它来供骑乘，一定能发挥它善于驰走的优点。后来事实果然证明，这是一匹千里马。这个故事，一直被后世传为美谈；后世人常把有才能的人比作千里马，把善于发现人才的人比作伯乐，比喻的根源就是由此而来的。汉朝时，养羊能手卜式，和伯乐一样，也是一个常被后人称道的人物。据说他养羊十余年，羊群由一百多只繁殖到千余只，只只肥胖健壮。

饲养六畜与生产有密切的关系。其中尤以猪与人们生产、生活的关系更为密切。春秋战国以来，人们对于猪粪肥的肥效作用，评价极高。猪粪肥一直是我国农村主要的肥料之一。猪早熟易肥，因而是人们的主要肉食对象之一。战国时，孟子说过"一家人能养五只母鸡、两头母猪，老人们吃肉就不会发愁"这样的话，可见自古以来，在农村养猪就是受到极大重视的。马能负重，挽力强，役用价值很高，所以以前被列为六畜之首。起初，人们用它拉车；后来，被用来骑乘，它在古代交通中占有很重要的地位。牛，力量大，耐力强，是农村中普遍饲养的役畜。大约自殷商时起，它就被用来拉犁耕地。春秋时期，铁犁的应用，大大提高了牛耕的作用。汉武帝时，赵过改进了农具和耕作技术，大力推广牛耕，使牛耕的方法传播到边疆地区。从此，牛便成为我国古代农村中最重要的役畜。羊、犬、鸡也是古代农村中喜欢饲养的家畜。

（宋　生　易惠中）

船舶　航海

船舶的出现在我国是极久远以前的事情。

最少在距今三千多年前的殷代，我们祖先就已经用船只装运财货到远地进行贸易。在一件当时的青铜饕餮（传说中的恶兽名）纹鼎里，有个铭文，形象如同一个人前后都挑着贝站在一只船上，船后面还有一只手持桨划船，正是一个生动有力的证明。

春秋战国时代，沿海的齐、燕、吴、越等国，都造船航海。齐景公曾乘船到海上游玩，过了六个月还不想回家。公元前485年，吴国的徐承领兵由海上进攻齐国，说明当时沿海的航路一定非常通畅。不过那时船的样子，我们还不十分清楚。河南汲县山彪镇战国墓葬出土的"水陆攻战纹铜鉴"上有乘船作战的图案，大致可以看出战国时的小船样子，船头和船尾都向上起翘，船内立着三四个佩剑的战士，双手握桨划船前进，图形十分生动。

近年来，我国考古工作者发现了不少两汉时期的船舶模型。长沙西汉墓里发现的一只木船，首尾微翘，船底呈弧形，上有三间舱房，两侧装有舷（xián）板，船上备有十六只长棹和一只刀形的舵。广州是当时有名的港口，在这里发现的船舶模型更多，其中有一只木船，看样子规模虽不大，只有四桨一舵和两间舱庐，可是有趣的是船上安放了五个木俑，做出操桨握舵驾船前进的姿态，为我们研究这一时期的船舶交通提供了非常形象的材料。另一只东汉陶船，制作更精致，上面设有拱券顶的前舱和几间有起脊屋顶的座舱，船后还有一间望楼。船尾安有舵，船头设有锚。这样的大船，是可以出海的。看来这时的造船技术，较西汉时又前进了一步。

在古代，有的战船的规模很大。汉武帝时，已能建造十丈多高的楼船。西晋初年，王濬建造巨大的战舰，能载两千多战士，舰上设有楼橹、木城。隋朝的杨素，建造过名叫"五牙"的大舰，上有五层楼，共高一百多尺，船上前后左右都安装着撞击敌船用的"拍竿"，每根拍竿都有五十尺长。

专供统治阶级享乐的游艇，建造得华丽异常。汉成帝时，用沙棠木造船，并在船头上装饰着云母，号称"云舟"。晋代大画家顾恺之画的《洛神赋图》里，有一只两层楼阁的大船，相当精美。隋炀帝巡游江都，建造了好几千只船。据《大业杂记》记载，最大的龙舟高四十五尺，阔五十尺，长二百尺，有舱房四层，上一层有正殿、内殿、东西朝堂和宽阔的走廊；中间两层共有一百六十个房间，都装饰得金碧辉煌。此外，又有皇后乘坐的"翔螭（chī，古代传说中一种没有角的龙）舟"，宫妃乘坐的"浮景舟"等，也都十分华美。船接着船，沿途排列了二百余里。

除了用帆、桨的船外，晋朝的祖冲之发明了一种"千里船"，在试航时，日行数百里，可能就是一种用转轮激水前进的"车船"。唐代的李皋，在洪州（今江西南昌）就造过有两个踏轮的战舰。这种车船，在宋代有了进一步发展，活跃于洞庭湖里的杨么起义军，就拥有许多精良的车船：小的四轮，大的十轮，最大的达到二十二轮。船上有两重或三重的楼，装有十多丈长的巨大拍竿，可以乘载上千人。

隋唐时代，专供漕运和经商的内河航船，一般载重量达到八九千石左右，甚至还有更大的。据《国史补》记载，唐大历、贞元年间（766—805），最大的俞大娘航船，养生、送死、婚嫁等事，都可在船上举行，操驾的船工就有好几百人之多。

最后，谈一谈古代的海船。据现有材料，可以肯定，至少在5世纪时，中国的商船便已经航行在东南亚一带，并且开辟了中国和阿拉伯之间的航线，同时可能已经远航到非洲了。唐宋以后，远洋航行更是日渐频繁，中国的商船一直活跃在太平洋、印度洋的广大海面上。

根据北宋徐兢的记载，当时出洋的客舟长十余丈，深三丈，阔两丈五尺，能装载二千斛粟。船上主要的舱房有一丈多高；船底呈尖劈状，便于破浪行驶。航行时主要靠风力，船上有两根大桅杆，大樯（qiáng）高十丈，头樯高八丈。风正向时，张布帆五十幅；风向稍偏，则利用左右翼的"利篷帆"；大樯顶上还有十幅小帆，名叫"野狐帆"，在风息时使用。船上又安有十个橹，以备进出港口或无风时使用。船上有正舵，还有副舵。每只船上用的水手，约需六十人。我国古代四大发明之一的指南针，这时也已应用于航海；船的首尾上都放有水上浮针，天气阴暗时就用它来定南北方向。宋宣和元年（1119）朱彧（yù）写的《萍洲可谈》里，也谈到了当时广州一些海船使用指南针的情形。

（杨　泓）

瓷器

瓷器是我国古代的伟大发明之一，它是从陶器演变来的，由无釉陶、釉陶，以至于发展为成功的瓷器，是有极其悠久的历史的。

"瓷"字在文献上，最早见于晋朝吕忱著的《字林》。嗣后在潘岳的《笙赋》中，更出现了"缥（piǎo）瓷"这样的名词。所谓"缥瓷"，就是淡青色的釉瓷。又晋人杜育的《荈（chuǎn）赋》中有"器择陶栋，出自东瓯"的话，东瓯就是现在的浙江温州，是当时烧造瓷器的地方。不过严格来说，这一时期还只能算是瓷器的过渡阶段。到了唐代，才能说是真正烧造、使用了瓷器。

我国瓷器的发展是以"青瓷"为主流的，下面我们试从考古发掘的材料以及传世的实物，略述它的起源和发展过程。

代表"仰韶文化"的彩陶，胎质坚细，器上有用赭、墨、红、白等颜色涂绘成的多样几何形图案花纹。1955年陕西西安半坡村出土的彩陶，上面还绘有鱼、鹿等花纹。代表"龙山文化"的黑陶，胎质细腻，器壁很薄，表里黑色，光亮有如涂漆。

1953年，考古工作者在河南郑州二里冈发现了商代的釉陶器和一些碎片，它的骨胎坚硬，大部分是灰白色，类似"高岭土"，只因加入了石英，所以器表不甚平整。器物上的釉色呈青绿色或青黄色，釉水虽薄，可是却和胎骨结合紧密，烧制温度都在1000摄氏度以上。这种釉陶器，既可以说是瓷器的雏形，也可以说是瓷器的祖先。当然，如果要拿它和后世成熟时期的瓷器相比，那还是相差很远的。

1954年，考古工作者在陕西长安斗门镇、河南洛阳塔湾和江苏丹徒烟墩山等处，都发现了西周时期的釉陶器；尤其是1959年在安徽屯溪市（今黄山市）出土的釉陶器数量更多，器形也多种多样。西周釉陶的胎骨和釉色，一般与郑州二里冈的商代釉陶器差不多，但是有它的特点。

在浙江绍兴一带，近几十年来出土了大批战国时期的釉陶器，釉色黄绿而透明，器形大都模仿铜器。

1923年，在河南信阳擂鼓台发现了东汉永元十一年（99）的古墓，出土了六件带有青灰、青绿透明釉色的壶、洗、碗、杯等接近瓷质的器物。1954年河南洛阳东汉墓内出土一件四系罐，浅青绿釉，胎坚而火候很高。这几件器物，可以说是原始青瓷。

魏晋、南北朝时期，青瓷烧造的技巧，已有显著的进步。1954年在南京市赵士冈发现了三国时吴国赤乌十四年（251）的青瓷虎子（盛溺器）。1958年在南京市北京路又发现了吴国甘露元年（265）款的青瓷熊灯，同时出土的还有一对青瓷卧羊，无论是在釉色上还是造型上，都相当的精美。1953年在江苏宜兴周处（死于晋元康九年，公元299）墓内发现一批青瓷，内有一件熏炉，上部镂空，顶有一立凤纽，在造型方面达到了很高的水平。1956年在湖北武昌发掘的齐永明三年（485）墓内，出土一件莲花盖尊，釉色润泽匀整，造型也很美。以上这些青瓷，其烧造地区虽然不同，但都属于南方青瓷系统。

1948年解放战争时期，在河北景县十八乱冢，发掘了北朝豪门世家的封氏墓群，出土了不少瓷器，多数都属于青瓷。其中以雕镶仰、复莲大尊为代表品，釉色青绿，堆积釉厚处，明亮如玻璃，在造型釉色方面，都不同于南方青瓷。

从唐朝以至五代，越窑（浙江绍兴、余姚古称越州，在这里烧制青瓷的窑，名为"越窑"）青瓷，达到了登峰造极的地步。烧制之精，图案之美，数量之大，都大大超越了前代。当时越窑青瓷不只遍及全国，而且传播到日本、印度、波斯以及埃及等国。

宋代时越窑虽然衰落下去，但却出现了不少新窑，其中著名的如：龙泉窑（在浙江龙泉市）、哥窑（也在龙泉市），这是属于南方系统的。属于北方系统的则有官窑（这里所说的是指北宋官窑，北宋官窑据文献记载，说是在汴京烧造，不过至今在开封一带尚未发现窑址）、耀州窑（在今陕西铜川）、汝窑（在今河南汝州市）。特别是汝窑产的瓷器，釉色匀净，青色含粉，一般被公认是青瓷中最成功的产品。钧窑（在今河南禹州市）也属于北方青瓷系统，其烧制年代可能在北宋末，而盛极于金，是青瓷中最突出的一个品种：它不只是单纯的一色青釉，有的还呈现出鲜艳的红斑，有的通体还呈现出润泽灿烂的玫瑰紫色。

白釉瓷器，在隋代已大量生产；到了唐代，更加精良。北方邢窑（在今河北内丘县）的出品，是唐代白瓷中的典型。宋代的定窑（在今河北曲阳县）白瓷，在装饰花纹上有印花、划花、锥花等多种。明代永乐时在景德镇烧制的半脱胎暗花甜白瓷器，精巧绝伦，达到了极高水平。

青花和彩瓷，在宋代已渐露头角；到明代，则逐渐达到成熟。永乐、宣德时期的青花瓷，成化时期的五彩、斗彩器，都可说是空前之作。清代康熙、雍正年间，又发明了粉彩，色调的深浅浓淡，可以运用自如，能在瓷器上绘制极为生动的各种题材的画面。往后又发明了珐琅彩，使器物上的画面更加绚丽鲜艳，把我国的造瓷工艺进一步推到了古代的最高水平。

（杨宗荣）

砖瓦

　　古代建筑开始使用砖瓦，是人们物质生活上的一大进步。当远古社会发展到原始社会末期的时候，烧造陶器的技术虽然有所提高，但人们的住处仍旧是半露地面、半入土中的茅草房子。历史上传说夏禹所住的房子还是"茅茨（cí，指用茅或苇盖的屋顶）"，到了夏桀才有"瓦室"。

　　根据考古发掘的资料，知道瓦比砖出现的时间要早。近年在陕西岐山和西安的西周时期遗址中，都发现了板瓦。其制法是制成圆筒形的陶坯，然后剖开筒坯，入窑烧造。四剖为板瓦，对剖为筒瓦。古人称剖瓦为"削"，削开后谓之"瓦解"。可见造瓦是从制陶手工业分化、发展出来的。

　　河北省易县、山东省临淄、河南省洛阳等地的战国遗址中，曾有大量古瓦出土。有些筒瓦的前端，还带有半圆形的"瓦当"，"瓦当"上凸印着兽纹、鸟纹、云纹等图案。易县燕国下都遗址出土过一种大瓦，瓦身外面带有黼黻（fǔ fú）纹装饰，黼黻纹是古代丝织物的花纹，把这种纹饰用在瓦身，仿佛在瓦面上铺开了一匹锦缎。

　　西周时期使用在屋顶上的板瓦，可能只有一层仰瓦。到了战国时期，才出现了覆在两行仰瓦之间的筒瓦。至于又长又宽的黼黻纹大瓦，推测它不是用在屋顶上，而是覆在墙头上的，我们可以把它叫作"护墙瓦"。由于古代贵族们宫室住宅的围墙都是版筑的土墙，墙顶要有遮雨的设备，否则土墙容易坍毁，因而把一块一块的大瓦覆在墙头，连接起来，不但可以遮风避雨，而且还可增加墙壁上面的装饰。护墙瓦上有时还可嵌置一排山形的带有兽纹的陶栏杆，这也可从易县燕国下都遗址出土的实物中得到证明。今天，带有栏杆的墙垣不多了，但护墙瓦的设置，在北京故宫的许多墙头上还可看到。

"瓦当"是屋檐前面筒瓦的瓦头，筒瓦有了瓦头，可以防止风雨侵蚀屋檐。秦代以前的"瓦当"多为半圆形，秦代以后，由半圆形演变为圆形，并出现了一些带有吉祥语句如"延年益寿""长生无极"和云纹、神兽纹等图案的"瓦当"。

唐宋以后，陶瓦被广泛使用，有些宫殿寺庙建筑，还用各色琉璃瓦覆顶，充分地体现了中国建筑艺术的特色。

砖的出现，也是和烧陶分不开的。各地出土的最早的陶砖，有方形砖、曲形砖和空心砖。它们都是战国时期的遗物。

最早的方形砖，和今天瓷砖的用法有些相似。在室内多用铺墁地面或包镶屋壁四周的下部。铺地砖多素面无花纹，包镶屋壁的砖多带有几何纹图案。曲形砖长约100厘米，从一端看去很像曲尺的形状，是专为包镶建筑台阶用的。每一个土阶的上面、前面用一块曲形砖覆盖严密，对加固土阶作用很大。有些曲形砖的上面和前面，还有三角纹和山纹的图案。空心砖多作长方形扁平状，中空，长100～150厘米，表面有鸟兽、纺织物等纹饰。古人常用空心砖代替石块，砌成墓室，埋葬死者。我们把这种古墓叫"空心砖墓"。有的建筑物也把空心砖代替阶石使用。

由于早期陶砖的用法是包镶墙壁或台阶，所以古人称之为甓（pì，令甓或令壁）。

"砖"字出现较晚，东汉应劭的《风俗通义》中有"甃（zhòu，井壁），聚砖修井也"的记载。西晋时期的砖文上才见到"砖"字，如1953年江苏省宜兴西晋时期周处墓出土的陶砖，上面有"元康七年九月二十日阳羡所造，周前将军砖"的字样。当然，这一时期，"甓"字有人还在使用，如"陶侃运甓"的故事（指陶侃运砖锻炼身体的事），就是一例。

从隋唐起，举凡墓砖、仓砖、塔砖等，都自名为砖，"甓"字渐渐不为人所知了。

（史树青）

漆器

漆是漆树上分泌的一种液体，是制造漆器的主要原料。这种液体，初呈乳灰色，接触空气以后，起氧化作用，表面逐渐变成栗壳色，干固以后，成黑褐色。漆本身具有高度的黏合性和防止水湿的效能。

我国用漆作为涂料，最早的文献记载见于《韩非子·十过篇》。据《周礼》的记载，周代民间产漆，须向国家缴纳四分之一的赋税。《史记》还记载庄子曾做过漆园吏，可见战国时期国家管理漆园的生产，还设有专官。

漆器的出现，与木器的防腐有密切关系。考古工作者在发掘河南安阳商代贵族墓的时候，常常发现漆器的残痕。1950年中国科学院考古研究所在安阳武官村发现了很多雕花木器的朱漆印痕，木器虽已腐朽无存，但印在土上的朱漆花纹，还很鲜艳。新中国成立前，在安阳的西北岗，也发现过同样印在泥土上的残漆痕，从当时出土的情况来看，可能是漆鼓等物。商代还出现了青铜器镶嵌松绿石的技术，松绿石就是用漆液黏附在青铜器上面的。

1958年，湖北蕲春毛家咀出土一件西周早期的漆杯，在黑色和棕色的漆底上，绘有红彩；纹饰可分四组，每组都由云雷纹或回纹构成带状，第二组中还绘有圆涡纹，每组纹饰之间都用红色彩线间隔，制作十分精美。

周代贵族的车马饰物、兵甲弓矢，都用漆涂饰。在河南浚县的周墓中，曾发现过西周时期的这类漆器。《春秋穀梁传》中庄公二十二年有"丹桓公楹（yíng，柱子）"的记载，这是当时贵族们用丹漆（朱漆）漆饰楹柱的例证。

19世纪中叶，河南信阳、湖南长沙等地，都发现了大量春秋、战国时期的漆家具、生活用具、乐器、兵器附件等，种类繁多，纹饰工细，充分地说明了那时漆器手工艺的高度成就。这些漆器对战国以后漆器的制作和绘画艺术等方面的发展，有极大的启迪和推动作用。

我国是世界上发现漆料和制作漆器最早的国家。我们的祖先，在劳动生产中，很早就知道利用漆树的汁液；古代的兖州和豫州，都是有名的产漆的地方。从《史记·货殖列传》所记载的"陈夏千亩漆，与千户侯等"一类汉代谚语中，可以知道漆树的经济价值自古就是很大的。现在我国产漆的地区如湖北、四川、云南、贵州、湖南、江西、浙江、安徽、河南、陕西等省，年产量都很丰富。

（史树青）

煤　石油

　　煤和石油是现代重要的热力来源和工业原料，我国人民把它们应用到生活上和生产上，已经有了很久远的历史。

　　煤在古代叫"石涅"。我国最早的地理著作之一《山海经》，就明确地记载着"女床之山""女几之山"都出产石涅。《山海经》的著作年代，目前还没有定论，一般人认为可能是在战国时候写成的，到秦汉时候又做了增补。《山海经》的内容，虽然很多采自民间的地理传说，带有比较浓厚的神话色彩，但是它仍然在一定程度上反映了当时的情况，给我们了解古代的山川形势、物产分布和风俗习惯提供了不少有用的材料。据学者考证，"女几之山"在今天四川双流县附近。由此可见，大约在战国时候，至晚在秦汉时候，我国就发现了煤。

　　由于煤的颜色黝黑，人们曾经把它当作墨，用来写字。明朝学者陶宗仪在《辍耕录》一书中曾指出，古人"以石磨汁"而书，这种"石"就是煤。煤在古代又叫"石墨"（不是近代制铅笔用的石墨），直到东汉末年，这种用来写字的"石墨"，才逐渐被人造墨所代替。

　　人们很早就知道煤是可以燃烧的物质，并且很早就把它当作燃料来使用。1958年，河南巩义市铁生沟的群众在当地发现了一处西汉末年的冶铁遗址，在出土的实物中，最引人注意的是冶铁燃料中，有煤块和用煤末掺和黏土、石英制成的煤饼。考古学家们认为：煤用于冶炼比用于日常生活要晚一些，使用煤饼又要比使用煤块晚一些；而铁生沟冶铁遗址不仅把煤用于冶炼，并且还知道制成煤饼，这说明在西汉末年以前，我国人民用煤做燃料，已经有了很长的时间。

东汉末年，煤的使用有了进一步发展。据记载，曹操在邺县（今河北临漳县西）修筑了规模巨大的铜雀台、金虎台和冰井台三处别墅。其中冰井台有房屋一百四十间，台上有冰室，冰室内有井，井深十五丈，井里储藏着数十万斤煤。这段材料告诉我们，煤在那时候已经被大量使用了。

煤和木炭的颜色、用途相同，因此人们又把煤称为"石炭"。据宋朝学者庄季裕在《鸡肋篇》中记载，北宋时，石炭代替木柴，已经成了汴都（河南开封）居民不可缺少的燃料。

石油在西汉时就被我国人民发现了。据《汉书·地理志》记载：上郡高奴县的洧（wěi）水，像油一样，可以燃烧。上郡高奴县就是今天陕西延长县一带，洧水是当地的一条河流。可能是由于地层压力的影响，埋藏地下的石油从地底涌出来，浮在洧水面上，看起来就像油一样。既然水面是石油，这种水当然可以燃烧。

在魏晋南北朝的时候，我国人民又在今天甘肃西部地方发现了石油。著名地理学家郦道元在《水经注》一书里指出：延寿南山出一种泉水，像煮的肉汁一样，燃烧起来非常明亮。延寿县在今天甘肃玉门市东南，这种"泉水"就是石油。《水经注》又指出：用这种"泉水""膏车"效果很好。所谓"膏车"，就是用它来做车轴的滑润剂。

唐朝李吉甫编著的《元和郡县志》里，记载了一个有趣的故事：北朝周武帝宣政年间（578），有一次突厥兵围攻酒泉，北周军队用石油去焚烧敌人的进攻器械，突厥兵不懂得石油的特点，急忙泼水营救，结果石油过水后燃烧得更加猛烈，突厥兵大败。

　　隋唐以后，人们不仅知道可以用石油来点灯，而且还知道可以用它的烟来制墨。宋朝人沈括在《梦溪笔谈》一书中说，用这类油烟所做的墨，黑光如漆，比松烟墨还要好。

（宋　生）

酿酒

　　我国人民究竟什么时候开始掌握酿酒技术这个问题，各种古书记载，说法很不统一。有的说远在黄帝时代，有的说远在尧、舜、禹时代——特别是禹时造酒的说法，比较普遍。《孟子》书中有"禹恶旨酒（美酒）"这样的句子；《吕氏春秋·勿躬篇》中有"仪狄作酒"这样的话，仪狄相传就是和禹同时的人；尤其在《战国策》一书中，把"禹恶旨酒"和"仪狄作酒"两件事，说得更加形象、具体。《战国策》说："昔者，帝女令仪狄作酒而美，进之禹。禹饮而甘之。曰：'后世必有以酒亡其国者'，遂疏仪狄，而绝旨酒。"黄帝、尧、舜、禹都是远古传说中的人物，具体离今多少年，不得而知。上述史实，其可信程度如何，当然值得研究。不过，这些传说可以说明，我国人民开始掌握酿酒技术为时必定很早。

　　在商朝甲骨文中，有不少关于商王用鬯（chàng）祭祀祖先的材料；鬯就是一种用黑小米酿成的香酒。《诗经》里有痛骂殷商贵族荒暴酗酒的篇章；《书经》里有周公告诫子孙不要学殷王乱喝酒的记载；在出土的殷代文物中，有很多爵、斝（jiǎ）、尊、卣（yǒu）、觚（gū）等青铜酒器。这一切，都可以作为这时期酿酒技术有了长足进步的佐证。

　　周朝设有"酒正""浆人""大酋"等专管酿造的酒官。同时在《周礼》书中，出现了"清酒"这样的名词。据学者研究，远古时期的人吃酒是"连酒糟一块儿吃的"；所谓"清酒"，大概是把糟粕除掉了的酒浆。这些事实，可以作为周朝时酿酒技术有了进一步发展的间接说明。

到春秋战国时，酒在各种祭祀、会盟、庆祝凯旋、接待使者等场合中，已经成了必不可少的东西。我们只要翻开《左传》《国语》《国策》《楚辞》等一类著作，就可以清楚地看到这一点。这时，酒的酿造在数量上和技术上都有了很大的发展。

秦汉以后，酿酒已逐渐成为中国封建社会的重要手工业之一。据《汉书·武帝本纪》记载，天汉三年（前98），汉政府曾一度下令把酒划做国家的专卖物资之一，禁止民间私自酿造和买卖。这个措施，反映了酒的生产已成为当时国家的一项重要财政收入，在经济上业已占据很重要的地位。

酒是由碳水化合物经过发酵作用而成的。淀粉虽是最常见的碳水化合物，但却不能与酵母菌直接起作用，它必须经过水解作用变成麦芽糖或葡萄糖之后，才能发酵造酒。我们的祖先，在很远很远的古代，就发明了一种酒曲；用酒曲造酒，可以将淀粉的糖化和酒化两个步骤结合起来，同时进行。这在酿酒技术上，是一项极重要的发明。秦汉以来，我国的制曲技术，已有了很高的成就。大约在宋朝的时候，我国人民在发酵工艺方面又做出了重大的贡献，这就是红曲的发明。红曲可以制豆腐乳，做红酒，还可以作为烹调食物的调味品和食品的染色剂。制红曲是很不容易的，因为红曲是由一种高温菌——"红米霉"的作用产生的，而这种"红米霉"的繁殖很慢，它在自然界里很容易被繁殖迅速的其他霉类所压倒；所以红曲的发明，可以说是我国古代人民的一种天才创造。

酒曲的种类增多，酒的品种也随之增多。我国有不少驰名国外的名酒，如绍兴黄酒、贵州茅台酒、山西汾酒、四川大曲酒等。下面我们简略谈谈这几种名酒的历史。

绍兴黄酒是浙江绍兴的特产，它的种类很多，"摊饭酒"是其中的代表。"摊饭酒"一般称为"花雕"，含酒精在百分之十到十三。绍兴酒的历史据有人推测，可以上溯到战国时代。不过，可靠的说法还是公元6世纪初。梁元帝萧绎在他所著的《金楼子》一书中，曾叙述自己年轻时一面读书一面喝山阴甜酒的故事。那时的山阴就是现在的绍兴。

茅台酒、汾酒、大曲酒都是经过加热蒸馏而得出的蒸馏酒，一般统称为烧酒，或叫白干酒。烧酒的酒精含量一般都在百分之六十以上。我国烧酒酿造的历史的确切年代，由于目前资料不足，一时还很难考证。据研究化学史的学者讲，四川烧酒的出现，最晚可能在唐朝。其根据是唐朝诗人白居易和雍陶的诗里都提到了"烧酒"这样的字句。如白居易诗"荔枝新熟鸡冠色，烧酒初闻琥珀香"，雍陶诗"自到成都烧酒熟，不思身更入长安"等句便是。白居易这两句诗，是从他的四川忠州《荔枝楼对酒》诗里摘出来的，诗中所反映的情况，当然指的是四川。雍陶这两句诗，说的地点已经指明是成都，大曲酒的产地在泸州，泸州离成都并不太远。由此可见，远在唐朝的时候，在今四川地方，就能酿造像大曲酒那样的烧酒了。贵州的茅台酒可能是接受四川烧酒的经验而发展起来的，它的历史比大曲酒应该晚不了多少。山西汾阳杏花村出产的汾酒，根据当地的传说，其历史之悠久，也可以上溯到唐朝。

（傅学卿）

糖

在先秦古书上，没有"糖"这个字，只有"糖"的同义字或近义字，如饧（xíng）、饴（yí）、餹（táng）等。虽然名字不同，实际上指的就是"糖"字。我们现在吃的糖，主要包括麦芽糖、蜂蜜和蔗糖等几种。

麦芽糖是最容易制造的一种糖。植物种子（如大麦），在发芽过程中，会产生糖化酵素，这种糖化酵素，会把淀粉水解变成麦芽糖，稍微加工，即可食用。所以，它的产生历史最早，而且直到今天，在广大的农村，还被普遍地制造。常见的"关东糖""糖稀""软饴""硬饴""皂糖"等，都属于麦芽糖。根据学者研究，麦芽糖的历史，可远推到三千年前的周朝。在《诗经》中，就提到了"饴"字。汉朝时，糖的制造，在质量上和制作技术上都达到了一定的水平。东汉的大学者郑玄注解《诗经·周颂》里"箫管备举"一句中的"箫"字，说是"如今卖饧者所吹也"。说明饧的制造和食用，在东汉年间就已经很普遍，以致有小贩挑着它吹着箫沿街叫卖了。不过，关于制糖的方法，在当时的古籍里还没有记载。直到5世纪北魏贾思勰的《齐民要术》一书中，才较为详细地描述了这种糖的制造方法；考证起来，和现今土法制造麦芽糖的方法大同小异。

蜂蜜在古时候有各种各样的名字，如"石蜜""土蜜""木蜜""石饴""岩蜜"等。这是因为古时候人们看见蜂房造在石头上、土洞里、树木上而误以为蜂蜜也会各有不同，所以才叫出了不同的名称。蜂蜜是天然产物，不须人工制造。很早以前，人们就知道采集蜂蜜来食用。据学者研究，春秋末期，诸侯之间，就有把蜂蜜作为礼品来赠送的。《楚辞·招魂》中，有"蜜饵"这个名词，"蜜饵"就是用蜂蜜和米粉做成的面团。可见我国人民早在春秋战国时代，就已经知道利用蜂蜜了。用蜂蜜浸渍的食物是我国的特产，大约在三国时期就已经有了，因为在《三国志》的《孙亮传》里，有"蜜渍梅"的记载。古时的蜂蜜，都是由野生蜜蜂采集的，故产量有限，只有当人工养蜂盛行之后，蜂蜜的产量才大大增加。人工养蜂，有人研究，可能开始于晋朝。

　　蔗糖是最主要的食用糖，在现代化的糖业生产中，占据极重要的地位。我国南方各省，由于雨水充足，很适宜种植甘蔗。近千年来，甘蔗一直是我国南方重要的农作物之一。我国的甘蔗，种类很多，一般说来可分为三种：竹蔗、蚋蔗和红蔗。竹蔗和蚋蔗多用来制造白糖、冰糖和红糖；红蔗因产量有限，虽含糖量较大，但一般不用于制糖，多用来生吃。我国种植甘蔗的历史，由来已久，可能在战国时代即已开始。《楚辞·招魂》里，有"有柘（zhè）浆些"的句子，这里的"柘浆"，指的就是甘蔗汁。在"楚辞"里，"柘"字同于"蔗"字。至于用甘蔗做原料来制糖的开始年代和发展历史，古书记载多不一致，后世的看法也颇不统一。有人认为起源于汉朝，有人则认为开始于唐朝。化学史学者综合研究了蔗糖的发展史，认为：大约在东汉末年，我国南方的一些地方，已能制造蔗糖，只是技术水平还不高，质量还不够好。到了唐朝，因学习了外国的制糖方法，提高了技术，蔗糖的生产才有了发展，才能制造出较纯的白砂糖和冰糖，由此看来，我国的蔗糖制造，既有自己的发明创造，也吸取了外来的技术经验。

（傅学卿）

茶

在我国，茶作为一种普遍饮料，比起酒来要晚得多。

先秦古籍，没有"茶"字，只有"荼"（tú）字。"荼"是一种苦菜，也当"茶"字用。《尔雅·释木》篇说："槚（jiǎ），苦荼"。"槚"指的就是茶。有的古书讲，西汉以前，就已有《尔雅》这部书；还有的古书讲，孔子在世，也见过《尔雅》。根据这些线索推测，可知我国人民对于茶的认识，为时甚早。

认真讲，有关饮茶的可靠记载，当在西汉时。司马相如的《凡将篇》中有"荈（chuǎn）诧"二字，"荈诧"就是茶。王褒的《僮约》中提到了"武都（今甘肃陇南市武都区）买（当作卖）茶"的事，而武都就是当时中国最早的茶市场之一。

《三国志·韦曜传》中有个故事：吴国皇帝孙皓每宴臣下，要强迫人喝酒，不管能喝不能喝，都以七升为限。韦曜的酒量不过二升，过此不能多饮；他每次参加宴会，孙皓特别宽免他，密赐给他茶，允许他以茶代酒。茶既然能作为酒的代替品，说明三国时饮茶已不是什么稀罕的事。

魏晋南北朝时，一些皇亲贵族、地主官僚、士大夫知识分子和高级僧侣等，都嗜好饮茶，有的甚至嗜之成癖。东晋权臣桓温，招待宾客，不多备酒菜，主要用茶果。与桓温同时的谢安，往访吴兴太守陆纳，主人不预备酒食，只设置茶果款客。南朝和尚昙济道人，在八公山煮茶敬奉新安王子鸾和豫章王子尚；子尚饮后赞不绝口，认为味美无比，有如甘露。随着饮茶风气的盛行，这时期，反映茶的有关文学作品，也应时而兴。晋杜育写的《荈赋》和南朝文学家鲍照妹令晖写的《香茗赋》，就是咏茶的佳作。

唐朝时，饮茶风习更为普遍。封演的《封氏闻见记》，比较生动地记载了这方面的情况。据该书讲："人自怀挟，到处煮饮，从此转相仿效，遂成风俗……城市多开店铺，煎茶卖之，不问道俗，投钱取饮。其茶自江、淮而来，舟车相继，所在山积（意思是茶堆得像山一样高）。"城市多开卖茶的店铺，说明茶的消耗量增加，可以间接说明茶的生产和贸易的发达。这时，全国产茶的地区，包括今湖北、湖南、浙江、江苏、江西、安徽、福建、广东、四川、贵州等省。江西的浮梁就是著名的茶的集散中心之一。德宗贞元九年（793），唐政府接受张滂的建议，征收茶税，每年收入四十万贯。茶之有税，从此开始。这时期，反映在文学作品中有关茶的诗文，比前更多，并且还出现了像陆羽《茶经》这样重要的专著。《茶经》是我国古代茶史上一部很重要的作品，它比较全面系统地论述了从上古到唐这一阶段中国人民饮茶的历史、制茶的方法和产茶的地区，对后世许多有关论茶的著作有相当大的影响。据《太平御览》记载，陆羽从宋朝时起，就被人们尊之为茶神。宋代人蔡君谟（又名蔡襄），是一位茶鉴赏专家，著有《茶录》一书。他对于茶，具有丰富的学识，品茶的能力很高。据说有一年，福建建安能仁寺的和尚送给他一些精品茶，名叫"石岩白"，是寺里自产的珍品。过了一年多以后，蔡襄回到京师开封，去拜访朋友王禹玉；王禹玉用上好的茶招待他，他端着碗还没有喝，只用鼻子闻了闻，就说："这茶极像能仁寺的'石岩白'，你是怎么得到的？"主人听后，大加佩服，果然这茶也是能仁寺的和尚送的。在宋代，名茶的品类很多，有"蜜云龙""矞（yù）云龙""龙团""胜雪""玉液长春""龙苑报春""万春银叶"等多种名称，大约不下数十品。名茶种类的繁多，在一定程度上反映了制茶技术的进步。

元、明、清诸朝，饮茶的人，范围比前越发广泛。

元曲《玉壶春》中有这样的话："早晨起来七件事，柴、米、油、盐、酱、醋、茶。"把茶和柴米油盐等相提并论。元朝人喝茶，是直接用焙干的茶叶煎煮的，这一点与唐宋时人喝茶不同。唐宋时人是先把茶叶碾成细末，再和上油膏或杂以米粉、薯蓣（yù）之类，然后制成茶团、茶饼，饮用时再弄碎煎煮。显然，这样制作不仅很费工夫，而且会大大损害茶叶的原有香味。用茶叶代替茶团、茶饼，表明制茶技术水平有了进一步的提高。

古代男女结婚，以茶为礼；明清两代，承袭古制，女方接受男方的订婚聘礼，还叫作"吃茶"。边疆许多兄弟民族也有嗜茶的习惯，宋朝政府为了用茶交换他们的马匹，特设有专门的机构——提举茶马司，来管理这项工作。明清时，仍继续这种茶马的交易。通过这种交易，加强并发展了汉族和各兄弟民族之间经济、文化的关系。由此看来，茶，在这时期，不仅是人们日常生活饮料，而且是缔结两姓婚约和沟通民族和好的珍贵媒介。

（谢承仁　易惠中　傅学卿）

汉字

古时候，有人认为汉字是黄帝的史官仓颉创造的，所以长期流传着"仓颉造字"的说法，这种传说是不可靠的。文字是人们用以记录语言的符号和交流思想的工具，它只有通过广大群众的长期社会实践才能产生，单凭一个人的才能智慧是创造不了的。仓颉这个人，可能只是古代整理文字的一个代表人物。

文字产生以前，我们祖先曾经用图画来帮助记事，后来，这种图画越画越简单，就逐渐地脱离了具体事物的描绘，变成一种抽象的符号——象形文字了。象形文字就是最原始的文字。

我国最古老的汉字是商、周时代刻在龟甲、兽骨上的"甲骨文"和铸在钟、鼎等青铜器上的"钟鼎文"（又叫作"金文"），其中有很多字就是象形文字。象形文字笔画复杂，不便于书写，在两千七百多年前周宣王的时候，太史籀（zhòu）对甲骨文和钟鼎文进行了一次整齐划一的工作，制定了"大篆"。这种字体后来通行于秦国。保存到现在的"石鼓文"（刻在十面像鼓一样的石头上的文字），就是秦国所使用的"大篆"。

春秋战国时候，诸侯割据，政权分裂，汉字的写法很不一致。秦灭六国以后，为便于政令的推行，在李斯的主持下，简化了秦国的大篆，废除了各国的异体字，汉字得到统一，人们把这种统一后的汉字叫作"小篆"。秦始皇曾用这种字体在很多地方刻石碑宣扬自己的"威德"，像"泰山刻石"和"琅琊（láng yá）台刻石"，就是秦朝的遗物。

汉字经过周秦的两次改革，有了比较固定的写法，奠定了今天方块字的基础。

小篆的笔势是圆转的，书写起来比较麻烦，所以秦朝时候一般人写字多使用平直的画笔，这样一来，又形成了一种新字体，程邈适应人们的需要，把这种字体加以整理，就成为"隶书"。隶书到汉朝时候，经过文人的加工，增添了笔画的波捺，就显得工整又美观了。汉灵帝熹平年间（172—178），有人用这种字体把《尚书》《诗经》等书刻在四十多块石碑上，供人们抄写校对，成为有名的"熹平石经"。

为了提高写字的速度，在汉朝又出现了"草书"和"行书"。草书的笔画是连在一起的，往往随着每个字的体势一笔写成，一般人难以辨认。行书的笔画比较灵活自然，结构清晰，容易认识，应用很广。东汉时，张芝以草书闻名；东晋时，王羲之的行书达到了我国书法艺术的高峰，他们对后世的影响都很大。

今天我们普遍使用的楷书，也是在汉代产生的。楷书的字体端正，笔画清楚，有"正书""真书"之称。唐、宋至清，历代统治者都把楷书规定为抄写官府文书和科举文章的正式字体，并且大加提倡，因之书法名家辈出，如唐朝的颜真卿、柳公权，宋朝的苏轼、米芾和元朝的赵孟頫（fǔ）等人，在楷书艺术上都有很多创造。

印刷术发明以后，刻印书籍也多使用楷书。经过长期演变到明末清初逐渐出现了一种横轻竖重的方块字，可算是楷书的变体。由于它是从宋代刻书字体发展来的，所以人们称它为"宋体字"。

我国推行的简化汉字是汉字发展史上的一次重大改革。

（宋 生）

少数民族文字

在我国多民族的大家庭里，除了汉族创制的汉字以外，在其他兄弟民族中，也有一些民族在很早以前就创制了自己的文字。在这些文字中，比较突出的有契丹族的契丹文，女真族的女真文，党项族的西夏文，突厥族的突厥文，回纥族的回纥文，藏族的藏文，蒙古族的蒙文和八思巴文，满族的满文等。

契丹文有大小字的区别。传说大字创于辽太祖阿保机，而由他的从侄耶律鲁和突吕不古二人赞襄作成。小字是阿保机的弟弟迭剌所制。现在已发现的有一千余字（重文不在内），但能认识的仅只数十字而已。契丹字大体上是采取汉字部首或者偏旁制成。书法上分篆书、正书、行书三种。这种文字一直应用到金初。

女真人本无文字，金政权建立之初还使用契丹文，以后才创造了自己的文字。女真文也分大小字。大字是金太宗命完颜希尹参照契丹文，根据汉字偏旁制成。小字是金熙宗时，即1138年时所创制。它在《女真译语》等书中有专门记录。这种文字直到元明各朝还在被一些地方使用。

西夏文按照史书的记载，是由西夏的建立者元昊所创制，以后又由野利仁荣加以改进而成。西夏文创制时，参照了汉字的构造，也是由部首与偏旁合成的，这种文字在14世纪中期还在某些地区被人应用。

突厥文的创作及早期的情况，还待研究。就目前所知，突厥文是一种拼音文字，字母一般为三十六个，有基本元音四个，辅音三十二个。

回纥文是一种拼音文字，计有字母三十余个，元音不多，而且多在应用中被省略，故不易辨别。用这种文字写成的纸卷、碑刻，在新疆出土很多，今天它和突厥文一样，只有少数专家才认得。

藏文产生于7世纪，也是一种拼音文字，共有三十个字母和四个元音符号。书写有楷书及草书两种。它的字义和文法，到11世纪后逐渐完善起来，它一直被藏族所应用。

蒙古族建国以前没有文字，在与畏兀儿接触后，始用畏兀儿字母（回纥文字母）拼写自己的语言。忽必烈时，又命喇嘛八思巴依据藏文制成"蒙古新字"，即八思巴文。计有四十二个字母，包括元音十个，辅音三十二个，但学习与应用都较难。1307年喇嘛八合失又依据畏兀儿字母加以改进，这就基本上形成了今天使用的蒙古文。

满族兴起之初，曾一度借用蒙文，后在明万历二十七年（1599），由额尔德尼、噶盖等，参照蒙古文制成了一种满族文字。一般称它为"无圈点文字"或旧满文。清太宗时，又经达海改进，便成为"有圈点文字"，即新满文。满文是一种拼音文字，有元音六个，辅音十八个。

今天保存的用这些文字做的记录，是研究我国古代各族人民的生产、生活以及民族间友好往来的重要史料。

（王恒杰）

文房四宝

"文房四宝"是指笔、墨、纸、砚。

毛笔的起源，很难考证。从前曾广泛流传"蒙恬造笔"的说法，许多人认为笔是秦国的大将蒙恬创造的。这种说法很不可靠。据专家研究，新石器时代彩陶上的花纹就是用毛笔描绘的，殷商时候甲骨上的文字，也有用毛笔书写的痕迹。在古代文献资料中，如《诗经·静女》篇中就有"贻我彤管"的句子，有人认为"彤管"就是一种红管的毛笔。更重要的是实物的发现，1954年，考古工作者在湖南长沙左家公山的战国墓穴中，挖掘出一套写字工具，其中就有一支用上好兔箭毛制成的毛笔。可见，在秦以前，毛笔已经出现了，所谓"蒙恬造笔"，可能只是改进了毛笔的制造方法。秦以后，毛笔的使用日益广泛，毛笔的制造也愈加精良。三国的韦诞、唐朝的铁头、北宋的诸葛高，都是制笔的能手。据《清一统志》记载：元代湖州笔工冯应科、陆文宝精于制笔，他们的制笔技术世代相传，不断发展，"湖笔"的称号闻名全国。至于湖笔究竟起源于何时，说法不一，有人认为是在元代，也有人认为是在南北朝时创始的。如果后一种说法可靠的话，那么湖笔的历史至今便已有一千多年了。

墨的产生，由来已久。东汉和帝时曾做过兰台令史的李尤认为：墨、砚这两件东西与文字同始于黄帝时代。可是这种说法缺乏事实根据，难以令人相信。据《庄子》一书记载：宋元君养了许多有名无实的画师，有一次宋元君召他们作画，这些人突然遇到考验，焦急万分，一个个挤眉眨眼，不知所措，只是在那里装模作样地"舐笔和墨"。这个故事表明，战国时候已经有墨，该是无疑问的了。古代制墨的原料和方法非常简单，据说就是采取天然的矿物"石墨"稍稍加工而成。至于用松烟、油烟、漆烟和胶制成的墨，那是后来才出现的。三国时著名的书法家皇象谈到墨时，有"多胶黝黑"的话，而制笔能手韦诞所做的墨也很出名，有"一点似漆"的称誉，可见墨的质量在三国时已经达到很高水平了。五代时，墨的制造获得进一步发展。据明朝陶宗仪的《辍耕录》记载：北方墨工奚廷珪和他的父亲奚超南迁，见到歙州地方松树很多，就定居下来制墨。由于他们不断地钻研、改进，所制的墨使用起来光泽如漆，受到南唐后主李煜的重视，奚超父子被封为墨官，并赐姓"李"。宋朝时，歙州改名徽州，制墨家潘谷所做的墨尤为精妙，"徽墨"这个名称也就开始流传下来了。

纸是我国古代的四大发明之一。从文献资料和出土文物看，西汉时代我国已经有了麻纸和絮纸。到了东汉中叶，蔡伦总结了前人造纸的经验，改进了造纸方法，纸的质量显著提高。东汉末年，左伯在这个基础上又有了新的创造，所做的纸更为精良，得到"妍妙辉光"的赞语。后来，造纸手工业在全国普遍发展起来，造纸技术不断提高，用以造纸的原料也愈来愈多，据宋朝苏易简的《文房四谱》记载：四川用麻、福建用嫩竹、北方用桑皮、浙江用麦稻秆、江苏用茧、湖北用楮（chǔ），能做出各式各样的纸，适应不同的需要。最适合于书写、绘画的要算是"宣纸"了。宣纸产于泾县，泾县唐代属宣州管辖。传说，蔡伦死后，他的弟子孔丹由于怀念师傅，很想造一种特别好的纸为师傅画像作纪念，但没有合适的原料，愿望始终不能实现。后来，他看见倒在山溪里的檀树，因年深日久，被水浸泡得发白，受到很大启发，于是想到利用檀树皮作纸，经过了多年的试验，终于获得成功。宣纸洁白、细密、柔韧，我国保存到现在的许多古代文献、书画很多就是用宣纸抄写、绘制的。

砚是研墨的工具。据《文房四谱》引伍缉之的《从征记》说，鲁国孔子庙中有一石砚，制作古朴，是孔子生前所用的东西。由此可见，秦以前已经有砚了。汉朝时，砚的制作达到了很高的水平。1956年，考古工作者在安徽太和县汉墓中发现了一些圆形石砚，其中就有一副砚制作得非常精美。整副的砚分盖、底两部分，砚盖外面隆起的提梁，雕出两条通体带鳞互相缠绕的长身兽；砚底鼎立的三足，刻着三组熊状的花纹；砚身披有各种美丽的纹饰。这不仅是一只合用的文房用品，而且还是一件很珍贵的艺术品。魏晋南北朝时候，制砚的材料非常广泛，除了一般的石砚以外，还有豪华的银砚和特制的铜砚、铁砚。到唐代，砚的种类更多，尤其是用汉未央宫瓦和魏铜雀台瓦制成的瓦砚，以及用绛州（今山西新绛）汾河泥烧制的澄泥砚，特别名贵。宋朝时，石砚普遍流行起来，在各种石砚中，以端州（今广东肇庆市端州区）地方出产的"端砚"最为人称道。端砚在唐代已有制造，到宋朝始闻名全国。它的石质温润细腻，色泽凝重，纹彩典雅，一向被书画家们视为珍宝。古代有许多珍爱端砚的故事，至今传为佳话。据记载，宋代大书法家米芾有一次到宫中为宋徽宗写一御屏；写完，徽宗看了赞叹不已，米芾乘机请求徽宗将刚才用过的端砚赐给他，徽宗答应以后，他急忙把端砚揣在怀里，弄得满身墨汁淋漓，引得徽宗大笑不止。

（宋　生　易惠中）

书

我国最古的书，是春秋战国时代广泛流传的简策和版牍。简策是用竹片写的书，版牍是用木板写的书。"简"是指一种写字用的竹片，其长度有二尺四寸、一尺二寸、八寸等几种。把许多"简"编在一起叫作"策"，"策"也可以写成"册"。今天我们说书一册、上册、下册的"册"字，就是这样来的。

"版"是指写字用的木板，"牍"是指已经写了字的木板。版牍一般是用来写短文章的，往往一块版牍就是一篇文章。这是它和简策不同的地方。不过，在没有竹子的地方，也有用木板做成简策的。

简策和版牍上的字是用毛笔写上去的，写错了就用刀子削去。古书上说，孔子在编定《春秋》时，"笔则笔，削则削"，意思就是说，该加的就用毛笔加上去，该删的就用刀子把它削掉。可以想见，古时写一本书要比我们今天写一本书困难得多。

比简策和版牍稍晚一点的书是帛书，就是在用丝织成的帛上写的书。在帛上写书，可以按照文章的长短随时剪断，卷成一束。今天我们说书一卷、上卷、下卷的"卷"字，就是这样来的。

东汉时，造纸术经过蔡伦的改进以后，用纸做成的书就大量出现了。不过，当时印刷术还没有发明，一切书籍都还是手抄本。如果谁想要念书，还得先从人家那里把书借来，抄写后才有书念。这样不仅很费时间，而且很容易抄错。可见古人念一本书，在物质条件上，比起我们今天来，不知要困难多少。

大约在唐朝中期，或者说在9世纪前半期，雕版印刷术发明后，用雕版印刷的书就出现了。现在已经发现的我国第一本印刷的书，就是在前面讲到的唐懿宗咸通九年（868）印刷的《金刚经》。但是，这本最早印刷的书——《金刚经》，现在已经不在国内，陈列到外国（英国）的博物馆中去了。

（朱仲玉）

报纸

　　我国最早的报纸应该算唐朝时候的"邸报"。不过这是一种属于政府公报性质的报纸，当然和现在的报纸性质还不完全相同。在《全唐诗话》中有这样一段故事：有个叫作韩翃（hóng）的人，住在家里没有工作，有一天半夜，忽然有人来敲门贺喜，说他已经被委任为郎中的官了。韩翃感到很愕然，说："你搞错了，没有这回事。"那人坚持道："没有错，我明明看见'邸报'上有你的名字。"这里所说的"邸报"，可以说就是一种报纸。

　　韩翃是唐朝代宗大历年间（766—779）的一个著名诗人，由此看来，我国早在一千二百年前就已经有了报纸。

　　另外还有一个有关"邸报"的记载，比《全唐诗话》中提到的更早，这就是《孙樵集》中所说的"开元邸报"。孙樵是唐朝后期人，有一次，他找到了一些"邸报"，"邸报"中所记载的事情，都不是他生活着的那个时代的事情，据他考证，那是唐玄宗开元年间（713—741）的事情。据此，我国最早的报纸出现的年代就又比大历年间提前了四五十年。

　　　　　　　　　　　　　　　　　　　　　　　（朱仲玉）

锅灶

　　四五十万年以前，生活在北京西南周口店的"中国猿人"，就已经掌握了火；猿人洞中那常年不熄灭的火堆，就是最原始的炉灶。当然，当时还没有什么锅子。

　　到了距现在四千多年以前的新石器时代，才出现了具有特定用途的"锅"和"灶"。因为当时人类已经能制造各种适用的石制工具，发明了烧造陶器的技术，学会了养牲畜、种庄稼……随着生产的发展，人类食物的品种日渐丰富，这样就促进了炊事用具的发展，各种各样的"锅""灶"便逐渐地完善起来。

　　近几年来，我国考古工作者发现了不少新石器时代的房屋遗址，屋子中间几乎都在地上挖有灶坑。下面我们举几个例子：在陕西西安半坡村，几乎掘出了"仰韶文化"的整个村落；在村落的房子里，多半是在中间正对着门道的地方挖掘灶坑，做成一个浅浅的瓢形。在陕西西部宝鸡北首岭的"仰韶文化"遗址里，也发现过同样的房子，房子里也有同样设备的灶坑。再如河南陕县庙底沟掘出的"仰韶文化"遗址里的房子，也是对着门道设置灶坑——为一种圆形的竖穴，深到一米左右。从全国各地的考古发现来看，当时差不多都把灶坑的位置安排在房屋的中心，这大约是既要利用灶坑中的火炊煮，又要利用它来取暖和照明的缘故。

在这样原始的灶坑上做饭、烧水，如果要用锅子就必须支架子或者把它吊起来，否则那是很不方便的。所以当时人们用的"锅"很特别，下面带着三条腿，这样放在灶坑上，才稳固；就是不放在灶坑上，只要在"锅"下面烧上柴火，也可以烹煮食物。这些三足"锅"的种类很多，其中一种叫鬲（lì），它下面的三只腿是中空的，像三条尖口袋，煮东西时把东西倒进去，火在三条袋足的中间烧，里面的东西很快就可以被煮好。另一种是"鼎"，是一种盆子或罐子样的东西，下面带着三条实心的腿，可以算是一只自己带有锅架子的"锅"。以上两种是古代人最常用的器物。鬲多用来煮饭，鼎大概常常用来煮肉、烧菜。现在做饭时蒸东西用笼屉，那时候用一种"甑（zèng）"，是一个底部穿有许多孔的大盆子，把它放在鬲或鼎上用来蒸饭的；后来干脆把甑和鬲接合起来制成一个完整的器皿，叫作"甗"（yǎn），是专门蒸东西用的自带蒸锅的"笼屉"。

这时候所使用的各种"锅"，都是用土烧成的陶器。由于所用陶土的质料和烧制时火候不一，有的呈红色，有的呈黄色，也有的呈灰色或黑色，等等。为了使烧制时陶胎内的水分容易逸去而避免产生裂纹，在制造陶胎时往往搀入许多砂，有时也用蚌壳末、云母屑等，在考古学上称这样的陶器叫"夹砂陶器"，它和现代的"砂锅"差不多。到了青铜时代，一部分"锅"虽然改铸成铜质的了，但陶制的仍旧很流行；直到铁器广泛使用以后，这些陶质的"锅子"才渐渐销形灭迹。大约在汉代，一般人家普遍使用现在这样高的炉灶，鬲、鼎等炊事用具不需要再带上很长的足，于是便被改变成为没有足的锅了。

在新石器时代，除了固定挖在地上的灶坑外，还有一种用陶土烧成的轻便小炉灶，使用起来很方便。在庙底沟的"仰韶文化"遗物中，就有一种夹砂红陶的灶。灶身像一个大的平底盆子，前面开着一个梯形的火门，灶下还有三个短足。灶口上部接近边沿的内壁上，有三个凸瘤，正好承接着放在灶上的扁陶釜（锅）。如果灶腔里烧上火，釜里就可以烧水或烹煮东西了。

（杨　泓）

家具

在原始社会里，人们过着最简单的生活，当然谈不到使用家具。当时人们休息是坐在地上或睡在地上的，因为地上很硬很潮，坐时睡时总要铺垫一些东西，比如植物的枝叶啦，或是兽皮啦，等等。当发明了编织技术以后，也自然会铺垫席子。这种"席"，如果也可以算做家具的话，就是室内最古老的家具。在我国古代，很长时间保持着席地坐卧的习俗，一直到汉代，席还是最常用的家具，人们在日常生活中仍还离不开它。那时一般的席是蒲草织的，好一些的加上绢帛的边缘，更贵重的还有用丝织的"绣茵"。

最早出现的家具还有床。殷代的甲骨文里，就有"床"字的形象。1957年在河南信阳发掘的战国时期的楚墓里，有不少雕饰精美的漆、木家具——床、几、案等，这是我国现存的年代较早的一组木制家具实物。出土的木床长2.18米，宽1.39米，四周围有栏杆，下面有六个足。床很矮，床足才高19厘米。到汉代，床还是比较矮的。在汉代的画像石和壁画里，常常有坐在床上的人物画像，有的床就是一个矮平台，有的下面有四足，它的用途和席一样广泛。

床上往往要张挂帐子，帐子的形制，一般多做成复斗形状。古诗《孔雀东南飞》中所说的"红罗复斗帐，四角垂香囊"的句子，指的就是这种形制的帐子。至于宫廷贵族们所用的帐子，自然就更加讲究，装饰也更为华美，帐顶往往饰有金莲，四角装有金龙口衔的彩色穗子。

席地而坐或坐在矮床上，如要饮食或书写，就临时放置案、几。案的形状，就像一个大托盘，下面有足。有作圆形的，下面有三足；有作长方形的，下面有四足。讲究的案是漆案，四角有铜饰。案一般都不太大，很轻，也不太高，一般不过20厘米。几是狭长形的，下面两端装足，在坐累了时可以倚伏在上面休息，称为"凭几"。晋代以后，流行一种凭几，几面作圆曲形，下面有三个兽蹄状的足，形式古朴、大方。

装藏东西，一般用箱子，也有立柜。河南陕县的东汉墓里，出土了一件绿釉陶柜模型，是方形的，下面有四足，上面有可以开启的柜门。

至于在室内作隔断的，除了帷幔外，还有屏风，这种屏风多安设在床的后面和两侧。另外还有一种"步障"，用布帛制成，也作隔断用。

魏晋以后，家具有了变化。这时，由于一般建筑物加高了，所以室内的陈设也相应地加高。例如，晋代大画家顾恺之画的《女史箴图》中，床的高度就和现代的差不多。另外，一些少数民族的用具也传入中原地区，例如在汉朝末年，北方少数民族的"胡床"传了进来，而且逐渐广泛流行。这种"胡床"，大约就是以后的"交椅"一类的东西，可能就是椅子的前身。

最晚到唐代，出现了真正的椅子。1955年在西安发现了唐玄宗的宠臣高力士之兄高元珪的坟墓，墓室正壁上的人画像就是坐在椅子上的。敦煌的唐代壁画里，也画有椅子。看来这时椅子的样式结构还很古拙，都是仿效建筑中大木作手法。同时由敦煌的唐代壁画和传世的唐代绘画里，可以看到当时已使用了桌子，有简单的长方形板桌，也有制作精致的长桌。除了桌、椅外，也还有方凳等物。

桌椅一出现，人们逐渐改变了席地坐卧的方式，改为坐椅子、凳子了，这样也就引起了许多日常生活用具的变化，也引起了生活习俗方面的变革。

从五代时南唐顾闳中绘的《韩熙载夜宴图》中，可以看到当时的家具已很齐备，有椅子、鼓凳、桌子、矮几、大床、屏风等。但是这些家具还不像现在的家具那样，放置在室内一定的位置，而是用时放置，用毕即撤除。

到宋代，桌椅家具才普遍地使用起来。在河北巨鹿县宋城遗址中，掘出过北宋末年徽宗崇宁年间（1102—1106）的木制桌椅，这是很珍贵的发现，是我国现有的罕见的宋代实用木制家具。从宋代的绘画及墓葬里的壁画和殉葬的家具模型来看，这时家具的品种已经显著增多，除桌、椅以外，还有床、凳、屏风、高几、柜、衣架、巾架、曲足盆架、镜台等；并且在制作上也有了不少变化，上面还出现了华美的雕花饰件。

（杨　泓）

跪拜礼节

在京剧中，老百姓见官得跪着，小官见大官得跪着，大官见皇帝也得跪着，跪之不足，有时还得拜上几拜，好像人们长着膝盖就是为着跪、拜似的，为什么会有这种礼节呢？

根据古书的记载，我们知道，原来戏台上的跪、拜，确实反映了古代人们的礼节。例如，清末大学士瞿鸿禨（jī）的日记里，就记载着清朝的官员们和皇帝、皇太后谈话的时候，都一溜子跪在地上，他们大多数人都年纪大了，听觉不好，跪在后边的听不清楚皇帝说的什么，就只好推推前边跪的人，问到底说的是什么。有的笔记还记着这些年老的大官，怕跪久了支持不住，特地在裤子中间加衬一些东西，名为护膝。而且，不只是宫廷、官府如此，民间也是这样的，如蔡邕（yōng）《饮马长城窟行》："长跪读素书，书上竟何如？"古诗："上山采蘼芜，下山逢故夫。长跪问故夫，新人复何如？"《后汉书·梁鸿传》说，孟光嫁给梁鸿，带了许多嫁妆，过门七天，梁鸿不跟她说话，孟光就跪在床下请罪。《孔雀东南飞》："府吏长跪答，伏维启阿母。"可见妇女对男子、儿子对母亲也是有长跪的礼节的。

这到底是什么缘故呢？原来古代人是席地而坐的，那时候没有椅子、桌子之类的家具，不管人们在社会上地位的高低，都只能在地上铺一条席子，坐在地上。例如汉文帝和贾谊谈话，谈到夜半，谈得很投机，文帝不觉前席，坐得靠近贾谊一些，听取他的意见。至于三国时代管宁和华歆因为志趣不同，割席绝交，更是脍炙人口的故事。正因为人们日常生活，学习也罢，工作也罢，都是坐在地上的，所以跪、拜就成为表示礼节的方式了。宋朝朱熹对坐、跪、拜之间的关系，有很好的说明。他说：

古人坐着的时候，两膝着地，脚掌朝上，身子坐在脚掌上。要和人打招呼——肃拜，就拱两手到地；顿首呢，就把头顿于手上；稽首则不用手，而以头着地，这些礼节都是因为跪坐着而表示恭敬。至于跪和坐又有小小不同处：跪是膝着地，伸腰及股。坐呢？膝着地，以臀着脚掌。跪有危义，坐则稍安。

从朱子的这段话来看，宋朝人已经弄不清跪、坐、拜的由来了，所以朱熹得作这番考证。

有人不免提出疑问，人们都坐在地上，又怎么能工作和吃饭呢？这也不必担心，古人想出了办法，制造了一种小几，放在席上，可用以写字、吃饭。梁鸿吃饭的时候，孟光一切准备好了，举案齐眉，把案举高到齐眉毛，以表示在封建社会的男尊女卑制度下，妻子对丈夫的尊敬，这个案是很小很轻的，要不然，像今天一般桌子那样大小，孟光就非是个大力士不可。

因为古代人们都是坐在地上的，所以就得讲清洁卫生，要不然，一地的灰尘，成天坐着，弄得很脏，成何体统？

到了汉朝后期，北方少数民族的一种家具——胡床，传进来了，行军时使用非常方便，曹操就曾坐在胡床上指挥过作战。后来从胡床一变而为家庭使用的椅子，椅子高了，就得有较高的桌子，从此人们就离开了席子，不再席地而坐，改为坐椅子、凳子了。

人们的生活环境起了很大的变化，但是，在席地而坐的时候所产生的反映封建等级制度和上下尊卑的礼节——跪和拜却仍旧习惯性地继承下来，并且从此坐和跪拜分了家，跪和拜失去了和生活方式的任何联系，单纯地成为表示敬意和等级差别的礼节了。

（吴　晗）

穿衣打扮

　　商朝人多穿齐膝短衣，扎着裤脚。衣着材料除麻、葛外，已有十分细致的绸（同"绸"字）子。奴隶主贵族的衣服上，多织绣花纹，连腰带、衣领和袖口，也有花纹。贵族男子常戴帽子，有一种平顶式帽，到春秋战国还流行；汉代的"平巾帻（zé）"，就是从它发展而来的。妇女多梳顶心髻，横贯一支圆骨簪；有的还在头顶两旁斜插两支顶端带小鸟形的玉簪。大姑娘梳辫子，小孩子则梳两个小丫角儿。男女贵族身上都佩玉，玉被琢成各种小动物形象，最常见的一种为玉鱼。奴隶只能穿本色粗麻布或粗毛布衣服，光头无发，有的头上包巾子，缠得高高的，和现代西南苗族人一样。

　　到西周，统治阶级穿衣服，日益讲究宽大。周天子坐朝、敬天、办婚丧大事，衣服各不相同；由于迷信，出行还得按季节、定方向穿不同颜色的服装，配上相宜颜色的车马。穿皮毛也分等级，不能随便。猎户打得的珍贵的狐、獭（tǎ）、貂、鼠都得全部上缴，不能私下使用，也不许出卖。一般平民，年老的在名义上虽可穿绸衣，其实何尝穿得起？也只能和奴隶一样穿粗麻布或粗毛布短衣，极穷的只好穿草编的牛衣——即冬天盖到牛身上的草编蓑衣！

　　春秋战国时代，贵族的生活越加奢侈，穿的衣服更加华丽，佩的玉也越发精致。剑是这个时期的新兵器，贵族为了自卫并表示阔气，经常还得有一把镶金嵌玉的宝剑，挂在腰间皮带上。皮带头有用铜或骨、玉做成的带钩绊住，讲究的带钩必用银镶金嵌玉做成，而且式样很多。男子成年必戴冠。贵族的冠高高上耸，有的又和个倒覆的杯子相似（古代的杯子式样多是椭圆形）。年轻妇女梳辫子，梳法多种多样。有的妇女喜戴圆圈帽，而且还在颊边点一簇胭脂点（聚成三角形），眉毛画得浓浓的。女孩梳两条大辫子，向两边分开；穿的衣长度齐膝，下沿折成荷叶边。贵族男子流行八字须，两角微微上翘。武士则喜留大毛胡子。舞人无论男女，衣袖都极长。打猎人由于经常在丛林草泽中活动，衣裤特别紧小。

历史上所说的"赵武灵王胡服骑射"，所谓"胡服"，究竟是什么样子？根据现存有关材料推断，"胡服"的特征约有四点：①衣长齐膝，袖子很小；②腰间束有附带钩的皮带，可松可紧；③头上戴一顶用毛毡或皮革做的尖尖帽，和馄饨差不多（后来人把它叫"浑脱帽"，到唐代还一度流行）；④脚上穿着短筒皮靴。因为这样装束，骑在马上作战特别方便。

秦汉大一统局面出现后，衣服的式样也比较统一起来。统治者戴的冠，前梁高耸，向后倾斜，中空如桥；梁分一梁、三梁、五梁几种，上面另加金玉装饰，表示爵位等级。凡是有官爵的人，无分男女，还得把一条丈多长的丝绦（按品级颜色各不相同），折叠起来挂在右腰边，名叫"组绶（shòu）"。贵族男子这时已改佩环刀，普通男子头戴巾、帻。巾子多用来包裹头发，帻则如平顶帽，上加个"人"字形帽梁（不加帽梁就叫"平巾帻"）。汉代妇女已不再点三角形胭脂，但却常用黛（青黑色的颜料）石画眉毛；髻子向后梳成银锭式，向上梳的多加假发。年轻姑娘依旧梳辫子，也有松松绾（wǎn，盘绕起来打成结、扣）成一把，末后结成一小团，成个倒三角形的。这时期，最贵的衣服是白狐裘，春秋战国时就已价值千金。最贵的衣料是锦绣，上面有各种山云鸟兽花纹，比普通绸子贵二十倍。西北生产的细毛织物和西南生产的木棉布、细麻布，价格也和锦绣差不多，一匹要卖二两金子。当然，这些材料只有贵族用得起，一般劳动人民是连做梦也不敢想的。

魏晋以来，男子流行戴小冠，上下通行。"组绶"此时已名存实亡，玉佩制度也渐次失传。贵族身边的佩剑已改用木制，留个形式而已。红紫锦绣虽然依旧代表富贵，但统治阶级多喜欢穿浅素色衣服。帝王有时也戴白纱帽，一般官僚士大夫，多喜用白巾子裹头。在东晋贵族统治下的南方，普通衣料是用麻、葛，有的地方用"蕉布""竹子布""藤布"；高级的衣料是丝麻混合织物"紫丝布"和"花綀"（shū）。在诸羌胡族贵族统治下的北方，统治者还是喜欢穿红着绿，先是短衣加披风，到北魏时改为宽袍大袖，唯帽子另做一纱笼套上，名叫"漆纱笼冠"。至于普通老百姓，无论南北，都是一样，始终穿短衣——不过北方人穿上衣有翻领的，穿裤子有在膝下扎带子的。这种装束，直到唐代还通行于西北。特别是翻领上衣，几乎成了唐代长安妇女最时髦的服装式样。

唐朝的服色，以柘黄为最高贵，红紫为上，蓝绿较次，黑褐最低，白无地位。由于名臣马周的建议和阎立本的设计，唐朝恢复了帝王的冕服，并制定了官服制度。官服除用不同颜色区分等级外，还用各种鸟衔各种花的图案来表示不同的官阶。通常服装，则为黑纱幞（fú）头，圆领小袖衣；红皮带（带头有等级之分），乌皮六合靴。幞头后边两条带子变化很多，或下垂，或上举，或斜耸一旁，或交叉在后，起初为梭子式，继而又为腰圆式……从五代起，这两条翅子始平直分向两边，宋代在这个基础上加以改进，便成了纱帽的定型样式。不当权的地主阶级及所谓隐逸、野老，多穿合领宽边衣，一般称为"直掇"。平民或仆役多戴尖毡帽，穿麻练鞋，且多把衣服撩起一角扎在腰间。妇女骑马出行，必戴"帷帽"，帽形如斗笠，前垂一片网帘（中唐以后此帽即少用）。女子的衣裙早期瘦而长，裙系在胸上；发髻向上高耸，发间插些小梳子，多的有五六把；面部化妆多在眉心贴个星点，眉旁各画一弯月牙。这时，中原一带的妇女喜着西域装，穿翻领小袖上衣，条纹裤，软锦蛮靴；有些妇女还喜梳蛮鬟椎髻，嘴唇涂上乌膏，着吐蕃装束。这时期，流行一种半袖短外褂，叫作"半臂"，清代的马褂和背心，都是由它发展而来的。

赵匡胤"黄袍加身"，做了宋朝的开国皇帝，重定衣服制度，衣带的等级就有二十八种之多。黄袍成了帝王的专用品，其他任何人都不许穿，穿了就算犯罪。规定的官服，有各种不同花色。每遇大朝会或重要节日，王公大臣们必须按照各自的品级，穿上各种锦袍。皇帝身边的御林军，也分穿不同花纹的染织绣衣。宫廷内更加奢侈，衣服、椅披、椅垫，都绣满花纹，甚至缀上珍珠。皇后的凤冠大大的，上面满是珠宝，并且还有用金银丝盘成整出王母献寿的故事的，等于把一台戏搬到了头上。贵族妇女的发髻和花冠，都以"大"为时髦，发上插的白角梳子有大到一尺二寸的。贵族妇女的便服流行瘦长，一种罩在裙子外面类似现代小袖对襟褂子式的大衣甚流行。衣着的配色，打破了唐代以红紫、蓝绿为主色的习惯，采用了各种间色，粉紫、黝紫、葱白、银灰、沉香色等，配合使用，色调显得十分鲜明；衣着的花纹，也由比较呆板的唐式图案改成了写生的折枝花样。男子官服仍是大袖宽袍，纱帽的两翅平直向两旁分升，这时已成定型。便服还是小袖圆领如唐式，但脚下多改穿丝鞋。退休在野的官僚，多穿"直掇"式衫子，戴方整高巾（又名"东坡巾"或"高士巾"，明代还流行）。棉布已逐渐增多，南方还有黄草布，受人重视。公差、仆役，多戴曲翅幞头，衣服还相当长，常撩起一角扎在腰带间。农民、手工业者、船夫，衣服越来越短，真正成了短衣汉子。

契丹、党项、女真族先后建立了辽、西夏、金政权，他们的生活习惯保留了浓厚的游牧民族的特色，在穿戴上和汉人不大相同。契丹、女真男子，一般多穿过膝小袖衣，长筒靴子，佩豹皮弓囊。契丹人有的披发垂肩。女真人则多剃去顶发，留发一圈结成两个小辫子，下垂耳后。党项男子多穿团花锦袍，戴毡帽，腰间束唐式带子，上挂小刀、小火石等用物。女真妇女衣小袖左衽（衣襟）长衫，系一丝带，腰身小而下摆宽；戴尖顶锦帽，脑后垂两根带子。党项妇女多穿绣花翻领长袍。后来，由于辽、金统治者采用了宋代服制，所以契丹、女真族的装束和汉族的装束区别日益减少。绸缎也多是南方织的。

元朝的官服用龙蟒缎衣，等级的区别在龙爪的多少，爪分三、四、五不等，有法律规定，不许乱用。明清两代还依旧这样。在元代，便服还采用唐宋式样。一般人家居，衣多敞领露胸；出门则戴盔式折边帽或四棱帽，帽子用细藤编成。蒙古族男子多把顶发当额下垂一小绺，如个小桃子式，余发分编成两个大辫，绕成两个大环，垂在耳后。贵族妇女必戴姑姑冠；冠用青红绒锦做成，上缀珠玉，高约一尺，向前上耸，和直颈鹅头相似。平民妇女或奴婢，多头梳顶心髻，身穿黑褐色粗布、绢合领左衽袍子。长江上游已大量种植棉花，织成棉布。

明代，皇帝穿龙袍。大臣穿绣有"蟒""斗牛""飞鱼"等花纹的袍服，各按品级，不得随便。一般官服多为本色云缎，前胸后背各缀一块彩绣"补子"（官品不同，"补子"的彩绣也不同）。有品级的大官腰带间垂一长长丝绦，下面悬个四寸长象牙牌，作为入宫凭证。冬天上朝，必戴皮毛暖耳。普通衣服式样还多继承宋、元遗制，变化不大。这时结衣还用带子，不用纽扣。男子头上戴的巾，有一种像一块瓦式，名"纯阳巾"，明太祖定名为"四方平定巾"，读书人多戴它；另有一种帽子，用六片材料拼成，取名"六合一统帽"（寓意全国统一），小商贩和市民多戴它。妇女平时在家，常戴遮眉勒条；冬天有事出门，则戴"昭君套"式的皮风帽。女子有穿长背心的，这种背心样式和兵士的罩甲相近，故又叫"比甲"或"马甲"。

清代的服装打扮，不同于明代。明朝的男子一律蓄发绾髻，衣着讲究宽大，大体衣宽四尺，袖宽二尺，穿大统袜、浅面鞋；而清代的男子，则剃发垂辫（剃去周围的头发，把顶发编成辫子垂在背后），箭衣马蹄袖，深鞋紧袜。清代官员服用石青玄青缎子、宁绸、纱，做外褂，前后开衩，胸、背各缀"补子"（比明代的"补子"小一些）一方（只有亲王、郡王才能用圆形），上绣各种禽兽花纹，文官绣鸟，武官绣兽，随品级各有不同：一品文官绣仙鹤，武官绣麒麟；二品文官绣锦鸡，武官绣狮子；三品文官绣孔雀，武官绣豹子；四品文官绣云雀，武官绣老虎；五品文官绣白鹇（xián），武官绣熊……一般人戴的帽子有素冠、毡帽、便帽等几种。便帽即小帽，六瓣合缝，上缀一帽疙瘩，俗名西瓜皮帽。官员的礼帽分"暖帽"（冬天戴）、"凉帽"（夏天戴）两种，上面都有"顶子"，随着品级不同所戴的"顶子"颜色和质料也不同：一品官为红宝石顶，二品官为红珊瑚顶，三品官为亮蓝宝石顶，四品官为暗蓝宝石顶，五品官为亮白水晶顶……帽后都拖着一把孔雀翎，普通的无花纹，高级官僚的孔雀翎上才有"眼"，分一眼、二眼、三眼，眼多表示尊贵。只有亲王或对统治阶级特别有功勋的大臣才被赏戴三眼花翎。平民妇女服装，康熙、雍正时，时兴小袖、小云肩，还近明式；乾隆以后，袖口日宽，有的竟肥大到一尺多，衣服渐变宽变短。到晚清，城市妇女才不穿裙，但上衣的领子转高到一寸以上。男子服式，袖管、腰身日益窄小，所谓京样衫子，把一身裹得极紧，加上高领子、琵琶襟子、宽边大花坎肩，头戴瓜皮小帽，手拿一根京八寸小烟管，算是当时的时髦打扮。一般地主、商人和城市里有钱的市民，很多就是这样的装束。

（沈　文）

音乐

商代的乐器现在出土的已经很多，有磬、钟、鼓、铎、铃、埙（xūn）等，大概都是商代后期的遗物。其中最大、最完整的一件是1950年在河南安阳殷墟武官村大墓出土的大石磬，质地细腻，上面刻着精美的虎形。商代已有"编磬""编钟"——把音高不同的磬或钟分别编排在一起。河南辉县出土的陶埙能发十一个不同的音。甲骨文中有"龠（yuè）"字，就字形看（指甲骨文字形，下同），像原始的"排箫"；又有"樂"（乐）字，就字形看，像木架上张着丝弦，因此有人认为它原来就是一种乐器。可以推断，商代的音乐已经相当发达，而且还有了一定的乐律知识。

在商代，已经有了职业乐人（其中大部分是奴隶身份）。这种乐人，世世代代从事音乐工作，他们吸收和总结劳动人民在音乐活动方面的知识和经验，对于音乐艺术的提高，起了很大作用。人们在长期的音乐实践中探索到一些规律，因而导致音乐理论的形成；有了音乐理论，便更促进了音乐的发展。

音乐来自民间，是人民的辛勤劳动和无穷智慧，孕育出音乐的精英华彩。社会不断地发展，人民生活不断地发生变化，新的音乐也就不断地涌现出来。

　　第一次大规模地搜集整理民间音乐开始于西周时期，到春秋时期告一段落。当时经过选择整理的一部分歌词，流传到今天，称为《诗经》。《诗经》中的作品，一部分是贵族的乐歌，大部分是各地的民歌。民歌中有砍伐檀树的劳动者在诅咒不劳而获的贵族，逃亡的人把统治者比作贪得无厌的大老鼠，从这里，我们听到了被压迫者反抗的号角声。

　　西周时期已经有"十二律"和"五声"的知识。"十二律"相当于西洋音乐的音名，代表十二个不同的标准音高。"五声"指宫、商、角、徵（zhǐ）、羽，代表音阶，相当于西洋音乐的唱名。"五声"之外，加上"变徵""变宫"，称为"七声"。

　　战国时代，楚国的音乐兴盛起来。诗人屈原搜集民歌进行加工，并以民歌为基础，创作新的诗篇，充满了热爱祖国和人民的热情。

　　楚国的音乐到西汉初年，仍然流行，当时称为"楚声"。汉武帝设立了一个音乐管理机构——乐府，广泛地搜集各地的民歌，加以整理。乐府曲大体上可以分为两类，即"鼓吹曲"和"相和歌"。"鼓吹曲"是军队、仪仗队和隆重的典礼上所用的音乐，"相和歌"是一般的流行歌曲。东汉继续搜集整理民间音乐，现在流传下来的汉乐府诗大部分是东汉的作品。

　　三国曹魏时期，"相和歌"中的三调发展起来，"瑟调以角为主，清调以商为主，平调以宫为主"。三调之中，"清调以商为主"，举"清商"以代表三调，所以称为"清商三调"。魏国设置"清商署"，掌管流行的乐舞。西晋继承了曹魏的音乐，音乐官署中也有"清商署"。魏晋"清商署"虽然由"清商三调"得名，但所演奏的音乐不会只限于"清商三调"，也必然吸收了当时的民歌，这些民歌大都出于北方各地区。

　　西晋灭亡后，晋元帝南渡，建立东晋政权。以"清商三调"为主的北方音乐，随着东晋政权到了江南，对南方的音乐必然有所影响。东晋之后，南方历宋、齐、梁、陈四朝，统称为南朝，国都都设在建康（今南京）。南朝的"新声"大体上包括"江南吴歌"和"荆楚西曲"两大类。前者是今江苏一带的民歌，后者是今湖南、湖北一带的民歌（因为这一带在建康的西方，所以称为"西曲"）。

晋室南渡后的北方，"清商三调"等乐曲仍然流行于民间。北魏搜集汉、魏以来的"相和歌""清商三调"，南朝的"吴歌"和"西曲"，以及杂舞曲等，统称为"清商乐"。"清商乐"或称"清乐"，成为汉代以来中原及南方各地传统音乐的总名称。这个时期，北方的音乐仍然是以汉族音乐为基本，由于时代的进展、民族的迁徙杂居，西域音乐陆续地传进来，正在酝酿一种融合各种因素的新音乐。所谓西域音乐，是指我国西部少数民族和中亚等地的音乐而言。

隋朝继承了南朝和北朝的文化。隋文帝时，由于准备整理音乐，曾引起对于音乐问题的一场争论。参加争论的大致分为三派：一、颜之推、苏夔（kuí）、何妥等排斥西域音乐，主张完全采用中原旧乐。二、郑译主张采用龟（qiū）兹（今新疆库车）琵琶七调的乐律，倾向西域音乐。三、万宝常主张以中原音乐为基本而吸收西域音乐。万宝常的老师是祖珽（tǐng），祖珽在北齐，他的父亲祖莹在北魏，都整理过音乐。祖珽说祖莹整理音乐的原则是"华戎兼采"。这次争论继续了好几年。历史证明，音乐的发展走的是"华戎兼采"的道路。

隋文帝设置"七部乐"，隋炀帝改为"九部乐"；"七部乐"或"九部乐"都是宫廷宴会时表演的节目。

唐代沿用隋代"九部乐"。到唐太宗贞观十四年（640）改为"十部乐"。其后，宫廷宴会又改用"坐部伎（通"技"，技艺）"和"立部伎"。"坐部伎"在堂上坐着演奏，"立部伎"在堂下站着演奏，节目都是融合各民族、各地区的音乐因素而创造的大型乐舞。唐玄宗开元二年（714），设立内、外教坊。教坊是为封建统治阶级享乐而设置的，但也是搜集乐舞并安置训练乐工的地方，同时也是传播乐舞的地方。当时著名的歌唱家李龟年和舞蹈家公孙大娘都是教坊的成员。

唐代的乐曲大体上可以分为两类：一般的乐曲称为"杂曲子"，具有一定规模的、结构复杂的大型乐曲称为"大曲"。乐人往往选择整齐的五言或七言诗配在乐曲里唱，诗人为乐曲作的歌词也都是五七言诗（个别乐曲也有六言歌词）；但后来也有人逐渐试验着依照乐曲的节拍而填写歌词，句子或长或短，当时称为"曲词"或"曲子词"，这就是"词"体的开端。词体中虽然还保存着一部分齐言诗的形式，但毕竟占少数。

北宋在音乐史上显示出一个新阶段：唐代以前，搜集整理音乐的工作掌握在官府手里；从北宋起，民间艺人的音乐和戏剧活动日渐加强，而官府管理音乐的力量日渐削弱。汴京（开封）的民间艺人已经有了固定的表演地方，叫作"瓦子"。瓦子里又分各种戏场，叫作"勾栏"。瓦子成了公共娱乐场合，非常热闹。南宋的首都临安（杭州）已有许多民间艺人团体，称为"社"，如"绯云社""遏云社"等。规模大的社拥有三百多人。两宋时代，填词唱词成了时代的风尚。在南宋偏安江南的时候，金统治下的北方广大地区，一方面继承了一部分北宋音乐，另一方面又产生了许多新的民间乐曲。

北宋出现了"杂剧"和"诸宫调"。用大曲的曲调演唱故事，逐渐形成杂剧。采用许多宫调不同的乐曲，分为若干组（每组宫调相同），来演唱故事，这种音乐形式称诸宫调。诸宫调运用起来极为灵活，而且听众也不会感觉单调，比用大曲又进了一步。南宋初年，宋杂剧及诸宫调和今浙江温州一带的民间歌曲相结合，演变成"温州杂剧"，也称"南戏"或"戏文"。金代董解元著的《西厢记》就是诸宫调体的代表作。

元代，北方民族又有迁徙流动，外国人迁入中国的也很多，因此中国音乐又增添了新的成分。宋金以来流传在北方的宋杂剧及诸宫调和北方的民间歌曲相结合，演变成"北剧"，即元杂剧。除了杂剧之外，还涌现了许多新民歌，历史上称为"散曲"。散曲包括"小令"和"套数"两类。小令即只曲，套数由同一宫调的若干只曲组合而成。当时由于戏剧盛行，许多乐曲和舞蹈都被吸收在戏剧里，音乐和戏剧分不开。此后在城市里，单独演奏乐曲或表演舞蹈的机会就相对地减少了，这种情况到了明清时代更为显著。

明代，各地区由民间歌舞发展而成的地方戏也都兴盛起来。这时不但剧种多，而且戏剧——特别是南戏的规模也达到成熟阶段。宋元南戏流传到江西弋（yì）阳一带，和当地的民间乐曲结合，产生了"弋阳腔"；南戏流传到江苏昆山一带，和当地的乐曲结合，产生了"昆山腔"（昆曲）。明末清初，弋阳腔和昆曲最为盛行。

明神宗万历二十四年（1596），朱载堉（yù）发明了"十二平均律"，比德国人魏克迈斯特的同样发明，约早一百年。万历二十八年（1600）意大利人利玛窦来中国传教，带来了"七十二弦琴"（钢琴），并写成《西琴曲意》八章，但这时欧洲音乐对中国没有产生什么影响。

清代乾隆中期（18世纪中叶）以后，昆曲渐衰，而所谓"乱弹"者代之而兴。"乱弹"即指京腔、秦腔、弋阳腔、梆子腔、罗罗腔、二黄腔等，这些腔调里集中了不少优秀的民间乐曲。明清两代的乐谱保留下来的很多，而且有许多乐曲依然流传在民间。

清代宫廷宴乐中除了主要的乐舞之外，还先后吸收了边疆地区和邻国的乐舞八种："瓦尔喀乐"（吉林东部女真族中的一个部落）、"朝鲜乐"、"蒙古乐"、"回部乐"（新疆）、"番子乐"（西藏）、"廓尔喀乐"（尼泊尔）、"缅甸乐"、"安南乐"（越南）。

从鸦片战争以来，我们的民族文化——包括音乐在内，受到了严重摧残。新中国成立以后，由于国家的重视，它才被大规模地发掘整理，重新估价。传统音乐也得到了继承和发展，推陈出新。

（阴法鲁）

舞蹈

我国舞蹈的起源，就考古发掘的材料推断，当不后于新石器时代。

据史书上讲，夏朝时，祀神之舞，已很发达。

殷墟出土的实物证明，在商朝，舞蹈已有乐器伴奏。考古工作者在殷墟土层中曾发现过印在泥土上的漆鼓花纹，说明殷代已经有了鼓。古语说"鼓之舞之"，鼓是一种舞蹈伴奏乐器，由于鼓的存在，可以推知舞的存在。在殷墟发现的大石磬，也是舞蹈伴奏乐器。《尚书》上说，"击石拊（fǔ，击、拍）石，百兽率舞"，这两句话描写的是古代人在狩猎之后，模仿百兽的动作，随着敲击的石磬节拍而起舞的一种情景。大概原始的"拟兽舞"，就是这样产生的。

到周代，有了"文舞"和"武舞"的区别。文舞和武舞的起源，都与人类的劳动生活有关。文舞手执羽（鸟羽之类）旄（máo，牛尾之类），是表演渔猎时代原始人类猎得猎物后抒发愉快心情的一种舞蹈；武舞是表演原始社会的人类与野兽做斗争或与敌人做斗争前的准备动作以及获胜后如何表示欢乐的一种舞蹈。这种舞，最看重步伐一致。"斗兽舞"也是武舞的一种，在周朝的铜器猎壶上，在汉朝的石刻画中，还可以看到以这种斗兽为题材的艺术形象。

古代舞蹈，到汉朝有了很大发展。汉武帝时，汉政府设有专门收集整理音乐歌舞的总机构——乐府。模仿兽类的拟兽舞，汉代仍然流行，东汉人张衡的《西京赋》中就有关于这种舞蹈的描写。汉代常见的舞蹈，有"长袖舞""折腰舞""槃舞""巾舞"等多种。

长袖舞和折腰舞在秦以前就已经有了。河南洛阳金村战国古墓中曾出土过雕刻一对长袖舞女的玉佩。安徽寿县战国楚墓中也发现过相类的玉制舞女。在湖南长沙的楚国墓里，曾发掘出一具上面绘有乐舞的漆奁（lián，妇女梳妆用的脂粉盒子），奁上的舞女像也是长袖。古代谚语说"楚王好细腰"，"楚辞"说"小腰秀颈"，腰细能增加舞的轻盈姿态，战国时楚国宫廷中细腰舞十分流行。汉朝的长袖舞、折腰舞，就是继承了楚国的舞蹈艺术而发展起来的。汉画中所表现的舞蹈女子，多是长袖细腰，有的舞女腰身甚至纤细到能向后蜷曲成环状。东汉傅毅《舞赋》中所讲的"体如游龙，袖如素蜺（ní，与'霓'字意义相同）"，形容的正是这种长袖细腰的舞姿。据《西京杂记》说，汉高祖刘邦的戚夫人擅长跳翘（qiáo，举起的意思）袖折腰之舞。什么叫翘袖折腰舞？据《汉书·张良传》记载，有一次刘邦对戚夫人说："你为我跳楚舞，我为你唱楚歌。"由此可见，所谓翘袖折腰舞，原来就是楚国宫廷中流行的长袖细腰舞。

槃舞是在槃鼓上跳舞。表演这种舞时，先在地上布置槃鼓（多用七个），然后舞人在鼓上跳舞。从汉朝到六朝，此舞一直很受欢迎。汉武梁祠石刻中，有舞人倒立舞于槃鼓上的画像，大概描绘的就是这种槃舞。

巾舞是持巾而舞，《宋书》说这种舞又名"公莫舞"。表演巾舞时，常连带表演"白纻（zhù）舞"。巾舞和白纻舞可能是一种同类的舞蹈。汉镜铭文中有"舞白纻（一种类似麻的植物，纤维可织布）"。这样的话，大概白纻舞也兴起于汉代。

此外，汉代还有鞞（bǐng）舞，不知起源于何时。鞞舞在南朝梁的名为鞞扇舞，舞者手执鞞扇，以助舞姿的蹁跹。至今流行在淮河流域一带的花鼓灯舞和流行在云南一带的花灯戏，舞人也是以手巾与扇子作为不可少的舞具，可能就是古代巾舞和鞞舞遗风的流传。

魏晋时代，设立乐府以收集整理民间歌舞，情况没有太大的改变。西晋亡后，晋统治者南迁，建立东晋政权，北方归各少数民族贵族统治；由于南北政治、经济发展的不同，文化生活和风习好尚的不同，因此南北的舞蹈艺术也便各有不同。

南北朝时，舞蹈艺术有了新的发展。

在南朝，乐舞艺术一方面继承了魏晋以来北方乐舞的传统，另一方面又吸取了江南地区民间乐舞的精华。这时期，流行在南方的舞蹈主要是雅舞和杂舞。雅舞的表演是在统治阶级祭祀天地祖先的场合，杂舞的表演是在一般宴会的场合。另外，这个时期在南方流行的"西曲歌"与"子夜吴歌"，其中也包括不少舞曲。西曲歌指的是传播在今河南、湖北、湖南一带的民歌。《古今乐录》讲，西曲歌有三十四曲，其中有十六曲为舞曲。这十六曲是：《石城乐》《乌夜啼》《莫愁乐》《估客乐》《襄阳乐》《三洲乐》《襄阳蹋铜蹄》《采桑度》《江陵乐》《青骢白马》《共戏乐》《安东平》《那呵滩》《孟珠》《翳（yì）乐》《寿阳乐》。十六曲中有不少是女子的情歌，可以推知这种舞必为女舞。西曲歌舞不是单人舞，而是队舞，原为十六人，到梁代减为八人。子夜吴歌是晋朝时吴（今江苏省）地女子子夜所作的情歌，也可作为舞曲，在民间流传很广。六朝和唐朝人的诗中，常把《子夜歌》和"前溪舞"连类并举，前溪舞是晋朝吴兴（在今浙江省）人沈充创作的一种舞蹈，在民间流传也很广。

在北朝，自北魏以来，即盛行鲜卑"北歌"：《慕容可汗》《吐谷浑》《部落稽》《巨鹿公主》《白净王太子》。北齐时，胡舞渐流行，其中有一种安乐舞，行列方正像城郭，是一种大型舞，北周把它叫作城舞，舞者八十人，舞时都罩上木制的彩绘兽面具，披着假发，穿戴着皮袄、皮帽。今天，在西藏的跳神舞中，我们还仿佛能看到这种舞蹈的风姿。在这时期，今新疆一带以及新疆以西的中亚地区，有不少乐工、舞人挟着自己精湛的技艺，先后东来；中原的人民，喜好他们的艺术，并且努力学习他们的艺术。在各族人民的长期文化交流中，中亚乐舞、新疆乐舞和中原地区原有乐舞相结合，另形成一种具有新风格的乐舞；这种乐舞，为以后隋的"九部乐"和唐的"十部乐"开辟了先路。尤可注意的是，这时期在北方出现了一些带有情节性的舞蹈，如《旧唐书·乐志》和《乐府杂录》等书所记的"踏摇娘（《乐府杂录》作'苏中郎'）""兰陵王""拨头""苏幕遮"等舞便是。这些新舞的出现，更使中原地区的原有乐舞增添了生命的活力。

唐代，中国的封建文化发展到一个高峰，艺术的各方面，都取得很高成就。唐代的舞蹈，融合了国内各民族和印度、波斯等民族的舞蹈艺术，孕育发展，又有了新的创造。唐太宗设置的"十部乐"（包括舞），就是集当时乐舞之大成。唐玄宗时，新创制的"霓裳羽衣舞"曲，在乐舞艺术上达到了很高的水平。安史之乱后，唐代的乐舞日渐衰落，"十部乐"也因政治上的剧烈动荡而散亡。五代十国时期，乐舞的兴盛和繁荣，始终赶不上唐朝。

宋代继承唐代的"大曲"，并加以发展，于是宋代的歌舞剧开始登场。宋代的大曲，有歌有舞，歌舞相间进行，而且按照"歌者不舞，舞者不歌"之例，歌人与舞人分司其事，此点与明以后的昆曲及各地方戏唱做兼能者有很大不同。大曲的演奏，大体可分三部分："散序"，"排遍"，"入破"。演奏前两部分，舞者不出场，至"入破"，演奏到达高潮，羯鼓、蛮鼓、大鼓与各种管弦乐齐奏，舞者入场，随着音乐的节拍，婆娑起舞。宋代大曲属于舞曲者，有"采莲舞""柘枝舞""花舞""剑舞""渔父舞"等多种。采莲舞和柘枝舞都是五人队舞，舞者多为女童。舞时有分作五方（东、南、西、北、中）的，有转作一行的，也有分为双行的。宋代的著名文人如郑仅、晁（cháo）补之、秦观、毛滂、洪适等，都有舞曲留世；文人们大量作舞曲，可见宋代的乐舞一定很兴盛。宋代有些舞曲，不仅带有故事情节，而且兼有宾白（歌唱之间的说白。两人对语叫"宾"，一人自语叫"白"）、念、唱。这种舞曲，为后世金代院本（剧本）与元代杂剧奠定了基础。

　　明清时代，舞蹈艺术融合于戏剧的表演中，成为正式的歌舞剧，盛行于南北各大都市。

（常任侠）

京 剧

提起京剧的历史，有近两百年了。如果从它的前身徽戏说起，那还要早个四五十年。

安徽戏班从乾隆五十五年（1790）开始，先后有三庆、四喜、春台、和春等班，来到北京，被称作四大徽班。他们丰富多彩的演出，和一些思想内容较好的剧目，受到北京观众的欢迎，逐渐地取代了本来在北京流行的昆曲、京腔、秦腔等剧种的地位，成为北京剧坛的主力。

徽戏的唱腔以二黄调为主。到了道光年间（1821—1850），湖北的湖广调（楚调，也就是汉剧）也进入北京，带来了西皮调的唱腔。这两个本来有着血统关系的姊妹剧种，很快地结合起来，使西皮调和二黄调在北京同台演唱。以这两种唱腔为主，然后又吸收融化了昆曲、京腔、秦腔等剧种的精华部分，构成了本身唱（歌唱）、念（说白）、做（身段动作）、打（武打）一套完整的体系，逐渐形成了一种新的戏曲，人们把它叫作京调或皮黄，也就是今天的京剧。

到了同治、光绪年间（1862—1908），京剧进一步发展，不仅出现了许多优秀演员，同时逐步地向外发展，较大的都市如天津、上海、汉口、长沙，都先后有京剧班子演出。

京剧的表演（包括唱、念、做、打），无论生、旦、净、丑，都有一定的程式，但在京剧的发展过程中，不少杰出的表演艺术家在传统程式的基础上，经过自己的艺术实践，不断地丰富和创造，形成了各种不同流派的艺术风格。

没有一种艺术能够超越于时代之外。京剧和许多别的艺术一样，有着自己的战斗历程。辛亥革命前后，有许多京剧艺人基于祖国的危亡，曾经演出了不少适应当时政治形势要求的剧目，有些爱国艺人还直接参加了当时的革命斗争。他们当中，如汪笑侬，不但是一位杰出的表演艺术家，而且是一位爱国志士。袁世凯窃国后，他编演了《党人碑》，讽刺这个专制独裁者。刘艺舟编演的《皇帝梦》，把袁世凯的奸相和丑态，演得淋漓尽致，尽管当时袁世凯已经死了，但对于北洋军阀的丑恶本质，仍然是有力的揭露和抨击。在抗日战争时期，梅兰芳、程砚秋、欧阳予倩等，都编演了一些具有爱国主义思想的剧目。如梅兰芳的《抗金兵》《生死恨》，程砚秋的《亡蜀鉴》《荒山泪》，欧阳予倩的《梁红玉》《木兰从军》等。由此可见，京剧在它的历史发展中，有着战斗的优秀传统，这是非常可贵的。

然而，京剧的发展也并不是一帆风顺的。它曾经遭受过反动势力的摧残和践踏，有过自己的盛衰兴败。在清朝统治时期，它一度被皇帝、贵族、官僚所"赏识"，成为宫廷里的消遣品，被利用为封建统治阶级服务。一些充满封建毒素的环境，如《四郎探母》和《彭公案》《施公案》之类，大都是这个时期编演的，这就使它脱离了广大群众。在国民党反动统治之下，京剧遭到的摧残更是十分严重，一些庸俗下流、迷信荒诞，甚至极其丑恶淫秽的剧目，曾经风行一时。反动派把艺术糟蹋得不像样子，许多艺人穷困潦倒，过着辛酸的血泪生活。

在中国共产党领导之下，曾经产生了如《三打祝家庄》《将相和》等富有思想性的优秀剧目。1964年举行的京剧现代戏观摩演出大会，是京剧艺术史上的一场大革命。这次观摩演出的许多优秀剧目，不仅具有很高的思想性，热烈地反映了我们伟大的社会主义时代，而且具有很强的艺术感染力，成功地塑造了许多革命的英雄形象，受到了广大观众的热烈欢迎，衷心赞赏。这次观摩演出大会宣告：社会主义的新京剧诞生了。

（龚书铎）

现代话剧

中国传统戏曲着重唱、做、念、打。除了唱和做属于歌唱和舞蹈外，念和打可以说是语言和动作，这已经包含现代话剧的因素。所以，中国现代话剧在古典戏曲中就可以找到它的基础。但是，完全以语言和动作为主要表演手段，采用分幕分场的近代编剧方法和写实的化妆、服装、装置、照明，以及表现当代的生活斗争和历史故事的现代话剧，只有五十多年的历史。它是20世纪初期中国社会激烈动荡的产物。

20世纪初期的中国，已经处于辛亥革命的前夜，民族矛盾和阶级矛盾十分尖锐。当时，许多爱国青年看到国家民族的危亡，纷纷到外国留学，渴望从国外找到救国救民的好办法，找到使国家独立富强的出路。

日本是中国留学生最多最集中的地方，留学生中的革命活动和革命宣传也最活跃。他们有的直接参加了孙中山领导的革命组织同盟会；有的翻译介绍欧美资产阶级革命时期的进步著作；有的则通过文学艺术的武器，创作通俗的诗歌、鼓词等，宣传救亡图存的道理，鼓吹革命。中国现代话剧就是在这样蓬勃发展的革命潮流中产生发展起来的。

1907年2月，留日学生曾孝谷、李息霜等受日本新派剧的影响，组织了一个演剧团体，叫"春柳社"。后来曾孝谷还把林纾、魏易翻译的小说《黑奴吁天录》改编为五幕话剧，并于这一年6月初，在日本东京正式公演。著名的戏剧家欧阳予倩就是在这时加入春柳社的，并且参加了这一次演出。

《黑奴吁天录》的演出获得了很大的成功。演员们的出色表演和话剧这一新颖的艺术形式大大地吸引了观众，当时看过这次演出的日本著名戏剧家也给了很高的评价。尤其是剧中所揭示的反对帝国主义压迫黑人的主题思想，对于长期遭受帝国主义侵略的中国人，可谓引起了强烈的同情和共鸣，这就更使这次演出受到了热烈的欢迎。

小说《黑奴吁天录》原名《汤姆叔叔的小屋》，原作者是19世纪50年代美国进步作家斯托夫人，这是一部揭露和反对美国资本家虐待黑人的作品。由于作者对万恶的资本主义制度没有本质的认识，加上作者出身于基督教家庭，深受宗教思想的影响，所以，这部小说不但没有能够指出种族歧视和压迫来源于资本主义剥削制度，而且宣扬了基督教听天由命、逆来顺受的宿命论观点，使小说具有很大的局限性。但作者以深刻有力的笔触，描绘了美国黑人所遭受的骇人听闻的奴役和虐待，揭露了美国统治阶级和奴隶主迫害黑人的滔天罪行，在当时是有进步意义的。翻译者的意图也就是要借此警醒中国人民。林纾在为译本所写的序言、跋文和译例中曾经一再强调翻译这本书的目的是由于帝国主义的侵略日益加深，"不能不为大众一号"，激发国人"振作志气"。他不但反复表示了对帝国主义者残酷压迫的愤慨，警告中国人民必须独立自强，而且指出美帝国主义虐待在美国的华工也一样残酷，华工比起美国黑人的遭遇只有过之而无不及，批评了那种认为帝国主义也能宽待殖民地人民的谬论。从这里可以看出，春柳社当时选择了这一小说编为剧本，是适应客观形势的要求，用来表达他们的爱国主义的思想感情和激发群众的民族意识。

话剧《黑奴吁天录》虽然是由翻译小说改编的，但在此以前，中国还没有过自己编写的如此完整的多幕话剧，因此可以说，《黑奴吁天录》不但是中国现代话剧最早的一次演出，而且是中国最早创作的一个话剧剧本。

　　春柳社为中国现代话剧的开创做了许多工作，可说是中国最早的话剧团。它在中国现代话剧事业上迈出了第一步后，影响很快就扩大到国内。1907年，王钟声在上海创立了"春阳社"，第一次演出也是《黑奴吁天录》。1910年，春柳社员任天知又组织了"进化团"。在此期内，宣传革命、鼓吹进步的剧团风起云涌。辛亥革命后，春柳社员陆镜若在1912年又成立了"新剧同志会"（春柳剧场），接着欧阳予倩等许多春柳旧人回国，也都加入演出，形成了中国现代话剧创始期的热潮。所以，1907年"春柳"的《黑奴吁天录》，可说是我国现代话剧的起点。

　　很有意义的是，《黑奴吁天录》在1957年由当时参加演出的欧阳予倩重新改编，以《黑奴恨》的剧名再次上演。这时，中国现代话剧已经走过了五十年的战斗途程；中国人民已经在中国共产党领导下获得了解放；全世界人民反对帝国主义奴役和压迫的革命斗争正在汹涌澎湃，不可阻挡。《黑奴恨》以崭新的姿态出现，它克服了《黑奴吁天录》当年的种种局限，强烈地反对美帝国主义对黑人的残酷虐待和迫害，反映了种族斗争实质上是阶级斗争的伟大真理。

（汝　丰）